Über die Autoren:

Palden Gyatso, geboren 1933 in dem kleinen Ort Penam, lebt seit seiner Flucht aus Tibet im Jahr 1992 im nordindischen Dharamsala. In Europa und den USA setzt er sich für die politischen Ziele von *Amnesty International* und verschiedener Tibet-Hilfsorganisationen ein. 1995 berichtete er vor der UN-Menschenrechtsorganisation in Genf über das chinesische Unrechtsregime im besetzten Tibet.

Tsering Shakya, geboren in Lhasa, floh in den fünfziger Jahren mit seiner Familie nach Indien. Später studierte er an der *London School of Oriental and African Studies.* Als einer der besten Kenner der politischen Situation in seinem Heimatland wird er vom Europa-Parlament und den Medien immer wieder zu Diskussionsveranstaltungen eingeladen.

Palden Gyatso
mit Tsering Shakya

Ich, Palden Gyatso,
Mönch aus Tibet

Aus dem Englischen von
Xenia Osthelder

BASTEI
LÜBBE

BASTEI-LÜBBE-TASCHENBUCH
Band 61447

1. Auflage: April 2000

Sie finden uns im Internet unter
http://www.luebbe.de

Der Preis dieses Bandes versteht sich einschließlich
der gesetzlichen Mehrwertsteuer.

Inhalt

Vorwort des Dalai Lama

Palden Gyatso erzählt eine höchst ungewöhnliche Geschichte des Leidens und der Beharrlichkeit. Zu Beginn der Besetzung Tibets wurde er als achtundzwanzigjähriger Mönch von den Chinesen verhaftet und erst 1992, fast sechzigjährig, freigelassen.

Während seiner zweiunddreißigjährigen Gefangenschaft erduldete Palden Gyatso Folter, Hunger und endlose Versuche der »Umerziehung«. Dennoch beugte er sich nicht. Sein Mut zum Widerstand und seine Fähigkeit, den Folterknechten zu verzeihen, gehen nicht nur auf die angeborene Biegsamkeit des tibetischen Charakters zurück. Ich glaube, Palden Gyatsos Haltung ist auch in der buddhistischen Lehre von Liebe, Güte und Toleranz verwurzelt, vor allem in deren Auffassung von der Relativität aller Dinge, der Quelle des inneren Friedens und der Hoffnung.

Ich, Palden Gyatso, Mönch aus Tibet gibt einen lebendigen Einblick in die Geschichte Tibets nach der chinesischen Invasion von 1949. Der Verfasser läßt die Schreckensjahre der Kulturrevolution mit tiefem Mitgefühl für jene, die an seiner Seite litten, vor unseren Augen erstehen. Nicht die Angst vor der Hinrichtung verursachte ihm die schlimmsten Qualen, sondern die Unmenschlichkeit und Grausamkeit, die er miterleben mußte.

Sein Zeugnis hilft uns verstehen, wie die Strukturen und Überlieferungen einer alten buddhistischen Kultur brutal vernichtet wurden. Die Zerstörung der Klöster und Tempel mit ihren Büchern und religiösen Standbildern ist nicht nur eine Tragödie für Tibet, sondern auch ein großer Verlust für das kulturelle Erbe der Menschheit.

Noch gravierender sind die Einschränkungen für jene religiösen Einrichtungen, die wieder aufgebaut werden konnten. Mönche und Nonnen dürfen weder frei studieren noch ihren Glauben praktizieren wie zur Zeit der tibetischen Unabhängigkeit. Menschen wie Palden Gyatso offenbaren jedoch, daß die Werte des Mitgefühls, der Geduld und des Verantwortungsbewußtseins für unsere Handlungen, die den Kern geistiger Übung bilden, noch immer lebendig sind. Seine Geschichte beflügelt uns alle.

Tausende Tibeter sind wie Palden Gyatso aus ihrer Heimat geflohen. Doch Palden hat sein Ziel in der Sicherheit des Exils nicht aus den Augen verloren. Seine Überzeugung von der Gerechtigkeit unserer Sache und sein Zorn über das, was so vielen Tibetern angetan wurde, lassen ihn nicht zur Ruhe kommen. Jahrelang hat er den Chinesen widerstanden, welche die Vorgänge in Tibet verheimlichen oder verzerrt darstellen. Jetzt ergreift er die Gelegenheit, der Weltöffentlichkeit die Wahrheit mitzuteilen.

Wenige Leser werden sich der Beharrlichkeit und der Hingabe, die aus Palden Gyatsos Geschichte sprechen, entziehen können. Wie Palden Gyatso bin ich Optimist. Ich sehe dem Tag entgegen, an dem Tibet wieder ein Land des Friedens sein wird, wo die Menschen in Harmonie zusammenleben dürfen. Allein werden wir dieses Ziel allerdings nicht erreichen. Doch Palden Gyatso hat uns vorgelebt, daß wir nicht hilflos sind und selbst der einzelne etwas bewirken kann. Deshalb hoffe ich, daß sein Beispiel den Leser dazu anregen wird, die tibetische Sache mit Wohlwollen zu betrachten und zu unterstützen.

Dharamsala, Mai 1997

Danksagung

Für ihre freundliche Unterstützung stehe ich bei zahlreichen Menschen in der Schuld. Mein Dank gilt vornehmlich meinen Landsleuten, die den Widerstand in Tibet weiterhin aufrecht-erhalten und ihr Leben riskierten, indem sie mir zur Flucht ver-halfen. Es versteht sich, daß sie anonym bleiben müssen.

Viele Freunde haben mich im Exil ermutigt, dieses Buch zu schreiben. Ich möchte ihnen für ihren Rat und ihre Anregungen danken. Gyen Wangchen la, Phara Khamtsen vom Loseling-Kollegium in Drepung und Gyaltsen Gyaltag la aus der Schweiz standen mir hilfreich zur Seite. Auch Kalsang Takla und Tseten Samdup vom Tibet Office in London möchte ich meinen Dank abstatten.

Desgleichen danke ich Kate Saunders, Lhamo Shakya, Dawa Tsering (alias Bobi), Timothy Nunn, Robbie Barnett vom Tibet Information Network, Francisca van Holthoon, Margaret Han-bury und Dechen Pemba für ihre Hilfe. William Fiennes sei ge-dankt für seine Überarbeitung der Endfassung des Manuskripts. Abschließend möchte ich Christopher MacLehose, Katharina Bielenberg, Richard Kerr und Harvill Press meinen Dank aus-sprechen.

Palden Gyatso, 1997

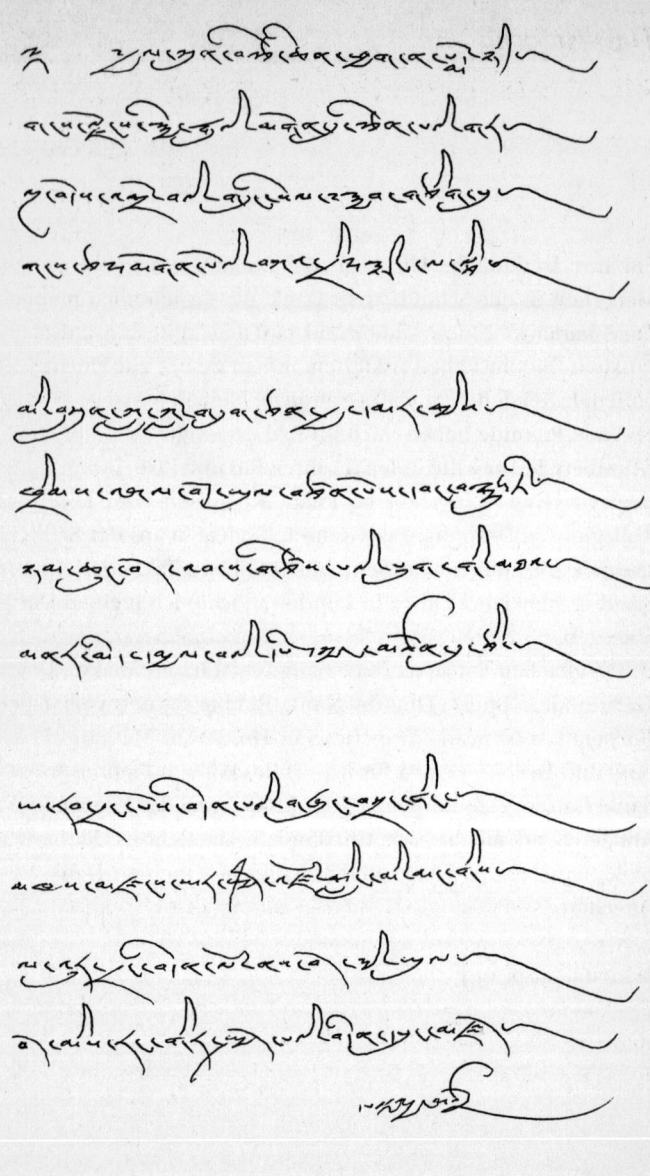

Für ihn, der das Mitgefühl aller Buddhas personifiziert und
verkörpert,
Für ihn, der die Manifestation der schützenden Gottheit des
Volkes im Schneeland ist
Und die alleinige Zuflucht, der einzige Trost für die leidende
Menschheit im Kali Yuga.
Schwer ist mein Herz vor Dankbarkeit ob seiner Güte und
seines Segens.

Die roten Horden der chinesischen Barbaren, das fleisch-
gewordene Böse,
Überschwemmten und verschlangen das Schneeland, traten
das Gesetz der Völker mit Füßen.
Ungehindert, ungerügt, vergriffen sie sich an uns – unserem
Körper, unserer Seele und unserem Geist.
Sind die Qualen der achtzehnten Hölle vergleichbar mit dem
Leiden, das wir erduldet, mit den Verlusten, die wir erlitten,
mit den Schreien, die wir ausstießen?

An euch alle, die ihr die Welt bewohnt und an Wahrheit,
Gerechtigkeit und Tugend glaubt,
Wir bitten euch, tretet hervor in Scharen und laßt euren Ruf
der Unterstützung auf dem Pfad von Wahrheit, Gerechtigkeit
und Tugend erschallen.
Helft, uns zu erlösen.

Helft uns, frei zu sein, unabhängig zu sein, nach eigenem
Gutdünken handeln zu können – in unserem eigenen Land.

Palden Gyatso
(Aus dem Tibetischen von Tsering Dhundup)

Vorwort von Tsering Shakya

Tibet inspiriert seit Jahrhunderten die Phantasie der Menschen. Es war ein Shangri-la, ein hinter den erhabenen Gipfeln des Himalaya verborgenes Utopia, und es zog Forscher, Eroberer, Schriftsteller und Bergsteiger in seinen Bann. In aller Welt werden Tibet-Bücher mit poetischen Titeln verkauft, und die Gelehrten füllen viele Seiten mit den versteckten Geheimnissen des Schneelands. Doch die Stimme des tibetischen Volkes ist in diesem tosenden Beifallschor nur wie ein fernes Echo zu hören.

Palden Gyatsos Erzählung ist weder eine erfundene Geschichte noch die mystische Offenbarung eines Yogis, der in seiner Eishöhle sitzt. Hier spricht vielmehr jemand, der erleben mußte, wie unmenschlich der Mensch im Namen von Fortschritt und Ideologie sein kann. Dergleichen Greuel beschränken sich nicht auf Tibet. Tibet liefert nur ein weiteres Beispiel für die Brutalität der Bewohner unseres Planeten. Und auch im neuen Millennium dürfte das Leid nicht von der Erde verschwinden.

Im Oktober 1950 überquerten vierzigtausend kampferprobte chinesische Soldaten den Yangtse und zerschmetterten die tibetischen Streitkräfte, die von einem Beobachter aufgrund ihres erbärmlichen Zustands mit einer Lumpenarmee verglichen wurden. Die Chinesen gaben bekannt, Tibet sei nun von Imperialismus und Feudalherrschaft befreit und endlich mit dem Vaterland wiedervereint. Die Begriffe *Befreiung* und *Wiedervereinigung* sind politische Euphemismen, mit denen verschleiert werden soll, daß es sich in Wahrheit um eine militärische Invasion handelte. Die Chinesen legitimieren ihre Zwangsherrschaft in Tibet auf zweierlei Weise: Tibet habe schon immer zu China gehört, und der Sozialismus sei ein Fortschritt für Tibet. Die Auffassung der Tibeter interessierte die Chinesen nicht.

Es ist nichts Neues, Eroberungen im Namen eines Gottes, des Ideals der Freiheit oder der Zivilisation zu rechtfertigen; das übliche Verfahren von Kolonialherren. Gelehrte und Juristen können überzeugend nachweisen, daß Tibet von alters her unabhängig war. Und sie können genauso überzeugende Beweise dafür liefern, daß Tibet immer ein Teil Chinas war.

Doch für Menschen wie Palden Gyatso und Hunderte gewöhnlicher Tibeter sind die Feinheiten der internationalen Diplomatie und der Kanon des Völkerrechts stets zweitrangig gewesen. Palden Gyatso ist davon überzeugt, daß Tibet ein eigenständiges, unabhängiges Land ist, denn er hat es als solches erlebt. Tibet und China unterscheiden sich nach Tradition, Kultur, Sprache und Geschichte. Für ihn ist das eine so unleugbare Tatsache wie der Unterschied zwischen Milch und Wasser.

Als Kind hörte Palden Gyatso seinen Onkel erzählen, am Anfang sei das Nichts gewesen, und der Wind habe aus der dunklen Leere einen Ozean aufgewühlt, aus dem sich eine hohe Bergspitze erhob. So habe das Universum begonnen. Als Meer, Land und Berge fertig waren, sei der erste Mensch in Tsethang, der Region südlich von Lhasa, erschienen. Diese Mythen über das Schneeland sind Teil des kollektiven Selbstverständnisses der Tibeter und nähren ihr Unabhängigkeitsgefühl. Für die protestierende Jugend ist klar, daß Tibet so alt ist wie das Universum.

Die staubige Erde Tibets, die geröstete Gerste, das Murmeln der Mantras zu Ehren des Chenresi, des Buddhas des Mitgefühls, die Yaks, ihre Butter, unser Lachen und die Geschichten, welche die Mütter den Kindern erzählen, trennen Tibet von China. Für Palden sind diese Dinge realer als das Völkerrecht oder die Rivalitäten zwischen den Supermächten, die das Schicksal von Ländern wie Tibet entscheiden. Der einfache Mann weiß instinktiv, was gerecht und wahr ist.

Tibets historische Beziehungen zu China sind komplex. Einerseits wollten alle chinesischen Herrscher Tibet zu einer Provinz ihres Reiches machen, andererseits haben sich die Tibeter solchen Ansprüchen stets widersetzt. Für Palden Gyatso macht die Einzigartigkeit Tibets deutlich, daß es nicht zu China gehört. In Tibet war die Diplomatie immer ein Privileg der herrschenden Schicht, und die Menschen waren damit zufrieden, solange ihr tägliches Leben nicht beeinträchtigt wurde.

Die meisten Tibeter machten ihre erste Erfahrung mit China bei der Ankunft der Volksbefreiungsarmee. Die Gewehre mögen nicht sichtbar gewesen sein, doch die Tibeter wußten, daß der laute Trommelwirbel und Beckenschlag den Klang der Waffen übertönen sollten. Die chinesischen Propagandagemälde jener Zeit zeigen Soldaten der Volksbefreiungsarmee frohgemut Seite an Seite mit tibetischen Bauern. So steht etwa ein Soldat auf einem Feld und wischt sich den Schweiß von der Stirn, nachdem er für einen ehemaligen »Leibeigenen« die Ernte eingebracht hat. Die Wirklichkeit sah völlig anders aus. Die Soldaten der Volksbefreiungsarmee mußten die Bauern aus ihren Verstecken in den Bergen hervorholen, damit sie auf den Feldern arbeiteten. Es war keine glückliche Begegnung.

Seit der Invasion im Jahr 1950 haben die Chinesen das Leben der Tibeter völlig verändert. Die Kommunistische Partei erklärte, Himmel und Erde hätten den Platz getauscht, was für das tibetische Volk tatsächlich zutraf. Über Nacht hatte sich das sichere tibetische Leben in trostlose Unsicherheit verwandelt. Neue Ideen und Lebensformen wurden den Menschen aufgenötigt. Es gab eine Zeit, in der bestimmte Ideale und Werte von Natur aus als überlegen galten. Christentum, westliche Werte und materieller Fortschritt mußten den »rückständigen« Völkern aufgezwungen werden, die sich der Entwicklung hartnäckig widersetzten. Leider werden solche Völker unweigerlich zu Opfern des Fortschritts.

Die Chinesen waren von den Ideen des Neuen und des Strebens nach dem sozialistischen Paradies durchdrungen. Alles, was sie taten, war für sie ein Schritt auf dem Weg nach vorn. Hunderte von Menschenleben wurden geopfert und ganze Familien ausgerottet. Tausende von Klöstern wurden dem Erdboden gleichgemacht und Mönche sowie Nonnen in Arbeitslager gesteckt, um sie zu nützlichen »Produktionskräften« zu machen. Der Verlust an Menschenleben und die Zerstörung des kulturellen Erbes von Tibet während der verhängnisvollen Jahre der Kulturrevolution lassen sich nicht in Zahlen ausdrücken. Was die Chinesen Tibets kraftvoller, zweitausend Jahre alter Kultur antaten, war so grausam, als hätten sie einen Menschen lebendig begraben.

Heute wollen uns die Chinesen weismachen, die Kulturrevolution sei ein Versehen gewesen. Die Viererbande habe »Fehler« begangen, die Gefangenen seien inzwischen entlassen und die Ruinen wiederaufgebaut worden. Doch Palden Gyatso kann bezeugen, daß die Herrschaft der Chinesen unter Deng nicht besser als unter Mao war. Der Wachsoldat auf dem Turm wurde lediglich durch die Videokamera ersetzt, der Holzprügel durch den elektrischen Schlagstock. Nur die Mittel haben sich gewandelt, nicht die Unterdrückung selbst. Die Gefängniswärter in Drapchi waren besser ausgerüstet und ausgebildet, doch der Blick von den hohen Mauern um Drapchi blieb der gleiche.

Die alte Generation der Dissidenten ist durch das Feuer des tibetischen Freiheitskampfes gegangen und hat die Verantwortung an die junge Generation weitergegeben, die unter den Augen der Partei trotzig ins Gefängnis marschiert. Für die Kommunisten ist es verwirrend, daß die Tibeter noch immer um ihre Unabhängigkeit kämpfen – als wäre dies der Protest undankbarer Eingeborener. Kolonialherren begreifen nur schwer, daß

Kraftwerke, Sportstadien, glitzernde Discos und Fünf-Sterne-Hotels einem Volk weder seine Würde wiedergeben noch seine verlorene Kultur ersetzen können. Die protestierende Jugend hat die Leiden ihrer Eltern und das, was ihnen geraubt wurde, nicht vergessen.

Das tibetische Volk hält stolz an der Kultur fest, die einst auf der stürmischen Hochebene des Himalaya blühte, und es beklagt ihre Zerstörung. Nicht, weil Tibet ein Paradies auf Erden oder weil seine Gesellschaft perfekt gewesen wäre, wie viele Unterstützer der tibetischen Sache gern glauben würden. Tibet war kein Shangri-la, es hatte seine negativen Seiten. Die Geschichte dieses Landes kennt Perioden höchster Kreativität, aber auch Verrücktheiten der Führung, die Korruption der Herrscher und die Armut der einfachen Bürger – seine Geschichte gleicht der anderer Völker dieser Erde.

Nichts ist zerstörerischer als eine versklavte Nation. Die zweitausend Jahre tibetischer Geschichte haben bewiesen, daß die Tibeter in der Lage sind, sich allein zu regieren, und daß sie eine Vorstellung von der Welt haben, die sie schaffen wollen. Palden Gyatsos Geschichte verdeutlicht die Widerstandskraft des tibetischen Volkes.

Ich lernte Palden Gyatso 1995 in London kennen, als ich bei verschiedenen Anlässen für ihn dolmetschte. Er war in der Hoffnung nach London gekommen, die internationale Gemeinschaft zur Hilfe für sein Land zu bewegen. Den ersten Entwurf zu seinem Buch hatte er bereits in einem verblichenen Notizbuch aufgezeichnet. Wie die meisten tibetischen Bücher dieser Art war es eine Liste mit den Daten und Namen der Opfer. Nach Beendigung seiner Reise durch England flog ich nach Dharamsala, wo wir seine Erlebnisse gemeinsam niederschrieben.

Ich mietete mir ein Zimmer, und Palden besuchte mich drei Monate lang täglich. Unsere Gespräche schnitt ich auf einem

Tonband mit. Am Ende hatten wir mehr als hundertzwanzig Bänder, das heißt etwa dreihundert Stunden Erinnerungen. Ich ließ von den Bändern Abschriften anfertigen, die den Grundstock für das vorliegende Buch bildeten.

Zuerst bat ich Palden, mich durch sein Leben zu führen, die Chronologie und den Hintergrund zu skizzieren. Dann bat ich ihn um weitere Einzelheiten zu der einen oder anderen Begebenheit sowie zu seinen Gedanken und Gefühlen. Er sprach ehrlich und offen, doch es war unverkennbar, daß er unter der ungewohnten Aufmerksamkeit litt, die ihm zuteil wurde. Ich mußte ihn ermuntern, über seine Ansichten und Empfindungen zu sprechen, weil seine natürliche Bescheidenheit ihn daran hinderte.

Wir haben einige Namen geändert und manche Ereignisse weniger ausführlich beschrieben, um die Betroffenen zu schützen, etwa die tapferen Helfer, welche Palden die Flucht in die Freiheit ermöglichten.

London, 1997

Einleitung

Mein ganzes Leben lang, so schien es mir, hatte ich mich auf diese Audienz vorbereitet. Wartend stand ich am Tor, das von einem im Monsunregen zitternden indischen Soldaten bewacht wurde. Er trug eine Khakiuniform und war mit einem alten Lee-Enfield-Gewehr bewaffnet. Ein junger Tibeter in blauem Anzug durchsuchte mich, und eine Minute später stand ich vor dem Dalai Lama. Ich schwankte zwischen Freude und Trauer. Ohne das tragische Schicksal meines Vaterlandes wäre ich dem Menschen, den wir Tibeter *kyabgon* (Retter) nennen, nie begegnet. Die armseligen Wachposten und der schlichte Bungalow im trüben Nebel bildeten einen traurigen Kontrast zu dem Palast, dessen Pracht noch immer vor meinem geistigen Auge ersteht, wenn ich an mein Land denke.

Seit meiner Abreise aus Lhasa hatte ich darüber nachgedacht, was ich dem Dalai Lama sagen würde. Sollte ich mit meiner Verhaftung beginnen? Von den vielen Menschen berichten, die Hungers gestorben waren, oder von denen, die ihr Leben freiwillig beendet hatten? Oder sollte ich ihm von den Tibetern erzählen, die gehorsam die Befehle der Chinesen ausführten und sich um eines angenehmen Lebens willen bei ihnen einschmeichelten? Vielleicht sollte ich die junge Generation der Tibeter erwähnen, die selbst im Gefängnis noch demonstriert, oder die tibetischen Folterknechte, welche die Körper ihrer Landsleute mit Hieben und elektrischen Schlagstöcken traktieren. Auch sie wurden einst im Schneeland großgezogen.

Als ich schließlich vor Seiner Heiligkeit stand, war mein Kopf völlig leer. Beim Anblick seiner rotbraun gekleideten Gestalt und seines freundlich lächelnden Gesichts senkte ich den Kopf und schaute erst auf, als er mir eine Reihe Fragen stellte.

»Wie sind Sie entkommen? Wann wurden Sie verhaftet? In welchem Gefängnis waren Sie?« begann er. Ich hätte daran denken sollen, daß ich nicht der erste Ex-Sträfling war, der vor ihm stand. Seit fünfunddreißig Jahren ergießt sich ein Flüchtlingsstrom über den Himalaya. Auch diese Tibeter fliehen in der Hoffnung, den Dalai Lama zu sehen und Worte in sein Ohr zu flüstern, die sie sich unzählige Male vorgesprochen haben. Jeder Tibeter, der die Flucht über die Berge gewagt hat, legt den kurzen Asphaltweg zum schlichten Audienzraum in Dharamsala zurück, wo ihm Gelegenheit gegeben wird, die in sein Herz gegrabenen Worte vorzubringen.

Nach zwanzig Minuten unterbrach mich der Dalai Lama: »Sie sollten Ihre Geschichte aufzeichnen.« Zu jenem Zeitpunkt war mir nicht klar, was dieser Vorschlag bedeutete. Ich wollte einen Report über meinen Leidensweg verfassen und die Namen der vielen Menschen nennen, die in der Haft umgekommen waren. Den Bericht würde ich dem Dalai Lama übergeben, damit meine toten Mitgefangenen nicht dem Vergessen anheimfielen. Ein ganzes *Buch* zu schreiben, kam mir damals nicht in den Sinn.

Wir Tibeter pflegen seit Jahrhunderten die Tradition, das Leben bedeutender Lamas und solcher Menschen aufzuzeichnen, die einen hohen Grad an Spiritualität erreichen. Diese Bücher tragen die Bezeichnung *namther*. Sie sind nicht nur unterhaltsam, sondern dienen auch als geistige Belehrung und Lebenshilfe. Deshalb genießen sie allgemeine Wertschätzung. Über das Namther von König Gesar heißt es in einem tibetischen Sprichwort, daß es selbst einen Bettler dazu bewege, das Schwert zu ergreifen; und über die Biographie des heiligen Milarepa, daß sie sogar einen Prinzen dazu bringen könne, sich von der Welt abzuwenden.

Der Vorschlag, mein Leben niederzuschreiben, machte mich verlegen, und das Interesse der Menschen verwirrte mich. Nicht etwa, daß ich meine Geschichte nicht hätte erzählen wollen. Im Gegenteil, einer der Hauptgründe für meine Flucht aus Tibet war, daß ich vor aller Welt Zeugnis ablegen wollte. Ich hatte dreißig Jahre im Gefängnis verbracht, am eigenen Leib und bei anderen unvorstellbare Grausamkeiten erlebt. Jeder Häftling stützt sich auf die Hoffnung, daß die Welt eines Tages von seinen Leiden erfahren und ihm, der sich im Abgrund der Hölle befindet, helfen wird.

In meinem Gefängnis sangen wir stets: »Eines Tages wird die Sonne durch die dunklen Wolken brechen.« Die Vorstellung, daß die Sonne irgendwann die Wolken vertreiben werde, und unser ungebrochener Mut hielten uns am Leben. Das galt nicht nur für die Inhaftierten, sondern auch für die Menschen, die ihrem täglichen Leben im Schatten der Kommunistischen Partei nachgehen mußten. Heute ruft selbst die Jugend nach Freiheit; dabei besteht sie angeblich aus Söhnen und Töchtern der Partei, die das feudale Tibet nie gekannt haben. Unser kollektiver Wille, der Ungerechtigkeit zu widerstehen, ist wie ein unauslöschliches Feuer unter dem Schnee.

Mehrere Tage nach meinem ersten Besuch beim Dalai Lama stand ich im offenen Hof des neuen Tempels gegenüber dem Palast Seiner Heiligkeit. Die Tibeter haben ihn Jokhang getauft, nach dem heiligsten Tempel in Lhasa. Er wurde auf einem kleinen Hügel errichtet und beherbergt religiöse Standbilder, die Gläubige gerettet und über den Himalaya geschmuggelt haben. Im Jokhang von Lhasa steht eine Bronzestatue Buddhas, die im siebten Jahrhundert unserer Zeitrechnung nach Tibet kam: als Geschenk jener chinesischen Prinzessin, die den großen tibetischen König Srong Tsan Gampo heiratete. Dieses historische Ereignis hat für die Chinesen große Bedeutung. Unzählige Male wurde mir diese Geschichte im Gefängnis eingeschärft, wobei man betonte, daß Prinzessin Wen Cheng die Kultur nach Tibet gebracht und durch ihre Eheschließung Tibet mit dem Vaterland vereint habe. Anfangs fragten wir: »Gehört Tibet ebenfalls zu Nepal, denn Srong Tsan Gampo hat doch auch eine nepalesische Prinzessin geheiratet?« Bald galten solche Fragen als konterrevolutionär und konnten zu einer Strafverlängerung führen.

Der Tempel war gut besucht. Dutzende von Menschen umschritten den Schrein und drehten die Gebetsmühlen. Sie schufen die vertraute Geräuschkulisse meiner Kindheit, vermischt mit den murmelnden Stimmen der alten Pilger, die das Mantra *Om mani padme hum* (»O du Kleinod im Lotos«) aufsagten. Der Nebel, der den Tempel einhüllte, löste sich nach und nach auf, und die Ebenen Indiens wurden zwischen den Wolken sichtbar. Der Anblick meiner tibetischen Landsleute in einem fremden Land überzeugte mich endgültig, daß ich meine Geschichte schriftlich festhalten mußte – nicht um mein eigenes Leid herauszustellen, sondern um Zeugnis zu geben von den Qualen meines Volkes.

Das Bild der staubigen Ebenen Indiens erfüllte mich mit Trauer. Ich mußte an die Gefängnisroutine denken – die regelmäßigen Schulungen, die Versammlungen, auf denen wir unsere Fehler gestehen mußten und belohnt oder bestraft wurden –, die während der vergangenen dreißig Jahre mein Leben bestimmt hatte. Die Narben des Gefängnislebens waren noch sehr frisch.

Dharamsala, mit seinen üppigen grünen Wäldern und seinem Regen so ganz anders als Tibet, ist für viele von uns zu einer Art Zuflucht geworden. Jeden Tag begegne ich ehemaligen Mitgefangenen, welche die beschwerliche Reise zu den Ausläufern des Himalaya auf sich genommen haben. Sie freuen sich ihrer Freiheit, gedenken aber auch der Leiden ihrer Landsleute. Wir gratulieren einander, denn unser Überleben war schieres Glück.

Ich bin frei und in einem fremden Land, doch die Bilder des

Greuels verfolgen mich noch immer. Ich wohne nun in einer kleinen Hütte, die aus Blechteilen und Brettern zusammengenagelt ist. Der Innenraum ist nicht größer als die Isolationszelle im Gefängnis. Die Regengüsse des Monsuns trommeln die ganze Nacht hindurch aufs Dach und lassen mich nicht einschlafen. Der Geruch von Moder und Feuchtigkeit haftet an Wänden und Boden. Alle sagen allerdings, das werde besser, sobald die Regenzeit vorüber sei. In der Nachbarhütte hört eine Gruppe Jugendlicher, die über die Berge entkommen ist, Radio Lhasa und singt fröhlich die neuesten Popsongs mit. Es ist seltsam, wie die Menschen nach Neuigkeiten über den Ort dürsten, aus dem sie geflohen sind, und wie sie sich danach sehnen, vertraute Klänge aus der Heimat zu hören. Als wollten sie sich versichern, daß sie noch am Leben sind.

Dharamsala ist ein besonderer Ort – nicht, weil es für so viele von uns zur zweiten Heimat geworden ist, sondern weil es das spirituelle Refugium des Dalai Lama, des Buddhas des Mitgefühls, darstellt. Im Gefängnis sprachen wir den Namen nur mit gedämpfter Stimme aus und dachten voll Ehrfurcht an Dharamsala. Kurz nach meiner Ankunft sollte ich andere Neuankömmlinge befragen und ihre Aussagen festhalten. Ich konnte nicht glauben, wie viele von uns die gleiche Geschichte erzählten. Jeder einzelne berichtete von Greueltaten und Brutalität. Mir wurde klar, daß die unterdrückten Menschen dieser Welt zumeist auch Opfer körperlicher Mißhandlung sind, daß man ihr Leben zerstört und ihre Familien in alle Winde zerstreut.

Viele Flüchtlinge sind Kinder. Einige werden mit sieben oder acht Jahren von ihren Eltern – in der Hoffnung auf eine bessere Zukunft – in die Fremde geschickt. Es sind keine Sprößlinge reicher Großgrundbesitzer oder Kaufleute, sondern die Kinder armer Bauern, welche die Kommunisten angeblich aus der Leibeigenschaft befreit haben.

Dharamsala wirkt kosmopolitisch. Auf den beiden engen,

schlammigen Straßen des Dorfes McLeod Ganji sieht man Menschen aus Japan, Amerika, Israel und Europa. Ich schloß Freundschaft mit vielen Fremden aus Ländern, von deren Existenz ich nie zuvor gehört hatte, zum Beispiel mit einer jungen Engländerin namens Emily und der Holländerin Francisca. Beide besuchten mich regelmäßig in meiner Hütte, um mit mir zu reden. Während dieser Unterhaltungen trat langsam die Geschichte meines Lebens zutage. Ich fühlte die Verpflichtung, das Leiden meiner ehemaligen Mitgefangenen bekanntzumachen, da mir das Glück des Überlebens zuteil geworden war.

Vielleicht kann ich mit meiner persönlichen Geschichte auch die Geschichte meiner Heimat erzählen und den Schmerz jedes Tibeters zum Ausdruck bringen.

Unter dem Regenbogen

I ch wurde unter einem Regenbogen geboren.

Wie oft hat mir meine Großmutter die Geschichte meiner Geburt erzählt! Mit gekrümmten Fingern beschrieb sie einen Halbkreis durch die Luft und schilderte, wie sich der Regenbogen vom Fluß bis über die Felder erstreckte, das ganze Dorf überspannend. Meine Geburt sei von vielen guten Omen begleitet gewesen. »Ngodup«, pflegte sie zu sagen, »beinahe wärst du der *tülku* von Riwoche gewesen.«[1] Es war ihre Lieblingsgeschichte, und Großmutter erzählte sie jedem, der sie hören wollte.

Sie lautet folgendermaßen: Wenige Tage nach meiner Geburt kam ein Suchtrupp von acht Lamas aus dem Kloster Drag Riwoche, das zu Fuß zwei Tagereisen von unserem Dorf entfernt liegt. Man sagte, ich sei einer der Kandidaten für die Reinkarnation eines vor Jahresfrist verstorbenen hohen Lama. Vieles deutete darauf hin, daß meine Geburt etwas Besonderes sein könnte. So saßen bei der Ankunft der Mönche die Klosterraben auf dem Dach unseres Hauses. Der Oberhofmeister des vorherigen Lama erinnerte sich zudem daran, daß dieser kurz vor seinem Tod eine religiöse Zeremonie in unserem Haus vollzogen und dabei erwähnt habe, wie sehr er sich daheim fühle. Beim Abschied habe er meiner Mutter die Hände aufs Haupt gelegt und gesagt: »Ich werde in dieses Haus zurückkehren.«

---

[1] Tülku, im tibetischen Buddhismus Bezeichnung für eine Person, die nach bestimmten Prüfungen als Reinkarnation einer zuvor verstorbenen Persönlichkeit angesehen wird. (Anm. d. Übers.)

Meine Großmutter berichtete außerdem, meine Mutter habe wenige Tage vor meiner Geburt geträumt, in der linken Hand ein *dorje* (Diamantzepter) zu halten, während sie tief in Meditation versunken war. Das Diamantzepter ist das Symbol für die Unzerstörbarkeit der Lehren Buddhas. All diese Vorzeichen galten als günstig, weil sie gewöhnlich die Geburt einer Reinkarnation begleiten.

Großmutter beschrieb auch, wie Changdzo la, der Oberhofmeister des verstorbenen Lama, zwei Rosenkränze vor meinen Augen baumeln ließ und wie ich einen davon mit meinen winzigen Händen packte. Sie pflegte dabei den Kopf zu schütteln und in die Hände zu klatschen. Aufgeregt fuhr sie dann fort, der Lama habe lächelnd bestätigt, daß der Rosenkranz tatsächlich dem Verstorbenen gehörte.

Meine Großmutter liebte es, mir diese Geschichte zu erzählen. Sie war klein und hatte ein winziges Gesicht, das unter dem straff zurückgekämmten, vor Butter glänzenden Haar strahlte. Ich hörte ihr sehr gern zu. Als die Namen der Kandidaten in Lhasa zur Prüfung vorgelegt wurden, sei die Wahl jedoch nicht auf mich gefallen. Das habe daran gelegen, daß unsere Familie über keine Beziehungen zu den Mächtigen verfügte. Obwohl ich damals noch sehr jung war, konnte ich die Enttäuschung in ihrer Stimme hören, wenn sie den Höhepunkt ihrer Erzählung erreichte.

Da ich das Licht der Welt unter so zahlreichen günstigen Vorzeichen erblickte, weckte ich große Hoffnungen. Der Dorfastrologe, der mein Horoskop entwarf, versicherte meinem Vater, ich würde der Familie und anderen sehr nützlich sein – er verschwieg allerdings, auf welche Weise. Vielleicht lautete so die Standardprophezeiung eines jeden Dorfastrologen, wenn er es mit einem reichen Grundbesitzer zu tun hatte. Ich glaube, mein Vater freute sich dennoch, denn später erwähnte er die Prophezeiung mir gegenüber.

Man nannte mich Ngodup. In Tibet wählen nicht die Eltern den Namen ihres Kindes aus, sondern bitten einen hohen Lama darum. Welchem Lama ich meinen Namen verdanke, weiß ich nicht; wahrscheinlich dem Abt des nahe gelegenen Klosters. Ich wurde 1933, nach dem tibetischen Kalender im männlichen Wasser-Affen-Jahr, in dem unbedeutenden Dorf Penam[1], zweihundert Kilometer westlich von Lhasa, geboren. Shigatse, die zweitgrößte Stadt Tibets, liegt siebzig Kilometer westlich.

Das Dorf Penam gehört zur westtibetischen Provinz Tsang. Es liegt im breiten Tal des gewundenen Flusses Nyangchu, das rechts und links von steilen Bergen begrenzt wird. Die weite Ebene sah wie gesprenkelt aus mit ihren grünen Gersten-, Erbsen- und Senfkornfeldern. Dem Nyangchu konnte man nicht trauen. Führte er wenig Wasser, plätscherten die glitzernden Wellen sanft in Richtung Shigatse, wo der Nyangchu in den Tsangpo mündet, den größten Fluß Tibets. Bei Niedrigwasser konnten die Dorfbewohner einfach durch den Fluß waten und ihre Herden auf dem anderen Ufer weiden lassen. Wenn man die Tiere jedoch nicht rechtzeitig zurückbrachte und der Fluß nicht mehr passierbar war, mußte der Hirte manchmal zwei, drei Tage nach einer Furt suchen.

Im Frühling beobachteten die Dorfbewohner den Nyangchu besonders mißtrauisch, da er während der Schneeschmelze regelmäßig zu einem reißenden Strom wurde. Ich erinnere mich an das Verbot, am Flußufer zu spielen. Man erzählte sich, daß selbst starke Tiere wie Yaks der Strömung nicht gewachsen seien. Eine meiner ersten Erinnerungen ist, wie Männer einen toten Yak aus dem Wasser ziehen, der bei uns angeschwemmt worden war. Ich stand mit den anderen Kindern dabei und sah zu, wie die Dorfleute den aufgedunsenen Kadaver zerlegten und das Fleisch auf einem Tuch verteilten, das sie am Ufer ausgebreitet

---

[1] Die Chinesen nennen Penam heute Bainang. (Anm. d. Übers.)

hatten. Fortan hatte ich großen Respekt vor dem Fluß. Wir waren vom Nyangchu abhängig: Die Felder, die er feucht hielt, waren üppig grün und lieferten uns Nahrung. Die Gebiete, die er nicht erreichte, waren unfruchtbar und trocken. Die rissige Erde dort war eine ständige Mahnung daran, wie sehr wir den Fluß brauchten. Ich kann mich nicht erinnern, daß es in Penam jemals geregnet hätte. Auch unser Trinkwasser verdankten wir dem Fluß. Mit Hilfe schmaler Kanäle bewässerten wir das Ackerland. Den ganzen Tag lang sah man einen Mann von Feld zu Feld wandern, um die Klappen der Bewässerungskanäle zu öffnen und zu schließen.

Die Berge des Himalaya erhoben sich zu beiden Seiten des Tals steil in den klaren blauen Himmel. Die Weidehänge erstreckten sich bis hoch hinauf; sie schützten Penam von beiden Seiten. Wenn das Tauwetter im Frühling einsetzte und die grünen Schößlinge durch das Eis brachen, trieben die Dörfler ihr Vieh auf die Hochweiden. Während des fast drei Monate langen Winters wurden Schafe, Ziegen, Kühe und sogar einige Yaks in den Häusern, zweistöckigen Gebäuden aus Lehmziegeln, gehalten. Das Fundament bildete ein Steinsockel von fast einem Meter Dicke. Darauf türmte man Lehmziegel zu dicken Mauern auf. Diese Wände hielten die Häuser im Winter warm und im Sommer kühl.

Der erste Stock war für die Menschen bestimmt. Im fensterlosen Erdgeschoß wurde während der Wintermonate das Vieh untergebracht. Ich erinnere mich daran, wie ich es als Junge aus dem Stall trieb. Die Tiere hatten Angst und gingen nur zögernd ins Freie. Vom Licht geblendet, torkelte eines nach dem anderen unsicher hinaus. Die Zuschauer lachten und sagten, die Tiere seien betrunken. Im Winter braute nämlich jede Familie für die Neujahrsfeier riesige Mengen *chang* (Bier) und verfütterte den Gerstenbrei an die Kühe. Das Vieh gewöhnte sich rasch an das helle Licht, und die älteren Kinder konnten es den schmalen

Pfad zu den Hochweiden hinauftreiben, wo die Herde den Sommer verbrachte. Der Hirte kehrte von Zeit zu Zeit mit einer Eselsladung Dung, der als Brennstoff diente, sowie mit Käse und Butter ins Dorf zurück.

Penam lebte vom Ackerbau. Das Vieh lieferte uns kostbares Fleisch und Milchprodukte. Meine Familie hielt über sechshundert Schafe und Ziegen und war für tibetische Verhältnisse wohlhabend. Mein Vater pachtete Ländereien von der Regierung, die er dann weiterverpachtete. Wir gehörten zur Kategorie der *gerpa* (Regierungssteuerzahler), weil wir unsere Steuern direkt an die Regierung in Lhasa abführten, wohingegen die Pächter ihren Tribut an meinen Vater oder die Klöster entrichteten. Die Abgaben, die mein Vater zahlen mußte, waren kompliziert. Ich begriff nie, welche Auflagen er erfüllen mußte. Eines allerdings weiß ich noch: Meine Familie war verpflichtet, der tibetischen Armee fünf Männer zu stellen, die aber keine Familienmitglieder zu sein brauchten. Wenn ich mich recht erinnere, übertrug mein Vater unseren Pächtern diese Aufgabe.

Die Vertragsgestaltung mit den Pächtern blieb uns überlassen. Die Regierung war zufrieden, solange wir fünf Männer abstellten. Mein Vater hatte das Amt des Dorfvorstehers inne, und man wandte sich häufig an ihn, wenn es um die Schlichtung von Streitigkeiten ging. Er stand im Ruf, gerecht zu sein, weshalb unsere Pächter und die Dörfler ihn *barijho la* nannten, eine Bezeichnung, aus der liebevoller Respekt spricht. Er schützte die Dorfbewohner vor den Grundbesitzern, die in Shigatse und Lhasa lebten und allzu hohe Abgaben verlangten. Mein Familienname lautet Bari Lhopa, was »die Bari im Süden« heißt. Im Norden des Dorfes lebte eine Familie, die Bari Jang hieß, also »die Bari im Norden«. Wir müssen verwandt gewesen sein, aber keiner wußte, wie es zu der Trennung in Nord und Süd gekommen war.

Im achtzehnten Jahrhundert wurde Penam als Geburtsort des siebten Panchen Lama berühmt, des zweithöchsten religiösen Würdenträgers von Tibet. Man erzählt, die Orakel hätten beim Tod des sechsten Panchen Lama prophezeit, das gesuchte Kind werde »glücklich auf dem Schoß der Sonne sitzend« gefunden werden. Die Lamas durchforschten ganz Tibet nach der Reinkarnation des Panchen Lama. Einer der Suchtrupps kam auch nach Penam.

Als er sich dem ersten Haus des Dorfes näherte, stieß er auf eine Frau namens »Nyima« (Sonne), die ein Neugeborenes auf dem Schoß hatte. Das Kind war der siebte Panchen Lama.

Der Panchen Lama war im Nachbarhaus, dem reichsten des Dorfes, geboren worden. Man erhob seine Familie in den Adelsstand, und sie wurde noch wohlhabender. Die Dörfler nannten das *trungzhi* (Geburtseigentum). Auch bei meiner Geburt war das ganze Dorf sehr bewegt. Man sagte, Penam sei gesegnet, da es noch eine Lamageburt erlebt habe.

Meine Familie nahm, wie die meisten Tibeter, ihre religiösen Pflichten sehr ernst. Der wichtigste Raum unseres großen Hauses war der *kanjur lhakhang* (Gebetsraum), wo hundertundein Bände der Lehren Buddhas verwahrt wurden. Niemand im Dorf konnte sich einer solch unschätzbaren Sammlung rühmen, die viele hundert Jahre alt war. Wie sie in den Besitz meiner Familie gelangt war, weiß ich nicht. Der Gebetsraum befand sich im oberen Stockwerk des Hauses, und er enthielt viele Bilder von Buddhas und Bodhisattvas sowie *thangkas* (sakrale Rollbilder), von denen einige ebenfalls Hunderte von Jahren alt waren. Auf unserem Dach stand einsam ein großer Bronzeschirm. Nur auf einem Haus, das einen vollständigen Satz der Lehren Buddhas besaß, durfte man dieses Symbol aufstellen. Wenn Familien des Dorfes religiöse Zeremonien abhielten, liehen sie sich einen Band von uns aus.

Alljährlich wiederholte sich im Dorf ein wichtiges religiöses

Ritual. Im Juli, wenn die Feldfrüchte reiften und nicht viel Arbeit anfiel, war der Zeitpunkt zum Ausspannen und Feiern der hoffentlich guten Ernte gekommen. In diesen Wochen mußte man die Dorfgeister gnädig stimmen und sie bitten, die Feldfrüchte vor bösen Mächten zu schützen. In unserem Dorf führte man eine Zeremonie namens *chökhor* durch, was wörtlich »mit den Lehren Buddhas einen Kreis beschreiben« bedeutet.

Die Mönche des Dorfklosters kamen in unser Haus, wickelten alle Bücher in gelbe Tücher und trugen sie hoch über ihren Köpfen ins Freie. Draußen stritten Dörfler und Familienmitglieder darum, sich die Bände auf den Rücken legen zu dürfen. Waren alle hundertundein Bücher verteilt, führten die Mönche die Prozession an der Dorfgrenze entlang.

An einem abgeschiedenen Ort, dem *yullha*, machte der Umzug halt, denn hier wohnte der dem Dorf übel gesonnene Geist. Unser aller Wohlergehen hing von den Opfergaben ab, die wir ihm darbrachten. Es hieß, das Dorf komme zu Schaden, wenn man den Geist nicht regelmäßig besänftige. Selbst wenn die Ernte gut gedieh, bedürfe sie des Segens, denn ein Hagelschauer könne das Dorf treffen und alles vernichten. In Tibet fürchtet man Hagel so sehr wie andernorts die Dürre. Einige Dörfer hielten sich sogar einen »Hagelabwehrer«, dem man magische Kräfte zuschrieb. Auch wenn jemand in der Familie erkrankte, brachten wir dem Geist Opfer dar.

Die Stelle war mit einem hohen Steinhaufen und Tiergehörn gekennzeichnet und von unzähligen Gebetsfahnen bedeckt. Diese symbolisierten die fünf Elemente: Gelb für die Erde, Rot für das Feuer, Blau für den Himmel, Weiß für die Wolken und Grün für das Wasser.

Jede Familie opferte alljährlich eine neue Gebetsfahne. Allein wagte ich mich nie in die Nähe des Steinhaufens, denn der Modergeruch der Fahnen war mir unheimlich. Alle im Dorf hatten Angst vor dem Yullha. Die Zeremonie des Chökhor symbolisierte die Treue des Dorfes gegenüber dem Geist und markierte die Dorfgrenzen, deshalb fühlten sich die Bewohner nach dem Ritual sicher und beschützt.

Nachdem unser Dorf umschritten war, kam die Prozession auf einer offenen Wiese in der Nähe des Flusses zum Stehen, und die Familien errichteten Zelte. Die nächsten Tage wurde getanzt und gesungen, die alten Männer widmeten sich Glücksspielen, die jungen nahmen an einem Wettbewerb im Bogenschießen teil. Man ruhte sich aus und genoß das Sommerwetter. Zwei oder drei Monate später wurde die Ernte eingefahren, und jeder Pächter mußte meinem Vater einen Mann zur Verfügung stellen. Es war die arbeitsreichste Zeit des Jahres, und niemand ging müßig. Nach der Getreideernte wurde das Korn hoch aufgetürmt, und die Frauen schlugen mit Dreschflegeln darauf ein, um die Spreu vom Weizen zu trennen. Während des Dreschens lud mein Vater zehn Mönche ein, die gleichzeitig jeden Band des *kanjur* (Niederschrift der Lehre Buddhas) laut vorlesen mußten. Sie brauchten etwa fünf bis zehn Tage, um die Lehren Buddhas vom ersten bis zum letzten Wort vorzutragen. Mein Vater sagte, unsere Familie führe dieses Ritual seit Hunderten von Jahren durch, und deshalb seien wir mit sämtlichen Verdiensten unserer Ahnen gesegnet.

Ich hatte allerdings nicht das Gefühl, an diesem Segen teilzuhaben. Meine Mutter starb kurz nach meiner Geburt und hinterließ meinem Vater die Sorge für drei Töchter und zwei Söhne. Woran meine Mutter gestorben ist, weiß ich nicht. Von meiner Großmutter hörte ich, meine Mutter habe unmittelbar nach meiner Geburt gesund und zufrieden ausgesehen, sei jedoch eines Abends erkrankt und habe sich nicht mehr erholt. Die Tibeter glauben, daß eine Familie, die unter einem guten Stern steht, zuweilen auch von Unglück heimgesucht wird.

Da ich möglicherweise die Reinkarnation eines hohen Lama war, hatte das Schicksal meine Mutter getroffen. Vielleicht war das die Erklärung für ihren Tod. Ich weiß nicht, wie sie hieß, alle sprachen von ihr als *amala* (Mutter); sie war erst vierzig, als sie starb. Ich habe keine Erinnerung an sie.

Ein Bild von ihr besitze ich nicht. Im alten Tibet kannte man keine Fotografien, und zu Lebzeiten wurde ein Mensch nicht porträtiert. Das einzige Foto, das ich je sah, zeigte den XIII. Dalai Lama und stand auf unserem Hausschrein. Meine Tante nahm es einmal herunter und legte es mir auf den Kopf. Ich wollte es befühlen und genau betrachten, doch da es kostbar war, stellte meine Tante es rasch wieder auf den Altar. Ein nepalesischer Kaufmann hatte es meiner Familie verkauft; nur zwei Familien des Dorfes hatten es sich damals leisten können. Ich glaube nicht, daß es je ein Bild von meiner Mutter gab.

Einmal fragte ich einen Verwandten, was für ein Mensch sie gewesen sei, und er antwortete: »Sie war nett.« Mein Vater sprach nie von ihr, und ich schnitt das Thema nicht an. Ich glaube, er empfand den Verlust als sehr schmerzlich. Bei seiner Heirat war mein Vater vierzehn Jahre alt gewesen und meine Mutter ein Jahr jünger. Wie alle Eheschließungen im alten Tibet wurde auch diese von den Familien arrangiert.

Meine Schwestern waren noch zu jung, um sich um mich zu kümmern. Deshalb wurde ich der Obhut meiner Tante, der Schwester meines Vaters, übergeben. Sie hieß Zangmo und wohnte in dem Dorf Gyatso Shar, das zu Fuß sechs Stunden von Penam entfernt lag. Meine Tante war viele Jahre zuvor als Braut dorthin gezogen. Ihre Familie hieß Namling und hatte mehr als zwanzig Mitglieder.

Meine Tante war Ende Dreißig, als ich zu ihr kam. Sie hatte zwei erwachsene Söhne, die ich *jhola* (ältere Brüder) nannte. Der eine war sechzehn Jahre alt und wollte bald heiraten. Meine Tante hatte ein großes, rundes Gesicht und trug leuchtend rote Korallen an den Ohren. Ihr Haar lag in langen Zöpfen um den Kopf. Sie war eine sehr tüchtige Frau, leitete im Grunde den

Haushalt. In ihrer *amba*, einer Falte in der traditionellen Kleidung, die als Tasche dient, verwahrte sie ein riesiges Schlüsselbund für alle Vorratsräume. Wenn die Bediensteten etwas brauchten, mußten sie meine Tante zuerst um Erlaubnis bitten.

Ich wurde zu meiner Tante geschickt, weil sie einige Monate zuvor einer Tochter namens Wangmo das Leben geschenkt hatte und uns beide stillen konnte. Gyatso Shar unterschied sich nicht sehr von Penam. Die Häuser waren ähnlich, und wie alle Einwohner des Nyangchu-Tals waren die Bewohner von Gyatso Shar Bauern, deren Leben sich ausschließlich um die Landwirtschaft drehte. Die Techniken des Ackerbaus waren im Laufe der Jahrhunderte immer weiter verfeinert worden. Maschinen kannte man nicht, alles wurde von Hand gemacht. Rückblickend erscheint es mir seltsam, daß wir ohne Rad auskamen. Das Schneeland hatte für diese großartige Erfindung keinen Bedarf.

Die Familie meiner Tante mußte ihre Steuern ebenfalls direkt an die Regierung abführen. Man sagte, das Getreide ihres Gutes hätte ausgereicht, um den größten Fluß Tibets, den Yarlung Tsangpo, zu stauen. Ich hielt meine Tante für meine Mutter und nannte sie Amala. Später, als ich im Gefängnis saß, begann jedes Verhör mit Fragen nach meinem Namen, meinem Alter und dem Namen meiner Eltern. Dann mußte ich immer eine Pause machen und aufpassen, daß ich die richtige Antwort gab. Meine Tante liebte mich sehr. Manchmal nahm sie mich in den Arm und flüsterte: »Das mutterlose Kind.«

Alle Familienmitglieder waren freundlich zu mir und ließen es nicht an Beweisen ihrer Zuneigung fehlen. Nie hatte ich den Verdacht, meine Familie sei nicht meine wahre Familie. Einmal hörte ich die Worte »der Vater des Jungen«, doch ich ging davon aus, daß man sich über meinen Onkel unterhielt, den ich *pala* (Vater) nannte. Für mich war er mein Vater. Als ich mitbekam, wie jemand sagte »Der Vater des Jungen kommt zu Besuch«, war ich verwirrt; desgleichen, als jemand vom »Zuhause des Jungen«

sprach. Für mich gab es nur ein Zuhause, und das war, wo ich wohnte. Bedrückt harrte ich der Dinge, die da kommen sollten.

Ich war glücklich in Gyatso Shar. Das Leben drehte sich um das Dorf und die Familie. Kindsein war einfach. Die Jungen durften tun, was sie wollten, die Mädchen blieben in der Nähe ihrer Mütter, halfen ihnen, beobachteten sie bei der Arbeit und erwarben ihre Fertigkeiten. Wenn unsere Eltern auf den Feldern zu tun hatten, folgten wir ihnen und lernten durch Nachahmung. Das war unsere Erziehung. Ich spielte Laufbursche, half beim Jäten, durchstreifte die Felder und regulierte die Bewässerungskanäle.

Am allerliebsten lauschte ich jedoch Geschichten. Einer meiner Onkel war Mönch in Shigatse, im Kloster Tashilhünpo, einem der größten der Region, und er verbrachte den Winter im Haus meiner Tante. Wollte er Geschichten erzählen, rief er uns Kinder zu sich. Er sprach von *jigten chagtsul*, der Schöpfung der Welt. Mit feierlicher Stimme beschrieb er, wie die Erde von Wasser bedeckt war, wie das Wasser langsam verdampfte und sich Land und Berge bildeten. Dann wurde Chenresi Bodhisattva (Avalokiteshvara), der Herr des Mitgefühls, in Gestalt eines Affen geboren, und seine Gefährtin Dölma erschien in Gestalt einer Dämonin. Aus der Vereinigung von Affe und Dämonin gingen die ersten Menschen hervor. Ihre sechs Kinder repräsentierten die sechs Typen menschlicher Eigenschaften. Die Kinder vermehrten sich, und so kamen, erzählte mein Onkel, die ersten Tibeter auf die Welt.

Einiges von dem, was er sagte, machte uns angst. Er sprach von anderen Welten und Höllen, in denen die Menschen bei lebendigem Leibe gekocht wurden oder ewig darben mußten. Mein Onkel lehrte uns, daß nach unserem Tod unsere guten und schlechten Taten in Form von weißen und schwarzen Kieseln gegeneinander aufgewogen würden. Die weißen Kiesel seien die guten, die schwarzen die schlechten Taten. Neige sich die Waagschale mit den schwarzen Kieseln, komme man in die Hölle; neige sich die mit den weißen, gehe man in den Himmel ein. Mein Onkel beugte sich vor und hielt sein Antlitz dicht vor unsere Kindergesichter. »Wenn ihr nicht in die Hölle wollt, dürft ihr keine schwarzen Kiesel ansammeln.«

Jeder im Dorf hatte Hochachtung vor meinem Onkel und fragte ihn in allen möglichen Dingen um Rat. Einmal nahm er mich mit nach Shigatse in sein Kloster Tashilhünpo. Das war weniger ein religiöses Erlebnis als eine beiläufige Einführung in das Klosterleben. Mir wurde zum erstenmal bewußt, daß es auch außerhalb des Dorfes, jenseits der Berge, eine Welt gab. Mein Onkel teilte sich ein Zimmer mit einem Mönch aus der indischen Provinz Ladakh, der mir ein indisches Karamelbonbon in Form eines Fisches schenkte. Am Abend sah ich zum erstenmal eine Taschenlampe und erfuhr, auch diese stamme aus Indien. Ich dachte mir, was für ein wunderbares Land Indien doch sein müsse, voller Zaubergegenstände.

Die Tibeter empfinden die gleiche Ehrfurcht für Indien wie die Christen für Jerusalem. Was mich jedoch verwirrte, waren die Geschichten über Buddhas Leben im »Land Pagpa«. Pagpa wurde ausgesprochen wie das tibetische Wort für »Schwein«, und ich fragte mich, warum Indien das Land des Schweins genannt wurde. Ich stellte mir Tausende von Schweinen vor, die durch den Dschungel streiften. Als ich nachfragte, warum Indien als Schweineland bezeichnet werde, lachten mein Onkel und die anderen Mönche laut auf, und mein Onkel erwiderte, es sei an der Zeit, daß ich lesen und schreiben lerne.

Alles, was ich von der Welt wußte, entstammte den Geschichten meines Onkels. Indien sei der heiligste Ort der Erde; alle anderen Gegenden solle man fürchten. Die schreckenerregenden Geschichten meines Onkels von der Welt, die von mitleidlosen Barbaren bewohnt zu sein schien, dämpften meine natürliche Neugier. Er versicherte uns, wir hätten großes Glück gehabt, im

Schneeland geboren worden zu sein, und ich hatte keinen Grund, daran zu zweifeln.

Heute glaube ich, daß es die alten Geschichten meines Onkels über den Ursprung der Tibeter waren, die mich den wesentlichen Unterschied zwischen Tibetern und Chinesen begreifen ließen. Als die Chinesen auftauchten und uns weismachen wollten, Tibet sei schon immer ein Teil Chinas gewesen, verstanden wir nicht, wovon sie sprachen. Wir hatten ein anderes Geschichtsverständnis. Natürlich versuchten die Kommunisten, die tibetischen Geschichten als Ammenmärchen abzutun, doch für uns waren sie Teil unserer nationalen Identität.

Nach meiner Rückkehr ins Dorf wurde meine Cousine Wangmo meine engste Gefährtin. Meine Tante nannte uns die »Unzertrennlichen«. Spielzeug besaßen wir nicht. Wir mußten uns mit dem behelfen, was uns in die Hände fiel. Ein Stock wurde zu einem Speer, der staubige Boden zum Schlachtfeld. Wie überall auf der Welt spielten die Jungen gern für sich. Ich versuchte jedoch immer, Wangmo mit einzubeziehen. Sie war ziemlich hart im Nehmen und konnte sich gegen jeden Jungen durchsetzen.

Wir waren fünf oder sechs Jahre alt, als Wangmo krank wurde. Meine Tante tat, was in ihrer Macht stand: Sogar Lamas wurden gerufen, die mit ihren Ritualen die bösen Geister abwehren sollten, welche die Krankheit verursachten. Eines Morgens saß meine Tante schluchzend in der Küche, und ich begriff, was geschehen war. Meine Tante blieb tagelang im Bett. Ich konnte sie nicht trösten.

Das Leben ging weiter, als sei nichts geschehen. Die Erwachsenen erwähnten Wangmo mit keinem Wort. Vermutlich wollten sie mich nicht traurig stimmen und meinten, daß ich Wangmo bald vergessen würde, wenn sie ihren Namen mieden. Ich glaube, wir Tibeter neigen dazu, unbequeme Tatsachen in der Hoffnung zu ignorieren, daß sie von selbst verschwinden. Noch heute treibt mir die Erinnerung an Wangmo und an meine Tante Tränen in die Augen. Das war die glücklichste Zeit meines Lebens. Völlig unbeschwert spielten Wangmo und ich zusammen, hockten in Pfützen und formten Figuren aus Lehm. Meine Tante schimpfte uns aus, wenn wir verdreckt nach Hause kamen, und gab einer Magd Anweisung, uns zu waschen.

Nicht lange nach Wangmos Tod lernte ich die Mitglieder meiner eigenen Familie kennen. Meine Großmutter, meine Schwestern und mein Bruder kamen, um meiner Tante ihr Beileid auszusprechen. Alle weinten bei der Ankunft. Mein leiblicher Vater hatte neue Kleider und Stiefel schicken lassen, die in Indien hergestellt waren. Ich kann mich nicht erinnern, sein Eintreffen wahrgenommen zu haben, bis meine Tante mich ins Haus rief, mir den Staub von den Kleidern bürstete und mich in den Gebetsraum führte. Da saß ein Mann und trank Tee. Er hatte große, stechende Augen. Ein Ohrring aus Türkis hing ihm bis auf die Schulter herab.

Meine Tante stupste mich in seine Richtung. »Das ist dein Vater«, sagte sie. Ich verhielt mich wie alle Kinder in Gegenwart von Fremden. Ich war schüchtern und ängstlich, aber gleichzeitig aufgeregt bei dem Gedanken an ein Geschenk. Ich trat auf ihn zu. Er langte in sein Gewand und holte einen weißen Kristall hervor. Ich legte die Handflächen zusammen und hielt sie ihm hin. Mein Vater ließ den Kristall hineinfallen. Er wollte etwas sagen, aber ich starrte auf das Geschenk in meiner Hand. Es war *shelkara* (süßes Glas). Ich trug es tagelang in meiner Tasche und holte es nur von Zeit zu Zeit hervor, um kräftig daran zu lecken.

Trotz der Trennung bestand ein natürliches Band zwischen meinem Vater und mir. Einmal verteidigte ich ihn, als einer der älteren Jungen bemerkte, der erdfarbene Umhang meines Vaters sehe aus wie Scheiße. Ich jagte den Jungen durch das Haus und versetzte ihm einen Schlag auf den Rücken.

Jedesmal wenn mein Vater meine Tante besuchte, wurde ich

vor ihn zitiert. Unsere Unterhaltungen waren kurz und bündig. »Bist du artig gewesen?« pflegte er zu fragen. Ein Nicken meinerseits. »Hör auf deine Tante und benimm dich.« Dann füllte er mir die Taschen mit Karamelbonbons oder getrocknetem Fleisch. Ich prahlte mit seinen Geschenken, um die anderen Kinder eifersüchtig zu machen. Meinen Vater umgab etwas Geheimnisvolles, Bedeutendes, dessentwegen mich die anderen Kinder beneideten. Vater wurde immer üppig bewirtet und schlief im besten Zimmer des Hauses.

Meine Tante konnte Wangmos Tod nie überwinden. Sie stürzte sich in die Arbeit, im Sommer war sie auf den Feldern, und im Winter verbrachte sie ihre Zeit mit Spinnen und Weben. Außerdem kümmerte sie sich um alles, was im Haushalt anfiel. Und sie schien mich noch inniger zu lieben. Dann kam eines Tages mein Vater, und ich wußte instinktiv, daß er mich nach Hause holen würde. Damals war ich neun Jahre alt.

An einem Sommermorgen weckte mich meine Tante mit einer Tasse Tee und einer Schale *drelsil*, einer Mischung aus Reis, Süßkartoffeln und Zucker. Sie hatte die alte chinesische Schale, die auf jeder Seite von einem Drachen umklammert wurde, vom Hausaltar genommen. Drelsil kennzeichnet einen besonderen Tag. Meine Tante überreichte mir außerdem eine zeremonielle Glücksschleife, die im Tibetischen *katag* heißt. Ich sollte sie auf den Teppich legen, auf dem ich gesessen hatte, dann würde ich wieder in dieses Haus zurückkehren. Sie füllte meine Tasse bis zum Rand mit Tee, auch das sollte meine baldige Rückkehr verheißen, wies auf einen Stapel neuer Kleider, die speziell für diesen Anlaß genäht worden waren, und half mir beim Anziehen.

Der Zeitpunkt meines Abschieds war also gekommen. Ich war betrübt, und auch meiner Tante stand die Trauer ins Gesicht geschrieben. Sie hatte die gleichen Gefühle für mich wie für ein leibliches Kind. Ihre Tochter war gestorben, aber auch mich hatte sie gestillt, und ich war vor ihren Augen groß geworden. Sie gab sich alle Mühe, tapfer zu sein, sah mir zu, wie ich die neuen Kleider anlegte, und lehnte sich manchmal vor, um lose Zipfel festzustecken.

Im Hof war die ganze Familie versammelt. Unter Aufsicht meines Vaters wurden sechs oder sieben Ponys gesattelt und mit Holzkisten beladen. Die Familienmitglieder kamen nacheinander zu mir und überreichten mir Glücksschleifen. Als letzte näherte sich mir meine Tante mit weit ausgebreiteten Armen, auf denen der feinste Seiden-Katag lag, den man sich vorstellen kann. Sie legte ihn mir um. Dann umarmte sie mich, und ihre Tränen benetzten meine Wangen. Obwohl ich unter all den Schleifen fast verschwand, streckte ich die Arme aus und umklammerte meine Tante. Dabei entrang sich mir ein lauter Klageruf. Sogar die Nachbarn hörten ihn und kamen in den Hof geeilt. Einige legten mir weitere Schleifen um.

Jemand sagte: »Ngodup sieht aus wie eine Braut.« Ich gewann die Fassung zurück und wischte mir die Augen. Man setzte mich auf ein Pony, und die Dorfkinder brachen in einen Singsang aus: »*Na ma, na ma!*« (»Braut! Braut!«) Ich wollte so schnell wie möglich verschwinden. Als wir losritten, verstummte der Gesang, und die Kinder folgten uns nicht. Mein Vater und meine Großmutter ritten voran. Die Schleifen um meinen Hals flatterten wie Fahnen. Meine Tante begleitete uns. Als wir uns ein Stück vom Dorf entfernt hatten, befahl sie dem Treiber anzuhalten. Sie ritt zu mir und nahm mir die Schleifen von den Schultern.

Von Zeit zu Zeit drehte sich mein Vater um und schaute mich an. Ich mied seinen Blick. Bei unserer Ankunft erwarteten uns alle Familienmitglieder und die Nachbarn. Ich wurde vom Pferd gehoben, und ein Mann reichte mir noch eine Glücksschleife. Meine Tante blieb einige Wochen bei uns, dann ritt sie zurück nach Gyatso Shar. Beim Abschied weinte sie.

In Penam begann mein Leben als Erwachsener. Die Kinder wurden im alten Tibet sehr schnell erwachsen. Sowohl mein Vater als auch mein Bruder waren vierzehn Jahre alt gewesen, als sie die Verantwortung für eine Familie übernahmen. Doch für mich gab es nicht viel zu tun. Meine Schwestern und mein Bruder erledigten im Haushalt alles Nötige, ich hingegen langweilte mich. Von meinem Vater, der mit zunehmendem Alter immer würdiger und feierlicher wurde, hielt ich mich fern. Ich entsinne mich, wie er leise seine Gebete vor sich hin murmelte, was ihn noch distanzierter und unnahbarer machte.

Heute glaube ich, daß die Liebe meines Vaters zu mir von der instinktiven Traurigkeit gefärbt war, die man für ein Kind ohne Mutter empfindet. Er mied mich, weil ich Erinnerungen an meine Mutter in ihm weckte, und fühlte sich hilflos, weil er sich um mich nicht kümmern konnte. Meine Mutter erwähnte er nie. Das hieß nicht, daß er sie vergessen hätte; vielmehr konnte er den Gedanken nicht ertragen, daß sie nicht mehr lebte.

Mein Vater hatte ein Jahr nach dem Tod meiner Mutter wieder geheiratet. Bei meiner Rückkehr nach Penam hatte meine Stiefmutter zwei Söhne von ihm. Der eine war bereits Mönch im Kloster Gabadong. Meine Stiefmutter war nicht so distanziert wie mein Vater. Freundlich und warmherzig nahm sie mich immer wieder in den Arm; sie wollte keine typische Stiefmutter sein. Als mein Vater starb und mein älterer Bruder Haushaltsvorstand wurde, zog er zu meiner Stiefmutter. Meine Familie fand, eine neue Braut im Haus werde nur zu Streit führen. Um den Reichtum der Familie zu erhalten, war es völlig normal, daß sich mehrere Brüder eine Frau teilten. Doch in unserem Fall zog mein Bruder zu meiner Stiefmutter. Sie war jung genug, um ihm noch Kinder zu schenken.

Das beste an meiner Rückkehr nach Penam war das Kloster Gabadong. Es lag, weniger als eine Stunde von unserem Haus entfernt, hinter weitflächigen grünen Feldern.

Zwei Brüder meines Vaters waren dort Mönche. Manchmal durfte ich sie mit den anderen besuchen, und wenn ich nichts zu tun hatte, machte ich mich allein auf den Weg zum Kloster. Irgendwann fiel meiner Großmutter auf, wieviel Zeit ich dort verbrachte. Immer wieder erzählte sie mir die Geschichte meiner Geburt und riet mir, darüber nachzudenken, ob ich nicht Mönch werden wolle. Der Gedanke gefiel mir. Im Dorf fühlte ich mich einsam, doch im Kloster fand ich Gesellschaft. Sogar die Erwachsenen dort schienen mehr Zeit für mich zu haben.

Ich lasse die Welt hinter mir

E s dauerte nicht lange, und meine Großmutter machte sich Sorgen um meine Zukunft. Für meinen Vater war ich noch ein Kind, er dachte nicht darüber nach, was aus mir werden sollte. Doch meine Großmutter ließ nicht locker. Sie lag ihm in den Ohren, es sei Zeit, an Ngodups Zukunft zu denken.

Einem Dorfjungen standen damals nicht viele Wege offen, selbst wenn er einer wohlhabenden Familie entstammte. Entweder arbeitete er auf dem Anwesen der Familie, oder er ging ins Kloster. Der älteste Sohn übernahm den Hof und alle Verpflichtungen. Im Alter von vierzehn Jahren war mein Bruder bereits für einen Großteil der Gutsverwaltung verantwortlich. Er sah gut aus, wie er so selbstbewußt über den Hof schritt und dafür sorgte, daß alles reibungslos lief. Er wies den Tagelöhnern ihre Arbeit an und kümmerte sich um die Beschwerden seiner Pächter. Als ich ihn einmal auf seinen Gängen begleitete, wurde mir klar, wie sehr die Dörfler diesen mustergültigen Sohn achteten und bewunderten.

Meine Großmutter machte als erste den Vorschlag, ich solle Mönch werden. Sie war eine sehr fromme Frau. An jedem achten, fünfzehnten und dreißigsten Tag des tibetischen Monats besuchte sie das Kloster. An diesen Tagen stand sie früh auf und zog sich frische Kleidung an. Sie opferte immer ein Kilo Butter und eine Dose indisches Sonnenblumenöl von feinster Qualität, was ein großer Luxus war. Irgendwann fing ich an, sie zu begleiten. Sie war zwar über Siebzig, konnte aber noch immer den steilen Hügel hinauf zum Kloster bewältigen. Oben wanderte sie von einem Schrein zum anderen und füllte die Lampen mit Öl oder Butterklumpen. Vor den Bildnissen der Gottheiten blieb sie mit gefalteten Händen stehen, murmelte Gebete und lehnte sich vor, um den Sockel der Standbilder mit der Stirn zu berühren.

Gegen Mittag besuchte sie einen ihrer beiden Söhne, die ein Mahl aus *tsampa* (geröstetes Gerstenmehl) und getrocknetem Fleisch vorzubereiten pflegten. Danach hielt meine Großmutter ein Mittagsschläfchen, während ich durch das Kloster wanderte und mit den jüngeren Novizen spielte. Sie lernten lesen und schreiben, und ich beneidete sie. Nachdem sich meine Großmutter ausgeruht hatte, bot sie ihr letztes Opfer im innersten Tempel dar. Zum Hauptschrein gewandt, hob sie die winzigen faltigen Hände, die an einen Vogel erinnerten, vor das Gesicht und rezitierte mit ruhigen Gesten ein Gebet. Auf meine Frage, worum sie gebetet habe, erwiderte sie: »Für das Wohlergehen und die Gesundheit aller Lebewesen.« Gesundheit war für sie ein wertvolles Gut, da man es nicht mit Geld kaufen könne. Krankheiten unterschieden nicht zwischen arm oder reich, sie träfen alle.

Ihre Einstellung war von den Verhältnissen im alten Tibet geprägt. Es gab zwar eine traditionelle tibetische Medizin und auch *amchi* (Ärzte), aber nicht in Penam. Man mußte einen Fußmarsch von ein bis zwei Tagen bewältigen, wollte man in Shigatse oder Gyantse einen Arzt aufsuchen. Bei Erkrankungen konnten wir sehr wenig tun und nahmen deshalb Zuflucht zu religiösen Mitteln. Und manchmal war den Menschen tatsächlich eine wunderbare Genesung beschieden.

Zwischen dem Dorf und dem Kloster dehnten sich grüne Felder aus. Am Rande des bebauten Landes erhoben sich die steilen Berghänge. Das Kloster lag auf einem Hügel, und man hatte einen weiten Blick über das Tal. Deutlich war der Nyangchu erkennbar, der sich in Richtung Shigatse schlängelt. Manchmal konnte ich vom Haus meines Vaters aus die weißen Klosterwände im Sonnenlicht glänzen sehen.

Das Kloster war vor über neunhundert Jahren von dem großen indischen Heiligen und Gelehrten Khache Sakyashri gegründet worden, der im elften Jahrhundert nach Tibet kam, um die Lehren Buddhas zu verbreiten.

Der Name des Klosters ist Gegenstand heißer Debatten. Gabadong soll vom Namen des Berges abgeleitet sein, zu dessen Füßen das Dorf liegt. Der Berg heißt *Ga* (Sattel), *dong* bedeutet »vor«, so daß Gabadong »das Kloster vor dem Sattelberg« ist.

Manche Gelehrte hingegen behaupten, in Wirklichkeit sei es »Baum des Glücks« genannt worden. Nicht lange nach Gründung des Klosters habe der Einfluß des Buddhismus in Tibet nachgelassen und sei von der einheimischen Bön-Religion verdrängt worden. Die Mönche hätten – mit Ausnahme jener von Penam – die strengen buddhistischen Ordensregeln nicht mehr befolgt. Später hätten sich die Mönche von Penam aufgemacht, um in ganz Tibet zu lehren und die alten Klosterregeln wiederzubeleben. Aus diesem Grund habe das Kloster den Namen »Baum des Glücks« erhalten.

Es gab eine Zeit, zu der fast zweihundert Mönche in Gabadong lebten – und stets auch ein Mitglied meiner Familie. Kloster und Dorf waren eng miteinander verbunden, denn fast jede Familie der Umgebung einen Sohn im Kloster hatte. Es war *unser* Kloster.

Eines Tages ließ mein Vater mich zu sich rufen. Ich stieg hinauf in den kleinen Raum, wo er den Großteil des Tages mit der Lektüre heiliger Texte verbrachte. Auf dem Lehmofen stand eine Teekanne. Mein Onkel, der Mönch, war ebenfalls anwesend; dann kam meine Großmutter. Vater hob seine Tasse, blies über die Oberfläche, um den Tee abzukühlen, und nahm einen kleinen Schluck. Dann wandte er sich mir zu und sagte: »Dein Onkel und ich sind der Meinung, daß du ins Kloster eintreten solltest.« Er blickte meine Großmutter an, als wolle er sie bitten, die Unterredung an seiner Statt weiterzuführen. Doch kaum hatte ich die Worte meines Vaters vernommen, da nickte ich schon und sagte: »Ja.«

Ich hatte schon lange ins Kloster gehen wollen, hatte aber nicht gewußt, wie man das anstellt. Meinem Vater gegenüber hatte ich das Thema nicht anschneiden können, damit nicht der Eindruck entstand, ich sei zu Hause unglücklich. Nun erzählte Großmutter wieder einmal die Geschichte meiner Geburt, so, als hätte keiner von uns sie je zuvor gehört.

Diesmal verfolgte sie jedoch ein bestimmtes Ziel: Ich solle Mönch in Riwoche werden, da der Oberhofmeister ihr versichert habe, er werde mich gern dort aufnehmen. Sie war noch immer davon überzeugt, daß ich der Lama von Riwoche sei und man mich nur deshalb nicht gewählt habe, weil wir nicht die richtigen Beziehungen in Lhasa hätten. Vater ging nicht auf ihren Vorschlag ein; er bestand auf Gabadong. Zu meinem Onkel gewandt, erklärte er, zwischen unserer Familie und Gabadong bestünden jahrhundertealte Bande, mit dieser Tradition sollten wir nicht brechen. Mein Onkel nickte zustimmend, und für meinen Vater war die Sache entschieden.

Hätte ich ein Mitspracherecht gehabt, wäre ich nach Tashilhünpo in Shigatse gegangen. Es war eines der größten Klöster in Tibet und die Heimat des Panchen Lama, des höchsten Würdenträgers nach dem Dalai Lama. Die Menschen in unserer Region verehrten ihn ganz besonders. Ich war mit meiner Tante in Shigatse gewesen, und Tashilhünpo hatte auf mich einen nachhaltigen Eindruck gemacht. Außerdem besaß ich dort viele Verwandte. Damit will ich nicht sagen, daß mir Gabadong nicht gefiel; es war ein prächtiges Kloster und für mich wie eine zweite Heimat. Doch man konnte es nicht gerade als ein Zentrum der Gelehrsamkeit bezeichnen. Trotz seines ehrwürdigen Alters und seiner historischen Berühmtheit war Gabadong 1942 nichts weiter als ein einfaches Kloster für die religiösen Bedürfnisse der Landbevölkerung. Aber ich wurde ohnehin nicht gefragt.

So fiel die Entscheidung, daß ich *unserem* Kloster beitreten sollte. Mein Onkel legte auch deshalb Wert darauf, daß ich nach Gabadong kam, weil er alt war und nur wenige Schüler hatte. Seine riesige Klosterwohnung war seit Generationen von einem Familienmitglied an das andere weitergegeben worden. Mein Onkel in Gabadong wirkte gesetzter als meine Onkel in Gyatso Shar. Er unterhielt sich mit mir über wichtige Familienangelegenheiten, als wäre ich kein Kind mehr. Bald war unsere Beziehung die zwischen Lehrer und Schüler.

Großmutter kümmerte sich um meine Mönchskleidung; ein Gewand für den Sommer, eines für den Winter und eine Zeremonialrobe. Jeden Tag brachte der Schneider ein weiteres Stück. Der Stapel im Gebetsraum wurde zusehends höher. Manchmal rief meine Großmutter mich zu sich und hielt mir ein Kleidungsstück an, um Maß zu nehmen. Zwei Tage bevor ich das Haus verließ, traf meine Tante ein. Bei meinem Anblick sprang sie vom Pony und eilte mit ausgebreiteten Armen auf mich zu. Ich versuchte, nicht zu weinen, denn insgeheim hatte ich gehofft, sie sei gekommen, um mich mitzunehmen. Ich dachte noch immer an Wangmo und meine Zeit in Gyatso Shar, und ich glaube, meiner Tante erging es ähnlich. Sie hielt mich lange fest umarmt, und wir gingen Hand in Hand ins Haus.

Nun nahm sich die Tante meiner Ausstattung an. Großmutter war froh, daß sie ihr die Arbeit überlassen konnte. Alles wurde in Holzkisten verstaut, die mit Yakfell bezogen waren. Die Kisten wurden auf zwei kräftige Ponys geladen und in die Klosterwohnung meines Onkels gebracht. Das Erscheinen meiner Tante machte mich schwankend in meinem Entschluß, Mönch zu werden. Ihr Anblick weckte viele Erinnerungen. Ihr Verhalten mir gegenüber hatte sich geändert; ich glaube, sie betrachtete mich nicht länger als Kind.

Ich hatte keine Angst davor, Mönch zu werden, denn ich kannte die Örtlichkeiten des Klosters und fast alle Mönche. Meine Familie wurde hoch geschätzt, und einige Mönche nannten meinen Vater *jin dag* (Gabenherr). Mein Vater war dem Kloster gegenüber sehr großzügig; bei meinem Eintritt stiftete er große Mengen Korn und Butter.

Ich kann mich noch deutlich an den Tag erinnern, als ich meine Familie verließ. Meine Tante weckte mich mit einer Tasse Buttertee. Großmutter folgte mit einer Schale Reis und Süßkartoffeln. Beide halfen mir, meine schöne wollene *chuba* anzuziehen, und dann reichte meine Stiefmutter den Anwesenden Tee. Mein Onkel war ebenfalls erschienen, da mein Vater ihn gebeten hatte, sich um mich zu kümmern.

Ich zog dem Brauch gemäß in die Mönchswohnung meines Onkels ein und wurde unter seiner Anleitung ins Klosterleben eingeführt. Sein Name war Lobsang Wangpo, aber alle nannten ihn Wangpo la. Er war zwischen Fünfzig und Sechzig, hielt sich aber für äußerst alt. Er sah meinem Vater sehr ähnlich und hatte die gleichen Eigenarten. An seinem geschorenen Kopf und der Robe konnte man ihn jedoch von seinem Bruder unterscheiden. Er stand im Ruf, streng zu Kindern zu sein. Mir gegenüber war er jedoch mild und nachsichtig und schimpfte nie mit mir.

Ich glaube, ich trat 1942, im männlichen Wasser-Pferd-Jahr, ins Kloster ein. Einige Nachbarn kamen, um mir Glücksschleifen zu überreichen. Auch mein Vater und meine Stiefmutter legten mir Schleifen um. Sie weinte, als sie meine Taschen mit gerösteter Gerste füllte. Es bringe Unglück, das Haus mit leeren Taschen zu verlassen.

Man setzte mich auf ein Pony und führte mich zum Kloster. Langsam verebbte der Lärm hinter mir. Ich drehte mich nicht um, sondern lauschte nur dem Klang der Hufe auf dem weichen Boden. Mein Onkel marschierte voraus und wandte von Zeit zu Zeit den Kopf, um sich zu vergewissern, daß wir ihm folgten.

Im Quartier meines Onkels Wangpo la erwarteten uns weitere Verwandte. Mein um zwei Jahre jüngerer Halbbruder war im Vorjahr Mönch geworden. Er wohnte bei einem anderen Onkel. Wangpo la zeigte mir das Kloster und seine Wohnung, wo wir jeden Winkel begutachteten. Seine Unterkunft bestand aus vier Zimmern und einer Küche. Es gab Schränke voll Porzellan, Holzschalen und Ritualgeräten. Von zwei Räumen aus konnte man auf das Penam-Tal hinunterblicken und den Lauf des Nyangchu verfolgen. Ich konnte gerade noch das Haus meines Vaters in Penam ausmachen. Winzige Gestalten betraten das Gebäude, und die schemenhafte Gestalt meiner Stiefmutter eilte über den Hof. Ich erkannte meine Familie und die Nachbarn an ihrem Gang.

Fortan mußte ich meinen Onkel *gyen* (Lehrer) nennen. Er war nun für mein Wohlergehen verantwortlich. Am Nachmittag kam ein Mönch und rasierte mir den Kopf, nur auf dem Scheitel ließ er eine kleine Locke stehen. Am nächsten Morgen wurde ich offiziell zum *getsul* (Novize) erklärt. Mein Onkel weckte mich sehr früh und zeigte mir, wie man die wollene Robe anlegt. Sie war so schwer, daß ich mich kaum darin bewegen konnte. Ich erfuhr, wie man ein Mönchsgewand trägt: Der untere Teil dürfe hinten nicht gefaltet sein, das sei ein Zeichen von Eitelkeit. Der obere Schal dürfe weder Kopf noch Gesicht bedecken, das sei arrogant. Die Robe richtig zu tragen war eine große Kunst. Mir fällt auf, daß sich heutzutage viele Mönche nicht mehr an diese Regeln halten.

In der Hauptversammlungshalle fühlte ich den Blick der Mönche auf mir ruhen, als ich hinter meinem Onkel durch den Saal schritt. Der Abt saß auf einem erhöhten Sitz. Sein Name war Kunsang Doden, doch er wurde *khen rinpoche* (Kostbarer Abt) genannt. Er hatte in Sera studiert, der großen Klosteruniversität in der Nähe von Lhasa, war etwa vierzig Jahre alt und grinste ununterbrochen. Er erfreute sich hoher Achtung.

Während der Zeremonie ergriff der Abt von Zeit zu Zeit mit ruhigen Bewegungen eine Glocke oder ein *dorje* (Diamantzepter), die auf einem kleinen Tisch vor ihm lagen. Ich höre noch seine tiefe, melodische Stimme über dem Chor der Mönche. Sein Körper schwankte leicht beim Singen, wie ein Gerstenfeld im Wind.

Als der Gesang aufhörte, stand ich genau vor dem Khen Rinpoche. Er berührte meine Wange. Ein Mönch reichte ihm eine Schere auf einem kleinen Tablett. Mit der einen Hand hob er die Locke auf meinem Scheitel, mit der anderen ergriff er die Schere und entfernte die letzten Haare.

»*Kyoed chos-la tro-ham?*« fragte er mich. »Wirst du im geistlichen Leben glücklich sein?«

Ich bejahte.

Dann erhielt ich den Namen, den ich noch heute trage: Palden Gyatso. Die Zeremonie besagte, daß ich alle Bande mit dem weltlichen Leben zerschnitten hatte. Mein Gelübde hatte ich zwar noch nicht abgelegt, wurde jedoch darauf hingewiesen, daß ich mich fortan wie ein Mönch benehmen und mich nur mit geistlichen Dingen befassen solle.

Ein Jahr später legte ich das Novizengelübde ab. Man gelobt viererlei: Niemals ein Leben zu nehmen, nicht zu stehlen, nicht zu lügen und enthaltsam zu leben. Diese Hauptgelübde setzen sich aus jeweils zehn Geboten zusammen, die mir eher einleuchteten. Da eine so große Zahl von Lebewesen existiert, ist es unmöglich, etwa die Insekten, auf die man tritt, nicht zu töten. Dieser Akt gilt zwar auch als Vernichtung von Leben, fällt jedoch in eine andere Kategorie. Ein Novize oder voll ordinierter Mönch bricht sein Gelübde nur dann, wenn er ein Lebewesen vorsätzlich vernichtet. Ein Mönch muß auf Gold, Silber und andere Kostbarkeiten verzichten. Er muß berauschende Getränke meiden, darf nicht tanzen, und auch Schauspiele soll er sich nicht ansehen. Alle diese Dinge gelten als weltlich und geeignet, ein junges Gemüt vom Studium abzulenken.

Eine Weile durfte ich im Kloster umherstreifen und die Mönche beobachten. Viele Novizen waren jünger als ich. Es war durchaus üblich, im Alter von sieben Jahren ins Kloster einzutreten. Es hieß, ein Junge dürfe Novize werden, sobald er einen Raben jagen könne.

Anfangs war es, als ginge ich zur Schule, denn als erstes lernte ich lesen und schreiben. Was immer mir mein Lehrer auf dem Holzbrett vorschrieb, mußte ich nachziehen. Das Verfahren nannte sich »trockenes Schreiben«. Mit einem Bambusgriffel folgte ich den Strichen und Bögen der Schriftzeichen meines Lehrers. Ich durfte die Feder jedoch nicht in Tinte tauchen. Nach einer Woche rückte ich zum »nassen Schreiben« auf. Ich mußte zwar noch immer die Zeichen des Lehrers kopieren, doch ich ritzte sie nun auf ein Holzbrett, das mit einer dünnen Rußschicht bedeckt war. Das ging mehrere Monate so. Erst nach einem Jahr gab man mir Papier. Auch die älteren Mönche durften nur selten auf Papier schreiben. Seine Herstellung war mühsam und teuer, man verschwendete es nicht.

Das Lesenlernen war ein weiterer harter Kampf. Jeder Orden besitzt eine eigene Sammlung buddhistischer Texte, welche die Mönche jeden Morgen aus dem Gedächtnis rezitieren müssen. Gyen Choden, mein anderer Onkel, lehrte mich die *pecha* (Texte). Täglich mußte ich laut aufsagen, was ich mir am Vortag eingeprägt hatte. Wenn mir ein Fehler unterlief, mußte ich die linke Hand hochhalten, damit mein Lehrer mir einen Schlag mit dem Stock versetzen konnte. In seiner Wohnung hingen mehrere Lederpeitschen an einer Säule. Er pflegte zu sagen: »Wenn du dir Mühe gibst, bleiben die Peitschen, wo sie hingehören.« Meistens nahm er das Bambusrohr. Er sagte immer: »Denk an den Stock, wenn du etwas auswendig lernst.«

Das Leben eines Novizen war beschwerlich. Doch die Kameradschaft der jungen Mönche untereinander und die Fürsorge meines Onkels und Lehrers Wangpo la erleichterten mir das Dasein. Bald war ich entweder mit meinen Studien beschäftigt oder erledigte einfache Pflichten wie das Reinigen der Lampen oder das Wasserholen.

Der Tag begann früh. Die Mönche standen um vier Uhr auf, denn sie mußten ihre privaten Studien bis zum Sonnenaufgang hinter sich gebracht haben. Ich rezitierte zwei oder drei Stunden lang Texte und prägte sie mir ein. Mein Onkel sagte oft, der Morgen sei die beste Zeit zum Lernen, weil das Gehirn dann am aufnahmefähigsten sei. Bei Sonnenaufgang ertönte das Muschelhorn; es rief die Mönche zur Versammlung. Mein Onkel und einige wenige ältere Mönche brauchten nicht daran teilzunehmen, doch dieses Privileg war auf hohe Würdenträger beschränkt.

Die Versammlung begann damit, daß sich alle Novizen in der Halle aufstellten. Das lange Messinghorn ertönte, und die älteren Mönche nahmen ihren Platz ein. Die Novizen rezitierten ein Gebet, das Tsongkhapa gewidmet war, dem Begründer der Gelugpa-Schule, der das Kloster Gabadong angehörte.[1] Danach durften wir uns setzen. Wir beteten um ein langes Leben für den Dalai Lama sowie dafür, daß die ganze Welt von Hungersnöten und Plagen befreit werde und alle Menschen in Frieden leben dürften. Während der Versammlung wurden zwei Tassen Tee gereicht. Das Austeilen des Tees gehörte zu den Pflichten der Novizen. Ein riesiger Messingtopf mußte Hunderte von Metern aus der Küche zur Versammlungshalle geschleppt werden. Manchmal war der Topf größer als der Novize.

Ich brauchte nie Tee zu servieren. Wenn man aus einer reichen Familie stammte, die dem Kloster große Spenden zukom-

---

[1] Gelugpa, etwa Schule der Tugendhaften, ist die Gelbmützen-Sekte des Lamaismus. Sie legt besonderen Wert auf die Einhaltung der Mönchsregeln. (Anm. d. Übers.)

men ließ, konnte man sich vor manchen schweren Pflichten drücken. Solchen Aufgaben wie Fegen, Fensterputzen und dem Anzünden Hunderter von Butterlämpchen konnte ich mich hingegen nicht entziehen. Während der religiösen Feste mußten sogar Tausende von Butterlämpchen angezündet werden, die wir danach wieder reinigten und auf Hochglanz polierten. Außerdem mußte ich ständig irgendwelche Besorgungen für meinen Onkel machen.

Die meiste Zeit widmete ich dem Lernen. Den Mönchen standen drei Laufbahnen offen. Wer die intellektuellen Voraussetzungen mitbrachte, durfte ausschließlich studieren. Andere spezialisierten sich auf das Ritual und wurden Zeremonienmeister, Meister der Opferhandlungen oder der Herstellung jener komplizierten Sand-Mandalas, welche die Heimstatt der verschiedenen Gottheiten repräsentieren.

Mönche, die keine intellektuellen Neigungen verspürten und das Zeremoniell ermüdend fanden, kümmerten sich um die wirtschaftlichen Belange des Klosters. Sie agierten als Verwalter, trieben den Tribut und den Pächtern gewährte Darlehen ein; einige von ihnen betätigten sich als Händler für das Kloster.

Ich war zwölf oder dreizehn Jahre alt, als mich mein Onkel eines Tages in sein Zimmer rief. Ich wußte sofort, daß etwas geschehen war. Mein Onkel forderte mich auf, Platz zu nehmen, und bot mir Tee an. Er wies auf einen Berg Tee, Butter, Tsampa und Stoff. Dies seien Geschenke an das Kloster von der Familie meiner Tante. Dann senkte er die Stimme und teilte mir mit, daß sie gestorben war. Mich durchlief ein Zittern, und ich mußte an die vielen Gelegenheiten denken, bei denen sie sich liebevoll meiner angenommen hatte. Sie war der einzige Mensch gewesen, den ich wahrhaft geliebt hatte. In ihrer Gegenwart hatte ich mich am unbeschwertesten gefühlt. Doch nun war ich erwachsen und trug sogar schon die Verantwortung für die Beaufsichtigung der Novizen.

Nach und nach vergaß ich die Welt außerhalb des Klosters und widmete mich ganz meinen Studien. Ich lernte immer mehr Texte auswendig. Mir war aufgefallen, daß ungebildeten und faulen Mönchen die niedrigsten Aufgaben zugewiesen wurden. Das war ein großer Ansporn für mich. Im Gegensatz zu anderen Novizen tat ich mich beim Memorieren nicht leicht. Konnte ein Student einen bestimmten Text auswendig, holte der Lehrer beim Abt die Erlaubnis dafür ein, daß sein Schüler den gesamten Text nach der Tagesliturgie vor der Versammlung aufsagte. Das war schrecklich. Ich war mehrere Male in dieser Lage und höre noch heute, wie die Stille nur vom Schlürfen des Tees unterbrochen wurde. Hatte man alle liturgischen Texte vorgetragen, war die Prüfung bestanden. Verstummte man vor der Versammlung, war das nicht nur eine persönliche Schmach, sondern gereichte auch dem Lehrer zur Schande. Zum Glück kam ich durch.

Da diese Gebete jeden Tag aufgesagt werden, bleiben sie den meisten Mönchen bis ans Lebensende im Gedächtnis. Mir erging es jedoch anders. Mein langer Gefängnisaufenthalt bewirkte, daß ich vieles von dem vergaß, was wir in Gabadong rezitiert hatten.

Sobald ein Mönch die grundlegenden Gebete beherrschte, durfte er seine Studien erweitern. Entweder lernte er mit seinem Pecha-Lehrer allein oder in Dreier- oder Vierergruppen. Er konnte sich aber auch von einem berühmten Gelehrten unterweisen lassen. Gabadong war nur ein schlichtes Dorfkloster, doch der Abt richtete einen *shetra* (Philosophiekursus) ein. Er bat einen qualifizierten Lama aus Lhasa, einige Wochen in Gabadong zu verbringen und die Mönche zu unterrichten.

Geshe[1] Rigzin Tenpa war ein bekannter Lehrer der Klosteruniversität Drepung in der Nähe von Lhasa; unser eigener Abt

---

[1] Geshe, höchster akademischer Grad der Buddhismuskunde. (Anm. d. Übers.)

hatte zu seinen Schülern gehört. Ich nahm an seinen Vorlesungen teil. Sein Auftreten und seine Erscheinung verrieten Schlichtheit und Askese. Seine Stimme war sehr leise, manchmal fast unhörbar; er sprach im klaren Lhasa-Dialekt, aber mit Spuren eines Akzents. Rigzin Tenpa war in Kinaur im indischen Staat Himachal Pradesh geboren und mit sechzehn Jahren zum Studium nach Drepung gekommen. Wir nannten ihn Gyen (Lehrer). Vier Monate lang erteilte er uns religiöse Unterweisungen und führte uns in die schwierigen Aspekte der buddhistischen Philosophie ein. Diejenigen von uns, die wirklich studieren wollten, forderte er auf, sich an einer der drei großen Klosteruniversitäten in Lhasa einzuschreiben. Gabadong sei ein Brunnen, der zwar Wasser führe, doch nicht genug, um darin zu schwimmen. Wenn wir wirklich schwimmen wollten, müßten wir uns ein Meer suchen.

Auch mit achtzehn Jahren hatte ich noch keine Vorstellung von der Welt jenseits unseres Tals. Von dem in China tobenden Bürgerkrieg wußten wir Mönche nichts. Ich kann mich nicht daran erinnern, daß wir jemals über Ereignisse außerhalb der Klostermauern sprachen. Die Welt jenseits des Tals kam uns wie ein Wunderland vor, voll märchenhafter Geschehnisse, Erfindungen und Zaubermaschinen. Selbst Lhasa schien weit entfernt zu sein. Von der tibetischen Politik hatten wir gar keine Vorstellung. Im Gefängnis sollten uns die Chinesen Filme über ihren Krieg gegen Japan und über den Zweiten Weltkrieg zeigen, doch in Penam erfuhren wir nichts davon. Allein der Wechsel der Jahreszeiten ließ irgendeinen Wandel erahnen.

Im Oktober 1950 ging unsere ruhige Welt in Scherben. Gerüchte kursierten, China wolle Tibet angreifen und der Dalai Lama sei nach Indien geflohen. Eines Morgens sagten einige Mönche, sie hätten ein Erdbeben gespürt. Viel später erfuhren wir, daß in den Provinzen Kham und Kongpo die Erde tatsächlich gebebt hatte. Das galt als böses Omen und schien, so kurz nach der Flucht des Dalai Lama, unsere schlimmsten Befürchtungen zu bestätigen.

Wir hielten eine religiöse Zeremonie nach der anderen ab. In den Ritualen riefen wir die Schutzgötter an, den Dalai Lama und das Schneeland vor Schaden zu bewahren. Doch einige Monate später hörten wir, daß die Chinesen den Drichu, den Grenzfluß zwischen China und Tibet, überschritten hätten. In jenem Winter kehrten die Männer unseres Dorfes aus Chamdo zurück, und wir hörten Augenzeugenberichte der Schlacht zwischen den Chinesen und der winzigen tibetischen Armee in der Provinz Kham.

Zwei Männer kamen ins Kloster, um meinen Onkel zu besuchen. Einer öffnete die Tür, streckte zum Zeichen der Ehrerbietung die Zunge heraus und fragte, ob dies die Wohnung des Kusho Wangpo la sei. Ich bat sie, näher zu treten, und erkannte im selben Augenblick Yugal und Topgyal, zwei Pächter meines Vaters.

»Wir kommen soeben aus Chamdo«, sagten sie.

Ich holte meinen Onkel. Es dauerte nicht lange, und die Mönche drängten sich in der Wohnung meines Onkels. Yugal und Topgyal berichteten von Zhango Dora, einem weiteren Pächter meines Vaters; er war ein furchtloser, muskulöser Mann, der ein Amulett trug, das ihn vor Kugeln schützen sollte. Er habe den Widerstand angeführt, aber die kleine tibetische Armee sei den Chinesen nicht gewachsen gewesen, und, nur mit einem langen Schwert bewaffnet, habe Zhango nach kurzer Zeit Mann gegen Mann gekämpft.

Yugal und Topgyal wechselten sich bei der Erzählung ab und unterbrachen sich nur, um kleine Schlucke Tee zu nehmen. Wenn Yugal eine Pause machte, sprach Topgyal ohne Zögern weiter. Er fuchtelte mit den Händen in der Luft herum, um Zhango Doras Kampf darzustellen. Wir hörten schweigend zu. Zhango habe viele chinesische Soldaten getötet, aber als er sich irgendwann erschöpft unter einer Brücke habe ausruhen wollen, sei Blut von oben auf sein Amulett getropft, so daß es die schützende Wirkung einbüßte. Zhango sei von einer Granate, die in der Nähe der Brücke explodierte, getötet worden.

Wir lauschten, als erzähle uns jemand ein historisches Epos, nicht aktuelle Ereignisse. Furcht empfanden wir nicht, da wir gar nicht begriffen, daß unser Land überfallen worden war und kurz davor stand, von den Chinesen erobert zu werden. Zwar kam einige Tage später Zhangos Familie ins Kloster, um mit dem Abt zu sprechen und eine Spende zu leisten; doch davon abgesehen ging das Leben weiter, als sei nichts geschehen.

Wenige Monate später hörten wir, der Dalai Lama sei nach Lhasa zurückgekehrt. Im Juli 1951 gab er eine religiöse Unterweisung in Gyantse, dem Zentrum des Indienhandels. Der Ort ist zu Fuß nur wenige Tagesreisen von Penam entfernt. Mein Vater forderte uns auf, die einmalige Gelegenheit zu nutzen und in Gyantse den Menschen zu sehen, den die Tibeter als die lebende Inkarnation des Buddhas des Mitgefühls verehren.

Wir brachen früh auf. Die Neuigkeit hatte sich schnell verbreitet, und wir stießen auf Dutzende kleiner Gruppen von Mönchen und Dörflern, die aus allen Richtungen nach Gyantse pilgerten. Ich konnte kaum glauben, wie viele Menschen dort versammelt waren. Die Leute lagerten, wo immer sie Platz fanden, und alle hatten provisorische Herdstellen errichtet – drei große Steine, die ein Dreieck bildeten und auf denen ein Topf stand. Nachts schliefen die Menschenmassen im Freien. Für die Mönche hatte man ein besonderes Areal abgetrennt; dort suchten wir uns ein Plätzchen, auf dem wir uns niederließen.

Ich hatte noch nie in meinem Leben so viele Menschen auf einmal gesehen. Überall lagerten sie um improvisierte Feuerstellen, und Rauchsäulen stiegen gen Himmel. Die Frauen trugen ihren schönsten Schmuck und aufwendigen Kopfputz in Bogenform, der mit Korallen und Türkisen besetzt war. Geschäftstüchtige Händler hatten Stände aufgeschlagen und verkauften aus Indien herbeigeschaffte Waren. Ich schritt die staubigen Wege entlang. Rechts und links saßen die Kaufleute im Schneidersitz und versuchten, die Passanten mit chinesischem Ziegeltee, Spiegeln, Kochtöpfen, Gewürzen, Webwaren, Stiefeln und Spielzeug zum Kauf zu verführen.

Plötzlich ging eine Bewegung durch die Menge, und die Händler banden ihre Waren flink zu Bündeln zusammen. Ich hörte eine Militärkapelle und sah tibetische Soldaten aufmarschieren. Die Musiker wurden von einem in Tigerfell gehüllten Soldaten angeführt. Auf die Soldaten folgte – in feinen gelben Seidenroben – eine Gruppe tibetischer Adliger, die ihre Arme hin und her schwenkten. Danach kamen Mönche mit Weihrauchgefäßen und gebündelten Räucherstäbchen. Hinter den Mönchen erschien der junge Dalai Lama in einer reichverzierten gelben Sänfte, die von mehreren kräftigen Männern getragen wurde, und betrachtete die Menschenmenge.

Damals sah ich ihn zum erstenmal. Strahlend blickte er aus der Sänfte auf die Menschen – ich werde den Augenblick nie vergessen. Wir Tibeter sehen im Dalai Lama den Kyabgon. Seine Rückkehr ins Schneeland lieferte den Tibetern einen religiösen und politischen Kristallisationspunkt. Seine Gegenwart schützte nicht nur die Lehre Buddhas, sondern auch das Volk.

Das geschäftige Treiben einer Grenzstadt war etwas völlig Neues für mich. Ich begegnete Menschen aus den entferntesten Winkeln Tibets. Zuvor war mein Dorf für mich der Mittelpunkt des Universums gewesen, nun erlebte ich Tibet als Nation. Doch niemand der vielen Pilger, Händler und Mönche hätte vorausgesagt, daß bald eine Katastrophe über unsere Welt hereinbrechen werde und daß wir uns in so großer Zahl in chinesischen Gefängnissen und Arbeitslagern wiedersehen würden.

Wir hörten Gerüchte, daß die reichen Adligen von Lhasa ihren Besitz nach Kalimpang in Indien in Sicherheit brachten.

Sie kannten den Lauf der Welt gut genug, um zu wissen, was ihnen bevorstand. In Gyantse hingegen herrschte eine festliche Stimmung: Man traf sich, ging seinen Geschäften nach und betete. Vor allem letzteres. Ich erinnere mich an die Zufriedenheit, die aus den Gesichtern sprach. Es war eine Art Seligkeit. Niemand würde den Anblick des Dalai Lama je vergessen.

Wir blieben mehrere Tage in Gyantse. Ich streifte durch den improvisierten Basar, als eine Menschenmenge zusammenströmte. Man flüsterte: »*Gya-mi, gya-mi*« (»Die Chinesen«). Ich hatte noch nie einen Chinesen gesehen. Sie ritten auf stämmigen, reichgeschmückten tibetischen Ponys und trugen schlichte blaue Kleidung, die später als Mao-Anzug bekannt wurde. Das paßte wenig zusammen. Die Menge teilte sich, um die Prozession durchzulassen: fünf chinesische Reiter, denen tibetische Würdenträger in Roben aus feinem Seidenbrokat und mit aufwendigem Kopfputz folgten. Später erfuhr ich, daß einer dieser Männer Zhang Jingwu, der Repräsentant Chinas in Tibet, war. Er marschierte nicht wie ein triumphaler Eroberer ein; ihm folgte keine Armee, und niemand war bewaffnet.

Viel später, als ich im Gefängnis saß, veröffentlichten die Chinesen ein Foto von der Ankunft Zhang Jingwus in Gyantse. Die Bildunterschrift lautete: »Tibetische Massen begrüßen den Vertreter der Zentralregierung.« Welch eine Lüge! Wir waren gekommen, um einen Blick auf unseren Führer, den Dalai Lama, zu werfen. Kein einziger Tibeter war in Gyantse erschienen, um General Zhang willkommen zu heißen. Wir sollten noch lernen, wie raffiniert die chinesischen Behörden alle möglichen »Fakten« erfanden.

Dann kehrten wir nach Penam zurück wie Kinder nach einem großen Abenteuer. Für meinen Vater war es das schönste Ereignis seines Lebens. Nun könne er glücklich sterben! Wir Tibeter glauben, daß es nützlich für unser zukünftiges Leben ist, Unterweisungen des Dalai Lama zu hören. In Penam feierten wir unser persönliches Glück und die Tatsache, daß der Dalai Lama die politische und religiöse Führung Tibets übernommen hatte, mit einem Festbankett.

Während der Minderjährigkeit des Dalai Lama untersteht Tibet einem Regenten. Doch nach der chinesischen Invasion und angesichts der zu erwartenden Schwierigkeiten hatte der tibetische Adel den jungen Dalai Lama aufgefordert, sein Amt bereits mit fünfzehn Jahren anzutreten.

Ein Jahr später hörten wir, der Panchen Lama, der zweithöchste Würdenträger Tibets, kehre nach einer Abwesenheit von dreiundzwanzig Jahren in sein Kloster Tashilhünpo in Shigatse zurück. Der neunte Panchen Lama war nach einem Streit mit der Regierung in Lhasa aus Shigatse geflohen und in China gestorben. Seine Reinkarnation wurde in der Provinz Amdo gefunden. Es hieß, der Panchen Lama werde auf seinem Weg nach Shigatse eine Nacht in Gabadong verbringen. Wir säuberten und verschönerten das Kloster, kalkten die Wände, fegten die Wege und stellten Zelte auf. Ich sollte hinter dem Panchen Lama hergehen und einen großen Sonnenschirm halten.

Doch dann legte der Panchen Lama mit seinem Gefolge nur eine kurze Pause in der Nähe des Klosters ein, ohne es zu besuchen. Wir waren enttäuscht, doch die Dörfler freuten sich, ihn gesehen zu haben. Mein Vater sagte, wir lebten in glücklichen Zeiten, da wir zwei hohe Lamas mit eigenen Augen erblickt hätten.

Die Tibeter setzen den Dalai Lama der Sonne und den Panchen Lama dem Mond gleich. Wir durften mit einer rosigen Zukunft rechnen, da sowohl der Mond als auch die Sonne über dem Schneeland strahlten.

Der Aufstand

Die Reise nach Gyantse festigte meinen Entschluß, meine Studien zu vertiefen und mein Leben der Religion zu widmen. Ich hatte das Alter erreicht, in dem ein junger Mönch entscheiden muß, ob er Novize bleiben oder die vollen Weihen empfangen will. Ich war fast zwanzig Jahre alt und noch immer ein einfacher Dorfmönch. In Gabadong war das Lernen Privatsache und wurde uns selbst überlassen. Einige Mönche blieben Analphabeten und dienten dem Kloster auf praktische Weise. Doch meine Lehrer hatten mich angehalten, alle erforderlichen Texte auswendig zu lernen. Ich war mit den komplizierten Ritualen vertraut und konnte einige der Instrumente spielen, die dabei benötigt wurden. Nach großen Mühen hatte ich alle Prüfungen bestanden. Wenn ich weiterstudieren wollte, mußte ich nach Lhasa übersiedeln. In Gabadong konnte ich nur einen Verwaltungsposten übernehmen.

Mein Onkel fragte mich, ob ich schon daran gedacht hätte, wie die meisten Novizen das Gelong-Gelübde abzulegen. Meine Lehrer drängten mich dazu, denn ohne Gelübde könne ich nicht weiterstudieren, sondern müsse im Kloster einfache Aufgaben erledigen. Ich machte mir Sorgen, ob ich die 253 Regeln des Gelübdes würde einhalten können. Doch 1952 legte ich es vor unserem Abt zusammen mit zwanzig weiteren Novizen ab und wurde voll ordinierter Mönch. Von diesen zwanzig ist heute außer mir keiner mehr am Leben. Einige starben im Gefängnis, andere wurden während der Kulturrevolution zu Tode gequält.

Gerüchte von der immer stärker werdenden Präsenz der Chinesen in Tibet gelangten auch zu uns ins Kloster. Wir hörten, in Lhasa sei es zu Protesten gekommen. Die Dörfler begannen, ihre Wertsachen zu verstecken, und auch meine eigene Familie beschloß, einen Teil ihres Schmucks in Sicherheit zu bringen. Einige ältere Mönche machten sich offensichtlich daran, die unschätzbar wertvollen Kleinode des Klosters zu retten. Jeden Tag, so hörten wir, erschienen Soldaten der Volksbefreiungsarmee in weiteren Dörfern. Den Chinesen war sehr daran gelegen, ihre Anwesenheit bekannt zu machen. Sie inszenierten Theateraufführungen und zeigten sogar Filme. Ich weiß nicht, wie die Tibeter auf diese Wunder der modernen Technologie reagierten.

Im Jahr 1952, im achten Monat des tibetischen Kalenders, erreichten die ersten Truppen Gabadong. Ich saß lesend in meinem Zimmer, als ein Mönch hereinstürzte und die Ankunft der Chinesen meldete. Drei Funktionäre in Mao-Anzügen warteten hoch zu Roß im Klosterhof, während die Mönche hinter ihren Fenstern hervorlugten.

Die chinesische Delegation begab sich zum Abt. Ein Funktionär trug mehrere Rollen Seide auf einem Tablett. Ihm folgte ein weiterer Funktionär mit einem Tablett voll des besten chinesischen Tees. Begleitet wurden sie von einem tibetischen Dolmetscher, der, seinem Akzent nach zu schließen, aus der Provinz Kham stammte. Statt der traditionellen tibetischen Kleidung trug er den dunkelblauen Mao-Anzug. An der Zusammenkunft mit dem Abt nahm ich nicht teil; ich sah nur, wie sich die Chinesen vom Abt und weiteren Vertretern des Klosters verabschiedeten. Die Mönche hatten nun einen kleinen Mao-Anstecker an der linken Seite ihrer Gewänder. Die Chinesen schienen sehr zufrieden, daß auch der Abt eingewilligt hatte, den Anstecker zu tragen.

Unser *changdzo* (Kämmerer) war besonders höflich zu den Chinesen. Mit seiner unterwürfigsten Stimme sagte er: »Wir werden das Geschenk des *pon po la* (Führer) in Ehren halten.« Ich war schockiert, dieses Wort aus seinem Mund zu hören. Die meisten Tibeter konnten hohe Funktionäre und einfache Soldaten nicht unterscheiden und sprachen deshalb alle Chinesen mit Pon po la an. Das Wort war beispielhaft für das neue Vokabular, das sich wie ein Virus in unserer Sprache ausbreitete. Die Tibeter hatten es bereits mit der Angst bekommen. Noch heute wird jeder chinesische Amtsträger als Pon po la bezeichnet.

Sobald die Chinesen außer Sichtweite waren, entfernten der Abt und die Mönche ihre Anstecker. Der *gye kod* (Vorsteher der Mönchspolizei) nahm sein Abzeichen ebenfalls ab, musterte es mißbilligend und schleuderte es über die Klostermauer. Später, im Gefängnis, fürchtete ich, jemand könnte diesen Vorfall gemeldet haben. Die Chinesen beschrieben ein solches Verhalten mit der Wendung »Kein angenehmes Gesicht zeigen«, was bedeutete, daß der Betreffende als »Gegner des Sozialismus« eingestuft wurde.

Bald stellten die Chinesen Forderungen an den Abt, die er nur schwer ablehnen konnte. Dieselbe Delegation tauchte erneut auf, diesmal, um Getreide zu borgen. Man versicherte dem Abt, nach Fertigstellung der Straße werde es Korn im Überfluß geben, so daß man alles Geliehene mit Zinsen zurückerstatten könne. Daraufhin überließ der Abt den Chinesen das gewünschte Getreide.

Dann richteten die Chinesen ein Büro in Penam ein und organisierten Versammlungen. An einem schönen Sommertag zog eine Gruppe Chinesen mit Trommeln und Becken durchs Dorf. Die Kinder folgten den Tänzern, die elegant riesige rote Fahnen schwenkten. Vor jedem Haus kündigten sie für den Abend eine Aufführung an und marschierten auch bis vor das Tor des Klosters, um die Mönche einzuladen. Ich konnte nicht erkennen, ob die Chinesen Männer oder Frauen waren, da alle Uniform trugen und das Haar von einer Mütze bedeckt war.

Fast jeder im Dorf ging an jenem Abend zur Vorstellung. Auch ich war zu neugierig, um im Kloster zu bleiben, obwohl Mönche Vorführungen dieser Art normalerweise nicht besuchen dürfen. Als ich eintraf, waren bereits alle anderen Mönche erschienen. Die Chinesen hatten für uns einen gesonderten Bereich reserviert.

Wir sahen zu, wie sich die Tänzer in einem improvisierten Zelt schminkten. Das allein war ein Spektakel. Ein Dolmetscher forderte uns zum Weitergehen auf, denn sonst könnten sich die Tänzerinnen nicht umziehen. Ein geräuschvoller Trommelwirbel, ein Beckenschlag, und Tänzer in der Uniform der Volksbefreiungsarmee stürmten mit hölzernen Maschinengewehren auf die Bühne. Sie sprangen hoch in die Luft. Ihre Geschicklichkeit war zuerst beeindruckend, wurde dann aber monoton. Es war nicht schwierig, die Geschichten zu verstehen, denn sie waren alle gleich: Die Volksbefreiungsarmee hilft armen Bauern bei der Ernte, oder die Volksbefreiungsarmee errettet ein junges Mädchen aus den Klauen eines bösen Grundbesitzers. Dergleichen mußten wir uns unzählige Male ansehen.

Soldatengruppen der Volksbefreiungsarmee suchten abgelegene Dörfer auf, um Filme vorzuführen. Wie die Tanzgruppen zogen sie riesige Menschenmengen an. Man saß dicht aneinandergedrängt im Freien und wartete auf den Beginn des Lichtzaubers. Einige Zuschauer waren so verblüfft, daß sie hinter der zwischen zwei Pfählen aufgespannten Leinwand nach den Schauspielern suchten. Die Mehrzahl der Filme zeigte die Volksbefreiungsarmee bei der Bekämpfung der Guomindang und der Japaner. Sie endeten immer mit dem Sieg der Kommunisten. Einmal fragte mich jemand, warum die Japaner nie gewännen.

Die Chinesen hatten eine *Botschaft* zu verkünden. Die Film- und Tanzvorführungen verherrlichten die Macht der Kommunisten, sie enthielten jedoch auch eine gesellschaftliche Botschaft. Chinesische Funktionäre besuchten arme tibetische Familien und zeigten sich sehr an deren Wohlergehen interessiert. An mittellose Bauern vergab man zinslose Darlehen, und auch die Reichen wurden nicht vernachlässigt. 1952 richteten die Chinesen Büros im Distrikt von Penam ein und forderten einflußreiche Tibeter auf, in den verschiedenen Komitees mitzuwirken.

Tibeter, die für die Chinesen arbeiteten, wurden großzügigerweise mit *da yuan*, Münzen aus reinem Silber, bezahlt. Auch unser Kloster erhielt enorme Mengen dieser Münzen. Später wurde das Silber zu Lampen und Schalen für die Opfergaben umgeschmolzen.

Aus den Theateraufführungen wurden nach und nach politische Versammlungen. Ein chinesischer Offizier stellte sich auf eine Holzkiste und erklärte, wie er und seine Soldaten vom Vorsitzenden Mao nach Tibet entsandt worden seien, um dem tibetischen Volk zu helfen. Sobald ihre Aufgabe erfüllt sei, würden sie nach China zurückkehren. Von Kommunismus war keine Rede. In den Ansprachen ging es allein um die Entwicklung Tibets und die Verbesserung der tibetischen Lebensqualität.

Es dauerte nicht lange, und die Chinesen waren allgegenwärtig. Penam liegt zwischen den drei größten Städten Tibets, und wir wurden Zeuge, wie tagtäglich mehr chinesische Soldaten ins Land strömten. Sie waren monatelang unterwegs gewesen und sehr schlecht ernährt. Man konnte an ihrem Gehabe erkennen, daß sie achtzehn- oder neunzehnjährige Jungen waren, aber sie sahen wie alte Männer aus. Ihre Gesichter waren rauh vom Wind, die Lippen trocken und aufgesprungen.

Als die Frauen ihnen Butter anboten, wußten die jungen Soldaten nicht, was sie damit anfangen sollten. Eine alte Frau rieb die Hände aneinander und tat dann so, als schmiere sie sich das Gesicht ein. Ein Soldat nickte und machte es der Frau nach, wobei er die Butter über Hände und Gesicht verteilte. Alle Frauen brachen in Gelächter aus.

Das Leben im Kloster ging seinen gewohnten Gang. Die Chinesen schienen vorsichtig zu sein und sich aus dem religiösen Leben herauszuhalten. Ich hatte inzwischen gelernt, komplizierte Sand-Mandalas anzufertigen, die das konzeptuelle Universum verschiedener Gottheiten darstellten. Mandalas werden aus feinen, gefärbten Sandkörnern gemacht und erfordern Geduld und geschickte Finger. In jenem Winter besuchte uns Gyen Rigzin Tenpa, ein Gelehrter aus dem Kloster Drepung, und empfahl dem Abt, einige von uns nach Lhasa zu schicken. Wir sollten den Geshe-Grad erwerben, die höchste Stufe der Gelehrsamkeit für einen Mönch.

Der Abt ging auf die Empfehlung des Gyen ein. An einer der »Drei Großen« – Drepung, Sera oder Ganden – studiert zu haben, verschaffte einem Mönch höchstes Ansehen. Das waren die berühmten Klosteruniversitäten Tibets, einige Kilometer außerhalb von Lhasa gelegen. Nur wenige Mönche in Gabadong hatten an diesen Hochburgen der Gelehrsamkeit studiert. Wer in Lhasa ausgebildet worden war, durfte bei der morgendlichen Versammlung am Anfang einer Reihe sitzen.

Ich nehme an, daß alle Tibeter, die in ein Kloster eintreten, davon träumen, eines Tages eine der »Drei Großen« besuchen zu dürfen. Das war auch mein Wunsch. Doch als der Abt die Namen der drei Auserwählten bekanntgab, war ich nicht dabei. Ich erinnere mich an meine tiefe Enttäuschung, denn auch Mönche sind stolz. Inzwischen weiß ich, daß mein Onkel verlangt hatte, ich solle in Gabadong bleiben. Vermutlich wollte er, daß ich dort einen verantwortungsvollen Posten als Kämmerer oder Meister des Rituals übernahm. Diese Ämter genossen in der Tat sehr hohes Ansehen, aber ich war jung! Wie sehr sehnte ich mich danach, in eines der berühmten Klöster in Lhasa einzutreten! Mir blieb keine andere Wahl als wegzulaufen.

Einige Tage später waren die drei Mönche zur Abreise bereit. Ich sagte ihnen Lebwohl, legte ihnen eine Glücksschleife um den Hals und wünschte ihnen alles Gute. Insgeheim aber plante ich, sie zu begleiten, und hatte alle meine Habseligkeiten zu einem Bündel gepackt. Wenige Stunden nachdem die Mönche das Kloster verlassen hatten, warf ich mir das Bündel über die Schulter und folgte ihnen. Ich schlich zum hinteren Tor hinaus und schlug den Pfad zu den Hochweiden ein. Dann rannte ich, so schnell ich konnte, um die drei Mönche einzuholen.

Sie wußten sogleich, daß ich durchgebrannt war. Eine Zeitlang versuchten sie, mich zur Umkehr zu bewegen. Doch ich versicherte ihnen, ich sei fest entschlossen, sie zu begleiten. Ich kann sehr dickschädelig sein.

Meine Gedanken eilten voraus nach Drepung. Immer wieder versuchten meine Gefährten mich umzustimmen: »Nun komm schon, Palden, findest du nicht, daß du nach Gabadong zurückkehren solltest?« Ich schüttelte jedoch den Kopf und marschierte weiter. Ich wußte, welcher Ärger mich in Gabadong erwartete. Mein zukünftiger Lehrer und der Abt von Drepung hingegen würden vielleicht erkennen, daß meine Absichten ehrenhaft waren. Doch bis dahin war ich ein flüchtiger Mönch!

Dreizehn Tage dauerte unser Fußmarsch. Wir hatten viel von der Pracht der Klosteruniversität gehört und beschleunigten den Schritt, als wir in ihre Nähe kamen. Ich erinnere mich, wie ich am Ende eines Kammes anlangte, die Augen hob und in der Ferne Drepung erblickte. Wir blieben stehen und betrachteten staunend die zahllosen Gebäude. Sie flimmerten im gleißenden Licht und waren noch so weit entfernt, daß wir sie nur als weiße Punkte wahrnahmen. »Drepung« bedeutet »Reishaufen«, und die Bauten des Klosters wirkten auf uns in der Tat wie Reiskörner. Die vergoldeten Dächer erstrahlten so hell in der Sonne, daß ich meine Augen schützen mußte. Die weißen Mauern bildeten einen scharfen Kontrast zu den grauen Berghängen und den dunklen Bäumen. Dieses Kloster sollte für die nächsten zehn

Jahre unsere Heimat sein. Wir näherten uns ihm durch einen Park, den die Mönche zum Lesen und zur Meditation im kühlen Schatten der Weiden nutzten.

Die Klosteruniversität breitete sich wie eine Stadt über den halben Berg aus. Dahinter ragten drei mächtige Gipfel in den Himmel. Doch aus der Ferne konnte man die Größe Drepungs nicht wirklich abschätzen; die engen Straßen und Gänge innerhalb seiner Mauern bildeten ein wahres Labyrinth.

Wir setzten unsere Taschen ab und stellten uns dem Kloster gegenüber in einer geraden Linie auf. Dann erhoben wir die Hände hoch über den Kopf und senkten sie langsam vor unsere Gesichter, bevor wir sie uns vor die Brust hielten. Wir warfen uns dreimal zur Erde – für Buddha, seine Lehre und die Gemeinschaft der Mönche.

»Wir sind am Ziel«, sagte einer meiner Begleiter. Also ergriffen wir unsere Taschen und stiegen den Hang hinauf in Richtung Kloster.

Es war nicht schwierig, Mönche aus Gabadong zu finden. Drepung war in vier regionale *dratsang* (Kollegien) gegliedert, die ihrerseits wiederum in *khamtsen* (Häuser) unterteilt waren. Die Mönche aus Gabadong traten gewöhnlich ins Loseling-Kollegium ein, das aus zweiunddreißig Khamtsen bestand. Wir meldeten uns im Tsangpa Khamtsen an, das für die Mönche aus der Region Tsang vorgesehen war. 1995 besuchte ich die Universität Oxford, und die verschiedenen Colleges erinnerten mich an den organisatorischen Aufbau von Drepung.

Drepung war 1416 gegründet worden und damals die wohl größte religiöse Einrichtung der Erde. In den fünfziger Jahren des zwanzigsten Jahrhunderts lebten und studierten dort mehr als zehntausend Mönche aus aller Welt – Kalmücken von der Wolga, Mönche aus Ladakh und Gyalthang an der Grenze von Birma, sogar Mönche aus Japan und China.

Einige Tage logierten wir in den dunklen, spärlich möblierten Räumen eines älteren Mönches aus Gabadong. Ich machte mir Sorgen, ob es mir gelingen würde, einen Lehrer und ein Kollegium zu finden. Meine Reisegefährten hatten ein Empfehlungsschreiben des Klosters und würden keine Schwierigkeiten haben, zugelassen zu werden. Ich, der ich geflohen war, hatte nichts vorzuweisen.

Wenige Tage später machte ich mich in Begleitung einiger Mönche in das rund zehn Kilometer östlich von Drepung gelegene Lhasa auf. Lhasa ist der religiöse Mittelpunkt des tibetischen Lebens. Jeder Tibeter strebt danach, wenigstens einmal nach Lhasa zu pilgern.

Bald konnte ich von dem steinigen Weg aus die glänzenden Dächer des Potala erkennen, der aus der Talsohle emporzuwachsen schien. Welche Farbenpracht! Goldene Dächer, rote Wände, die anzeigen sollen, daß hier der Dalai Lama residierte, und darunter die geweißelten Mauern des Fundaments. Das war der Sitz des Beschützers von Tibet.

Als wir uns der Stadt näherten, sah ich zum erstenmal in meinem Leben einen Elefanten. Aus der Ferne wirkte er wie ein riesiger Felsbrocken, der sich, Staubwolken aufwirbelnd, auf uns zu bewegte. Die Menschen um mich herum nahmen die Kopfbedeckung ab und streckten zum Zeichen der Ehrerbietung die Zunge heraus. Als der Elefant bei uns angelangt war, rief sein Führer: »*Salam!*« Das Tier rollte seinen Rüssel auf und hob ihn in die Luft. Die Menschenmenge warf ihm Brot und Geld zu. Der Elefant sammelte das Geld auf und reichte es seinem Führer.

Ich blieb einige Tage in Lhasa, kaufte Lebensmittel und besuchte heilige Stätten. Einmal reihte ich mich in die lange Schlange der Pilger vor dem Tsuglagkhang ein, in dem sich die höchstverehrte Buddha-Figur Tibets befindet. Das huldvolle goldene Antlitz des Jobo war mit Hunderten von Edelsteinen – Korallen, Türkisen und Jade – besetzt. Zwei Tempelwärter standen vor der Statue, nahmen Opfergaben entgegen und schoben die Pilger weiter. Das flackernde Licht der Lampen brach sich in den kostbaren Steinen.

Im Heiligtum war es so heiß und verqualmt von den Hunderten von Butterlampen, daß ich in Ohnmacht fiel. Man trug mich in einen der Höfe, wo ich durch die eisige Luft wieder zu Bewußtsein kam. Einer meiner Begleiter klopfte mir auf die Schulter, und wir gingen weiter zum Parkhor, dem inneren Straßenring von Lhasa, der um den Tsuglagkhang verläuft.

In Lhasa drängten sich die Menschenmassen. Den Parkhor säumten Läden und Buden mit feilschenden Kunden. Kaufleute aus Nepal standen neben Händlern aus Kaschmir. Ich entdeckte eine Moschee und sah zu meinem Erstaunen tibetische Muslime. Wir nennen sie *kache* – eine Verballhornung von Kaschmir –, da die Mehrzahl ihrer Vorfahren aus jener Provinz eingewandert war. Auch chinesische Soldaten spazierten durch den Parkhor, gefolgt von lärmenden Horden tibetischer Kinder, die ihre Sprache nachäfften. Einige Jeeps und Lastwagen waren auf den unwegsamen Karawanenpfaden durch Osttibet hierher gelangt. In der Umgebung von Lhasa bauten die Chinesen eifrig Straßen.

Nach Drepung zurückgekehrt, mußte ich einige praktische Dinge regeln. Mönche aus Gabadong traten gewöhnlich in den Tsangpa Khamtsen ein, doch das Kollegium nahm mich nicht auf. Zum Glück waren die Bedingungen für die Wohnheime nicht so streng, solange man einen Lehrer vorweisen konnte. Ein alter Mönch aus Gabadong namens Shenrab Thonmi stellte mich seinem Lehrer Yongzin vor. Dieser war Privatlehrer des jungen wiedergeborenen Lama Tirab. Shenrab legte bei Gyen Yongzin ein gutes Wort für mich ein. Ich warf mich vor ihm nieder und überreichte ihm eine Glücksschleife. Gyen Yongzin sah mich nachdenklich an, als würde er eine Ware taxieren. Dann sagte er, er könne mich nur seinem eigenen Khamtsen, dem Kongpo Khamtsen, empfehlen. Ich schrieb mich dort ein und wurde so zum vollwertigen Klostermitglied.

Als nächstes mußte ich mir ein Quartier suchen. Shenrab, in dessen Haus bereits mehrere Mönche wohnten, nahm auch mich auf. Mein winziges Zimmer war nahezu kahl, bis auf einen kleinen Lehmofen in der Ecke und einige Stapel Dung und Holz. Auf dem unebenen Boden lag ein zerschlissener Teppich. Das winzige Fenster blickte auf eine gekalkte Wand, und das Mobiliar bestand aus zwei schmalen Schlafmatten und zwei Holztischchen.

Nun, da ich zum Kollegium gehörte und auch ein Zimmer hatte, konnte ich an den Unterrichtsveranstaltungen teilnehmen. Ich ging zu einer Vorlesung von Pema Gyältsen, dem berühmtesten Lama des Klosters. Wir begaben uns zu seinem Quartier und wurden in einen großen Raum geführt. Pema Gyältsen saß bereits auf einem schweren Stuhl. Er wies auf mehrere Sitzmatten, die mit edlen tibetischen Teppichen bedeckt waren, und bedeutete uns durch eine Handbewegung, Platz zu nehmen. Dann forderte er uns auf, fleißig zu studieren; wir seien von weither gereist, und nur »die harte Erde und die Wolken« seien unsere Führer gewesen.

Der Alltag in Drepung unterschied sich nicht sehr von dem im Kloster Gabadong. Gegen fünf Uhr morgens erhob ich mich. Bei Sonnenaufgang ertönte die Stimme eines Novizen, der das *cho khad* (morgendlicher Weckruf) sang; danach folgte der Ton des Muschelhorns, das die Mönche zum morgendlichen Tee rief. Wir brachten unseren eigenen Tsampa mit und tranken vier Tassen Tee. Die vierte Tasse war sahnig und schmeckte leicht säuerlich. Es heißt, in der Vergangenheit sei der Tee in Drepung mit der Milch der Schneelöwin versetzt worden, eines mythischen Wesens, das angeblich die Berge Tibets durchstreift.

Den Vormittag verbrachte ich damit, selbständig zu lernen.

Zuerst betete ich für das lange Leben des Dalai Lama und anderer großer Lehrer. Zum Abschluß bot ich alles, was ich an persönlichen Verdiensten für meine Handlungen angesammelt hatte, für alle Lebewesen dar. Dann setzte ich mich an die Wiederholung der philosophischen Schriften, die mein Lehrer mir am Vortag erläutert hatte.

Zur Mittagszeit fanden wir uns in der *chöra* zusammen, einem abgeschlossenen Teil des Klosters ohne Dach, im Schatten von Weiden. Jedes Dratsang hatte seine eigene Chöra. Die Mönche pflegten dort den Lehren des Abtes oder hoher Lamas zu lauschen. Danach bildeten wir Diskussionsgruppen und sprachen entweder über das, was wir gerade gehört hatten, oder über einen philosophischen Text. Wir neuen Studenten wurden in einer Gruppe zusammengefaßt, damit wir die Kunst des Disputs erlernten.

Bald hatten wir uns an die Klosterroutine gewöhnt. Allerdings konnten wir die Tatsache nicht ignorieren, daß sich die politische Situation in Lhasa ständig verschlechterte. Wir hörten von weiteren Demonstrationen und antichinesischen Plakaten in der Stadt. Chinesische Funktionäre kamen ins Kloster zu Besprechungen mit den Äbten und den hohen Lamas. Später mußten einige hohe Lamas an politischen Versammlungen in Lhasa teilnehmen.

Im Winter 1953 trafen zahlreiche Mönche aus den Provinzen Kham und Amdo ein, und wir erfuhren, was sich auf der anderen Seite Tibets abspielte. Die Chinesen hatten begonnen, Ländereien zu konfiszieren, die Lamas und Klöstern gehörten.

Ich versuchte, mich auf meine Studien zu konzentrieren, aber die Politik griff immer stärker in unser Leben ein. Anfang 1954 hörten wir, daß der Dalai Lama und der Panchen Lama eine Reise nach China planten. Das erfüllte viele von uns mit Sorge. Wer garantierte uns, daß die Chinesen sie nicht in Beijing (Peking) festhielten? Von den aus Kham und Amdo geflohenen

Mönchen wußten wir, daß die Chinesen Lamas und Dorfvorsteher eingeladen und dann verhaftet hatten.

Ein Freund lieh mir ein zerlesenes Büchlein mit dem Testament des XIII. Dalai Lama, der 1933 gestorben war. Mir fiel eine seiner Prophezeiungen auf, die Warnung vor der »roten Ideologie«, deren Ziel es sein werde, das politische und religiöse System Tibets zu vernichten. In der Mongolei sei dies bereits geschehen. (Wochen später erzählte mir ein mongolischer Mönch, wie die Chinesen die Klöster seines Landes zerstört und alle Insassen inhaftiert hatten.) Der verstorbene Dalai Lama prophezeite, die Chinesen würden von der »roten Ideologie« infiziert werden und Tibets Religion eines Tages auslöschen.

Der Dalai Lama und sein Gefolge machten sich also auf den Weg nach China. Jeden Tag hörte man von weiteren Kämpfen. Immer mehr Mönche aus Osttibet suchten Zuflucht in Drepung. In Lhasa wurden die Führer der antichinesischen Demonstrationen verhaftet. Äbte und hohe Lamas mußten an Zusammenkünften und sogenannten »Schulungen« teilnehmen.

Dann erhielt ich eines Tages einen Brief aus Penam: Mein Vater sei sehr krank. Ich machte mich auf die lange Fußwanderung nach Hause. Dort angekommen, setzte ich mich zu meiner Stiefmutter. Diese wirkte jedoch gar nicht bedrückt. Auf meine Frage, wie es meinem Vater gehe, bot sie mir Tee an. Ich bereitete mich innerlich auf schlechte Nachrichten vor.

Plötzlich betrat mein Vater das Zimmer. Er sah kerngesund aus. Ich war verwirrt, aber dann erfuhr ich, die Krankheit meines Vaters sei nur ein Vorwand gewesen, mich nach Hause zu locken. Mein Vater und mein Onkel wünschten meine Heimkehr, weil mein Onkel so alt war, daß er jemanden brauchte, der sich um ihn kümmerte. Beide bedrängten mich, nach Gabadong zurückzukehren. Ich hatte keine Wahl. Aus religiösen und familiären Gründen fühlte ich mich verpflichtet, ihrem Wunsch nachzukommen.

Ich war zutiefst enttäuscht. Mein Studium in Drepung verlief gut, und ich hatte die Ehre, einem der größten Lamas unserer Zeit lauschen zu dürfen. Natürlich konnte ich in Gabadong weiterstudieren, aber niemand würde mich anleiten. Ich hielt mich beschäftigt, indem ich Klosterpflichten übernahm und in den Häusern von Gläubigen Zeremonien ausführte.

1954 wurde unser Dorf von einer Flutwelle heimgesucht. Es war ein wunderschöner Sommertag. Wir Mönche befanden uns im Versammlungsraum, als ein Novize hereingerannt kam und sich an den Mönch wandte, der für die Ordnung im Kloster verantwortlich war; er saß wie üblich in der Nähe der Tür. Der Mönch erhob sich und unterbrach die Zeremonie: der Fluß habe Penam überflutet. Wir drängten ins Freie. Das ganze Dorf stand unter Wasser. Es reichte bis zur halben Höhe meines Elternhauses.

Ein etwa achtzig Kilometer westlich gelegener See in der Nähe von Gyantse war über die Ufer getreten. Als die Flutwelle Penam erreichte, waren die meisten Menschen bereits wach und konnten sich auf höher gelegenem Terrain in Sicherheit bringen. Doch im oberen Bereich des Tals waren unzählige Dörfer weggespült worden, und später lagen zahlreiche Leichen an den Ufern des Flusses. Das gesamte Tal stand unter Wasser. Die trockenen Lehmhäuser sogen es auf und zerfielen. Am Nachmittag hatte sich das Wasser verzogen, und wir gingen in die Häuser, um zu retten, was zu retten war.

In jenem Jahr blieb die Ernte aus, da die Feldfrüchte der Flut zum Opfer gefallen waren. Wir mußten von unseren Vorräten leben. Viele arme Bauern waren gezwungen, sich bei den Chinesen im Straßenbau zu verdingen. Während des Wiederaufbaus ihrer Häuser zogen viele Dörfler zu ihren Verwandten ins Kloster. Mein Quartier wurde zum neuen Heim meiner Familie. Die Frauen durften allerdings nicht im Kloster übernachten und begaben sich deshalb zu dritt oder viert in andere Gebäude.

Als ich im Gefängnis war, behaupteten die Chinesen, sie hätten uns bei der Bekämpfung der Flut unterstützt. Doch in Penam half uns niemand. Die Chinesen waren zwar überall, aber sie waren viel zu sehr damit beschäftigt, Büros zu eröffnen und ihre Herrschaft vorzubereiten. Wie eine Spinne webte China sein Netz um Tibet, und wir konnten nichts dagegen tun.

1955 kündigten die Chinesen die Bildung eines Vorbereitenden Komitees zur Errichtung der Autonomen Region Tibet an. Chinesische Kader kamen in unser Dorf, um uns darüber in Kenntnis zu setzen. Mein Bruder wurde zum Sekretär des Ortskomitees ernannt. Er war in Verwaltungsfragen versiert und erfreute sich allgemeiner Wertschätzung. Die Chinesen zahlten ihm sogar ein Gehalt von achtzig Silbermünzen im Monat. Mein Vater verglich die Chinesen mit Anglern. Sie würden den Köder für die Tibeter auslegen, bis wir eines Tages am Haken zappelten. Er wollte die Chinesen bekämpfen und hinauswerfen, denn es werde unmöglich sein, sie zu vertreiben, wenn die Straße erst einmal fertiggestellt sei.

Eine Gruppe Chinesen besuchte das Kloster und verteilte an alle Mönche weiße Emailbecher. Auf ihnen stand auf tibetisch und chinesisch: »Zur feierlichen Inauguration des Vorbereitenden Komitees«. Dieser Becher wurde zum Symbol der chinesischen Herrschaft. Wir pflegten später zu sagen, wir würden nie eine tibetische Holzschale gegen einen chinesischen Blechbecher eintauschen. Die Becher waren nämlich unbrauchbar, weil sie die Hitze so gut leiteten, daß man sich die Lippen verbrannte, wenn man Tee trinken wollte.

Die chinesische Propaganda wurde immer aggressiver. Um die Armen aufzuwiegeln, wurden in den Vorstellungen und Filmen böse Grundbesitzer porträtiert. Man zeigte uns einen Film mit dem Titel *Weißhaariges Mädchen*; darin wurde die Geschichte eines wunderschönen Mädchens erzählt, das von einem grausamen Grundbesitzer versklavt wird und in die Berge flüchtet. Dort wird sie – natürlich – von den Kommunisten gerettet. Die Chinesen gingen sehr raffiniert vor. Sie sagten nie direkt, Tibet benötige eine Landreform. Sie ließen die »bösen Grundbesitzer« auch nie links liegen. Immer wenn sie Büros einrichteten, trugen sie Sorge dafür, daß in allen Komitees auch Grundbesitzer saßen.

Im Kloster versuchten wir, so zu leben wie eh und je. Gyen Rigzin Tenpa wurde ein regelmäßiger Gast. Der Abt verlängerte den Philosophieunterricht, und im Winter bot das Kloster Debattierkurse an. Die Mönche von Gabadong erhielten wieder eine gute Ausbildung, denn Rigzin war ein berühmter Lehrer, der auch von anderen Klöstern eingeladen wurde. In Gabadong hatte er jedoch eine zweite Heimat gefunden.

In jenem Herbst, 1955, erkrankte mein Onkel und Lehrer Wangpo la. Eines Morgens sagte er zu mir, er könne die Zehen nicht mehr bewegen. Die Lähmung kroch die Beine hinauf, erfaßte den Körper, und schließlich war er völlig starr. Er konnte sein Lager nicht mehr verlassen, und ich fühlte mich für seine Pflege verantwortlich. »Alles, was auf dieser Erde lebt, muß einmal dem Tod ins Auge sehen«, sagte er.

Einige Tage später bat er mich, ihn mit seinem gelben Zeremonialgewand zu bedecken und ein Werk des *lamrim* (»Stufenweg zur Erleuchtung«) neben ihn zu legen. Dann rezitierte er aus dem Lamrim. Ich saß auf dem Boden und lauschte. Seine Stimme wurde schwächer, bis er schließlich aufstöhnte. Als ich den Blick hob, hatte er seine Hände wie zum Gebet gefaltet, und ich wußte, daß er gestorben war.

Im folgenden Jahr erfuhren wir, der Dalai Lama und der Panchen Lama würden zur Feier von Buddhas zweitausendfünfhundertstem Geburtstag nach Indien reisen. Wahrscheinlich werde der Dalai Lama entweder auf der Hin- oder auf der Rückreise

Gabadong einen Besuch abstatten. Ich konnte also noch nicht nach Drepung zurückkehren.

Der Besuch erfolgte viel früher als erwartet. Im Februar 1957, wenige Tage nach dem tibetischen Neujahr, traf der Dalai Lama mit seinem Gefolge in Gabadong ein. Pilger drängten sich in unserem kleinen Kloster. Junge Männer aus den umliegenden Dörfern hatten alte Eltern oder Großeltern auf dem Rücken herbeigetragen, damit sie den Dalai Lama sehen konnten. Wir mußten unsere Quartiere aufgeben, um Würdenträgern Platz zu machen. Der Hof war mit mehr als tausend Menschen gefüllt. Ich stand neben dem Thron des Dalai Lama. Als Seine Heiligkeit mich fragte, ob ich in Lhasa gewesen sei, konnte ich vor lauter Angst nicht reden, sondern stand nur zitternd da. Ein Beamter versetzte mir einen Stubs. Ich konnte ein »Ja« hervorwürgen. Seine Heiligkeit fragte mich nach meinem Lehrer, und ich antwortete: »Pema Gyältsen.« Der Dalai Lama sagte: »Du mußt zurückkehren und deine Studien fortsetzen.«

Eine Woche später fuhr ich nach Lhasa. Meine Familie hatte sich damit abgefunden; sie konnte sich kaum einem Befehl des Dalai Lama widersetzen. 1957 hatten die Chinesen die Straße zwischen Shigatse und Lhasa fertiggestellt, und ich legte die Strecke zum erstenmal in einem chinesischen Armeelastwagen zurück. Die Fahrt dauerte zwei Tage, zu Fuß hätte ich vierzehn gebraucht. Der Lastwagen war mit Gütern beladen, und die Passagiere wurden übel durchgeschüttelt. Am Abend tat mir der ganze Körper weh, und als ich vom Wagen sprang, drehte sich alles vor meinen Augen. Staubbedeckt erreichten wir am nächsten Tag Lhasa.

Ich war noch am Kongpo Khamtsen eingeschrieben, doch um wieder in das Kollegium aufgenommen zu werden, hätte ich die Pflichten eines *mang ja* übernehmen müssen, zu denen es unter anderem gehörte, allen Mönchen des Kollegiums den Tee zu servieren. Da ich zu den älteren Mönchen zählte, hätte ich außerdem noch andere Aufgaben übernehmen müssen. Ich hegte die Befürchtung, daß mir keine Zeit zum Studieren bleiben würde, und beschloß, in ein anderes Kollegium einzutreten. Als Anfänger würden mich dort keinerlei Verpflichtungen erwarten. Ich trat in das große Kollegium Tsa Khamtsen ein, das hauptsächlich für Mönche aus der Provinz Kham bestimmt war. Mönche aus Zentraltibet durften kein Amt ausüben, und das kam mir sehr zustatten.

Es war jedoch gar nicht so einfach, das Studium fortzusetzen. Die Mönche im Tsa Khamtsen erfuhren als erste von der Zerstörung der Klöster Lithang und Derge. Flüchtlinge aus dem Osten berichteten uns, daß immer mehr Klöster von den Chinesen geschlossen und die Mönche gezwungen würden, auf den Feldern zu arbeiten.

Die Nachrichten wurden von Tag zu Tag alarmierender. 1958 hatte sich der Konflikt von Kham nach Zentraltibet ausgeweitet. Tausende von Khampas strömten nach Lhasa. Die morgendlichen Debattierübungen wurden durch Neuigkeiten über die Ereignisse in der Hauptstadt unterbrochen. Täglich hörten wir von weiteren Kämpfen zwischen Khampas und Chinesen.

In Zentraltibet standen die Khampas im Ruf, allzu freimütig und jähzornig zu sein, doch nun bewunderten wir ihren Mut und ihre Entschlossenheit. Die Zahl der Khampa-Flüchtlinge im Kloster stieg. Die Männer waren hochgewachsen und strahlten große Zuversicht aus. Sie ritten auf Ponys, hatten ihre Waffen stets bei sich. Die Wangen der Frauen waren leuchtend rot, und sie trugen viel Schmuck. Die Khampas planten einen Guerillakrieg im Osten und erbaten den Segen der hohen Lamas von Drepung. Die Lamas versorgten sie mit schützenden Amuletten.

Man erwartete, daß 1959 ein gutes Jahr sein werde, denn der Dalai Lama sollte seine letzte Prüfung ablegen. Auf die Neujahrsfeier folgte *mönlam* (das Große Gebetsfest). Im Vorjahr war Mönlam Anlaß für antichinesische Proteste gewesen, doch dieses

Mal hatte uns der Ordnungsbeamte des Kollegiums aufgefordert, uns vorbildlich zu benehmen und nach den Feierlichkeiten sofort ins Kloster zurückzukehren. Zu jenem Mönlam fanden sich Mönche aus ganz Tibet ein. Sie wollten der Verleihung des Geshe-Titels an den Dalai Lama beiwohnen, des höchsten akademischen Grades, den ein Mönch erwerben kann. Von allen Dalai Lamas hatten ihn nur der XIII. und der XIV. erlangt.

Die Mönlam-Zeremonie begann Ende Februar, am dritten Tag nach dem tibetischen Neujahr. Ich setzte mich zu der Menschenmenge aus Laien und Mönchen und betete. Die Spannung war deutlich spürbar, und die Chinesen hielten Distanz. Obwohl alle Gespräche sich allein darum drehten, wie gut der Dalai Lama bei den Prüfungen abgeschnitten hatte, lag doch etwas in der Luft.

Am 10. März mußte ich mich in einer Klosterangelegenheit nach Lhasa begeben. Zehn von uns brachen am frühen Morgen auf. Wir näherten uns gerade dem Norbulingka, der Sommerresidenz des Dalai Lama, als uns ein Mann auf einem Fahrrad entgegenkam. Er trat, so schnell er konnte, in die Pedale, und der Atem vor seinem Mund war ganz weiß. Einen Meter vor uns sprang er vom Fahrrad. An seiner Kleidung konnte man erkennen, daß er ein junger Regierungsbeamter war. Man habe ihm aufgetragen, alle Mönche zum Norbulingka zu rufen. Die Bevölkerung von Lhasa versammele sich vor dem Palast, um den Dalai Lama zu beschützen. Die Chinesen hätten den Dalai Lama in ein neues Militärlager »eingeladen«, und er habe die Einladung »akzeptiert«. Die Stimme des Beamten zitterte, als er die Befürchtung äußerte, die Chinesen könnten den Dalai Lama nach China verschleppen.

Wir eilten zum Norbulingka, wo sich in der Tat eine riesige Menschenmenge vor den Toren versammelt hatte. Heute weiß ich, daß dies der Beginn der tibetischen Revolte war. Die Menge war außer Rand und Band. Ein Jeep bahnte sich seinen Weg durch die Protestierenden zum Palast. Darin saß ein tibetischer Kabinettsminister namens Sampho mit seiner Leibwache. Da warf jemand einen Stein; er landete auf dem Segeltuchdach des Jeeps. Ein weiterer Stein traf Sampho am Kopf, so daß er ins Krankenhaus gebracht werden mußte.

Als nächstes richtete sich der Zorn der Menge gegen einen tibetischen Beamten namens Chamdo Khenchung. Er wurde gestoßen und mit Fäusten bearbeitet, wobei man laut seinen Namen rief. Ein alter Mönch wollte die Aufgebrachten daran hindern, Chamdo Khenchung zu verletzen, doch sie ignorierten seinen Protest und traktierten den Beamten weiter mit Fäusten.

Die Menschenmenge verwandelte sich nach und nach zum Mob. Chamdo Khenchung war plötzlich verschwunden, als sei er verschluckt worden. Wir eilten in Richtung Lhasa. Ich erinnere mich an einen Blinden, der zur Demonstration geführt wurde. Es berührte mich seltsam, daß selbst ein Blinder an der Demonstration teilnehmen wollte – als habe er die Geschichte vom Dalai Lama gehört und wolle sein Scherflein dazu beitragen, Tibets geistigen Führer vor den Chinesen zu schützen.

In Lhasa wurde ebenfalls demonstriert. Die Menschenmassen schrien: »Chinesen raus aus Tibet! Chinesen raus aus Tibet!« Der Mob, der sich vor dem Norbulingka gebildet hatte, marschierte nun in Richtung Innenstadt und schleifte den Leichnam Chamdo Khenchungs mit sich.

Schweigend kehrten wir nach Drepung zurück, unfähig zu glauben, was wir mit eigenen Augen gesehen hatten. Bei unserer Ankunft wirkte Drepung verlassen: Kein Novize war im Hof, niemand in der Chöra, nur aus dem Tempel der Zornvollen Gottheiten ertönte ein langsamer Trommelrhythmus. In meinem Quartier hatten sich einige Mönche versammelt. Da keiner von uns schlafen konnte, stiegen wir aufs Dach und blickten in Richtung Lhasa.

Am nächsten Morgen suchte der oberste Ordnungsbeamte

des Klosters Freiwillige. Ich trat sogleich vor. Die Mönche wurden in Wachtrupps zu je hundert Mann eingeteilt. Meine Gruppe hatte den Auftrag, das Gebiet hinter dem Kloster zu beobachten. Einigen Mönchen wurden englische Gewehre ausgehändigt. Die Chinesen hatten Soldaten zur Belagerung von Drepung entsandt. Man konnte sie unterhalb des Klosters, wo die Hänge flacher wurden, lagern sehen.

Eines Morgens schickte der Abt des Loseling-Kollegiums mich und einige weitere Mönche zum Norbulingka, den wir durch das Nordtor betreten sollten. Auf der Zufahrt standen alle zehn bis fünfzehn Meter bewaffnete Posten. Die Mönche im Palast trugen Laienkleidung und hatten Gewehre.

Wir warteten mehrere Stunden im Palast. Dann wurden fünf von uns in den Stadtteil Shöl zum Parkhang geschickt, einer der ältesten Druckereien Tibets. Auf deren Stufen kam uns ein dicker Mann von Ende Vierzig entgegen, der uns einen Vortrag darüber hielt, daß es unsere Pflicht sei, die Lehre des Buddhismus gegen die Angriffe der ungläubigen Kommunisten zu verteidigen. Ich wollte jedoch nur wissen, was wir in der Druckerei erledigen sollten. Der Dicke holte mehrere Eimer mit Kleister und ein Bündel Plakate. Diese klebten wir in der Innenstadt von Lhasa an die Hauswände. Sie forderten die Chinesen auf, Tibet zu verlassen, denn es sei ein unabhängiges Land.

In der Stadt herrschte Chaos, und man plünderte die Läden. Wir eilten zurück nach Drepung, begleitet von Sprechchören: »Chinesen raus aus Tibet!« und »Lang lebe der Dalai Lama!« Später erfuhr ich, daß die Frauen von Lhasa unter der Führung von Kundaling Kunsang la eine eigene Demonstration veranstaltet hatten. Jahre später mußte ich als Häftling der Hinrichtung von Kundaling Kunsang la beiwohnen.

In Drepung drängten sich neu eingetroffene Mönche; sie trugen Laienkleidung und waren nur an ihren rasierten Köpfen erkennbar. Einige hatten Schwerter umgebunden. Die ganze

Nacht hindurch hörte ich das Knattern der Gewehre und die Explosionen von Granaten. Wir standen auf dem Dach und blickten in Richtung Lhasa. Das Gewehrfeuer und die Granaten erhellten den Himmel wie ein Feuerwerk.

Bei Morgengrauen hing der Geruch von Pulver in der Luft. Der Lärm der Gewehre und Geschütze war noch immer nicht verstummt. Wir erhielten den Befehl, uns in unsere Quartiere zu begeben, uns ruhig zu verhalten und nichts zu tun, was die Chinesen, die nun wieder unterhalb des Klosters ihr Lager aufgeschlagen hatten, in Alarmbereitschaft versetzen könnte. Es gab keine Möglichkeit zu erfahren, was in Lhasa los war, ob das Volk an Boden gewann oder ob die Chinesen den Aufstand niedergeschlagen hatten.

An jenem Nachmittag näherte sich dem Kloster eine einsame Gestalt. Es war ein Bote, von dem wir erfuhren, daß die Bevölkerung Lhasas das chinesische Militärlager in ihre Gewalt gebracht habe. Dann fügte er hinzu, die Mönche sollten im Kloster bleiben. Wir fanden rasch heraus, daß es sich bei dem Mann um einen chinesischen Spion handelte. Wie ich später im Gefängnis erfuhr, hatten die Chinesen den anderen Klöstern ähnliche Nachrichten zukommen lassen.

Der Angriff auf Drepung war nur noch eine Frage der Zeit. Das chinesische Lager unterhalb des Klosters wurde ständig verstärkt; die Lastwagenkolonne war deutlich erkennbar. Die Mönche machten sich zur Flucht auf den Berg hinter dem Kloster bereit. Unentschlossen, was ich tun sollte, versuchte ich, Schlaf zu finden, doch das ständige Gewehrfeuer hielt mich wach. Gegen Morgen wich der Lärm einer bedrohlichen Stille, die nur vom Lärm der detonierenden Granaten in Lhasa unterbrochen wurde. Alle um mich herum bereiteten sich auf die Flucht vor. Die Mehrzahl der Mönche hatte das Kloster bereits während der Nacht verlassen. Außer mir hielten sich nur noch zwei weitere Mönche aus Gabadong im Kloster auf.

Wir drei eilten zu Gyen Rigzin Tenpas Unterkunft. Ich betrachtete ihn noch immer als meinen Lehrer. Die Mönche aus Gabadong schätzten ihn besonders hoch. Normalerweise hätte er den Winter dort verbracht, aber er war nach Lhasa eingeladen worden, um an der Verleihung des Geshe-Grades an den Dalai Lama teilzunehmen. Er war zweiundsiebzig Jahre alt und schon recht gebrechlich.

»Seid ihr noch hier?« fragte Rigzin Tenpa lächelnd. Wir berichteten ihm, die Mehrzahl der Mönche habe das Kloster verlassen. Er nickte: »Schlechte Zeiten stehen bevor.« Wir baten ihn, mit uns nach Gabadong zu kommen, aber er meinte, er sei zu alt und nur eine Last für uns. Schließlich überredeten wir ihn, wenigstens ein Versteck in den Bergen hinter Drepung aufzusuchen. Ich packte ein wenig Tsampa und einige von Rigzin Tenpas Büchern ein. Mehr nahmen wir nicht mit. Hinter uns ertönte der Lärm der Granaten, und zahlreiche Flüchtlinge überholten uns auf dem Pfad in die Berge. Alle waren in höchster Eile.

Drepung war von Lhasa bereits völlig abgeschnitten. Chinesische Soldaten bewachten die Pfade zum Kloster. Einige Bauern hatten mit ihrem Vieh Zuflucht in den Klostergebäuden gesucht, andere waren mit ihren Tieren, die von den Kindern getrieben wurden, auf dem Weg ins Gebirge. Rigzin Tenpa litt unter Atemnot, sein Herz schlug zu schnell. Wir mußten immer wieder anhalten und ausruhen. Nach Sonnenuntergang erreichten wir schließlich die Paßhöhe und verbrachten die Nacht in einer Höhle.

Am nächsten Morgen weckte uns ein lauter Knall. Die Chinesen beschossen das Kloster. Wir konnten die Granaten einschlagen sehen. Ich blickte zu Rigzin Tenpa; er weinte. Rauch und Staub wirbelten in die Luft, wenn ein Geschoß auf einem der Kollegien oder in den Höfen und Tempeln explodierte. Wir durften jedoch nicht länger verweilen. Rigzin Tenpa konnte nicht mehr allein laufen, also trugen wir ihn abwechselnd auf dem Rücken.

Einige Tage später erreichten wir das Kloster Chimcha Ling. Hierher pflegten sich die Mönche von Drepung in Klausur zurückzuziehen. Der Abt, ein ehemaliger Schüler von Gyen Rigzin Tenpa, hieß uns herzlich willkommen. Wir erfuhren, daß die Chinesen in Drepung eingedrungen waren und alle Mönche verhaftet hatten, die sich dort noch aufhielten. Man hatte den Mönchen die Hände auf den Rücken gebunden und sie in der Versammlungshalle eingesperrt. Ich wußte, es war Eile geboten, doch wir würden den Weg nach Gabadong mit Hilfe der Bergspitzen finden.

Der März ist ein grimmiger Monat in Tibet, und die Wanderung war sehr anstrengend. Auf den hohen Pässen war frischer Schnee gefallen, so daß morgens eisige Kälte herrschte. Tagsüber brannte uns jedoch die Sonne aufs Haupt, und unsere geschwächten Körper hatten bald keine Kraft mehr. Wir brauchten fast zwanzig Tage bis Penam, dann sahen wir endlich die Berggipfel, die mir so vertraut wie alte Freunde waren. Rigzin Tenpa schien weniger angespannt zu sein, und auch meine Gefährten waren gesprächiger als während unseres Marsches. Doch noch immer wußten wir nicht, was uns erwartete. War die chinesische Armee auch nach Penam gekommen? Am Dorfrand hielten wir kurz an, um uns zu vergewissern, daß es keine Anzeichen für ungewöhnliche Vorgänge gab. Es war Spätnachmittag, und die meisten Dörfler waren in ihren Häusern.

Langsam stiegen wir den Pfad zum Kloster hinauf und durchschritten das Tor. Mitten im Hof stand ein Mönch und streichelte einen Hund. Unser Erscheinen schien ihn zu verblüffen. Dann stürzten von allen Seiten Mönche herbei, um uns zu begrüßen. Verwundert stellten sie fest, daß der gebrechliche alte Mann Gyen Rigzin Tenpa war. In der Vergangenheit wäre er mit Fanfaren begrüßt worden, und die Mönche hätten sich aufgereiht, um seinen Segen zu empfangen. An jenem Tag wurde ihm nur diese spontane, informelle Begrüßung zuteil. Doch der Abt, der das Fehlen einer würdevollen Zeremonie bedauerte, warf sich der Länge nach vor dem Gyen auf den Boden und überreichte ihm anschließend einen Katag aus weißer Seide.

Im Kloster war man nicht auf dem laufenden über die Ereignisse in Lhasa, denn die Mönche schenkten den zahlreichen Gerüchten aus der Hauptstadt keine Beachtung. Im Nachbardorf hatte man sogar einen Mann wegen der Behauptung vertrieben, Lhasa sei gefallen und der Dalai Lama geflohen. Doch nun mußten wir den Mönchen berichten, was wir gesehen hatten. Wir beteten gemeinsam für die Sicherheit des Dalai Lama. Der Abt gratulierte meinen Gefährten und mir, und Klosterbeamte legten weiße Glücksschleifen um unsere müden Nacken.

Die Verhaftung

In Gabadong fühlten wir uns sicher. Die Menschen in Penam setzten ihr Leben fort, als wäre nichts geschehen. Sie dachten, wenn sie sich unauffällig verhielten und weiterhin den Boden bearbeiteten, werde das Leben im Dorf weitergehen wie seit Jahrhunderten – gleichgültig, welche turbulenten Ereignisse sich in Lhasa abspielten.

Vom Klosterdach aus konnte ich das Tal und das Dorf überblicken. Die alten Männer saßen in der Sonne, die Frauen jäteten die Felder, und die jungen Männer kümmerten sich um die Bewässerungskanäle. Es war der gleiche vertraute Anblick wie in den ersten Jahren nach meinem Eintritt ins Kloster. Nichts ließ die kommende Tragödie erahnen.

Rigzin Tenpa erholte sich rasch und nahm seine Lehrtätigkeit wieder auf. Einige Nachbarklöster luden ihn ebenfalls ein, und so kam es, daß ich im Mai mit ihm zum Kloster Ingon reiste, das nördlich von Gabadong in der Einsamkeit liegt. Die dortigen Mönche schienen über das scharfe Vorgehen der Chinesen in Lhasa nicht sonderlich beunruhigt zu sein. Rigzin Tenpa sollte einen Monat in Ingon bleiben. Ich kehrte nach Gabadong zurück, besuchte meine Familie und ging in Klausur. In absehbarer Zeit, so glaubte ich, würde ich mit Gyen Rigzin Tenpa wieder gen Lhasa reisen.

Im Juni kamen drei chinesische Funktionäre in Begleitung eines Dolmetschers nach Penam. Sie befahlen den Dorfbewohnern, ihre tibetische Währung in chinesisches Papiergeld umzutauschen. Die Chinesen eröffneten ein provisorisches Büro, in

86

dem sie zwei große Metallkoffer voll neuer chinesischer Banknoten unterbrachten, und die Dörfler stellten sich an, um für ihr tibetisches Geld die frisch gedruckten Scheine in Empfang zu nehmen.

Wir hatten gehört, die Chinesen hätten das Kloster Gyantse besetzt und alle Mönche verhaftet. Doch noch immer fühlte ich mich in Gabadong sicher. Unser Kloster hatte nicht am Aufstand teilgenommen, und meine Rolle bei der Revolte in Lhasa war sehr bescheiden gewesen. Wessen hätten uns die Chinesen anklagen können? Im Juli kehrte ich nach Ingon zurück, um Rigzin Tenpa abzuholen. In Gabadong empfing man ihn mit allen Ehren, und es war ein merkwürdiger Gedanke, daß wir das Kloster nur wenige Monate zuvor wie Bettler betreten hatten.

Eines Morgens, ich rezitierte gerade einen Text in meinem Zimmer, ertönte vom Tempel der Zornvollen Gottheiten ein langsamer Trommelwirbel. Ich unterbrach mein Gebet. Ein Novize klopfte an die Tür und teilte mir aufgeregt mit, alle Mönche seien im Hof versammelt.

Draußen standen die Mönche und blickten zu den chinesischen Soldaten hinauf, die mit aufgepflanzten Bajonetten an den Außenmauern des Klosters Position bezogen hatten. Tische wurden in den Hof geholt, und ein alter Mönch befahl, sie mit Blumen zu schmücken. Die chinesischen Funktionäre verloren kein Wort. Sie beobachteten lediglich die Vorbereitungen, die wir für sie trafen. Wir boten ihnen, wie es üblich ist, Tee an, doch sie lehnten ab.

Die Mönche ließen sich auf dem staubigen Boden des Hofes nieder. Ich nahm neben Gyen Rigzin Tenpa Platz. Zehn chinesische Funktionäre saßen uns gegenüber an den niedrigen tibetischen Tischen. Es mußten Fremde sein, denn die im Bezirk von Penam stationierten Chinesen waren im Kloster recht gut bekannt. Die Soldaten beobachteten uns vom Dach und von der Klostermauer aus. Die Sonne warf die scharfen Silhouetten von

Gewehren und Bajonetten auf die geweißten Mauern. Weitere Soldaten bewachten das Tor.

Der ranghöchste Chinese erhob sich. »Reaktionäre Banditen« hätten die Einheit des Vaterlandes verraten und den Dalai Lama entführt. Er sprach hastig und mit erhobener Faust. Das Kloster Gabadong müsse erklären, auf wessen Seite es stehe. Dann behauptete ein Tibeter aus dem Dorf namens Samling, Gabadong unterhalte Verbindungen zu den Reaktionären und habe ebenfalls »die Einheit des Vaterlandes verraten«. Samling, der im Lhasa-Dialekt sprach, forderte die Mönche auf, ihren Geist zu säubern, damit sie die wahren Volksfeinde erkennen könnten. Er tadelte uns wie ein Lehrer seine ungezogenen Schüler und rannte während seiner bizarren Anschuldigungen auf und ab.

Zuerst verstand ich nicht, worauf Samling hinaus wollte. Häufig legte er eine Pause ein, als erwarte er eine Antwort. Dann zog er ein kleines Notizbuch aus der Tasche, zeigte es dem chinesischen Funktionär und las die Namen derjenigen Mönche vor, die ein Amt im Kloster innehatten. Der Kämmerer heiße Tenpa Chöphel, sein Vertreter Chödrak; der Zeremonienmeister sei ein gewisser Trinlay. Dann folgte der Name des Mönches, dem es oblag, für die Ordnung im Kloster zu sorgen. Alle mußten vortreten, sobald Samling ihre Namen genannt hatte. Soldaten richteten ihre Gewehre auf das Gesicht der Mönche, während ein anderer Soldat ihre Hände mit engen Handschellen auf den Rücken fesselte.

Das alles geschah in Windeseile. In Tibet gibt es die Redensart: »Das Herz springt aus dem Mund.« Genauso fühlte ich mich. Ängstlich schaute ich zu Gyen Rigzin Tenpa hinüber. Er hatte Tränen in den Augen. Doch die gefesselten Mönche ließen keine Furcht erkennen. Ihre Gesichter waren die unschuldiger Menschen. Sie schienen zu fragen: »Warum tut ihr das?«

Der höchste Funktionär trat vor, und Samling dolmetschte.

Der Chinese deutete mit dem Finger auf die Mönche und beschuldigte sie, mit den Banditen gemeinsame Sache zu machen. Die Mönche standen schweigend und mit gesenktem Haupt da, während der Funktionär an ihnen entlangschritt und ihnen Beleidigungen ins Gesicht schleuderte. Dann warnte er uns: »Unter euch gibt es noch etliche, die ihre Verbrechen gestehen und sich dem Willen der Massen beugen müssen.« Er nannte uns Wölfe im Schafspelz, doch bald schon werde er uns entlarven. Die Mönche wurden abgeführt und in einen Raum des Klosters gesperrt.

Wir restlichen mußten an einer »Schulung« teilnehmen. Weitere chinesische Funktionäre waren unter dem Schutz junger Soldaten eingetroffen. Sie trugen Mao-Anzüge, und in ihrer rechten Brusttasche steckten Stifte. Wer die meisten Stifte hatte, war mit Sicherheit der höchste Funktionär. Die Kommunisten behaupteten, sie alle trügen zum Zeichen der Gleichheit identische Uniformen. Doch auch sie kennzeichneten Unterschiede in der Hierarchie, nur mit anderen Mitteln. Der Anzug eines hohen Funktionärs hatte ganz einfach mehr Taschen. Die Chinesen waren viel rangbewußter als die tibetischen Beamten, die aus ihren Posten verdrängt wurden.

Die »Schulung« wurde von einem Chinesen namens Zhu Xi, dem örtlichen Parteisekretär, geleitet. Sein dunkler Teint und seine spröde Haut ließen vermuten, daß er sich schon lange in Tibet aufhielt. Trockene, aufgerissene Haut ist eine Folge des Himalaya-Windes. In Zhu Xis Schulung ging es um die Identifizierung der »drei Ausbeuterklassen«.

»Die Tibeter«, hob er an, »haben unter dem Gewicht von drei Bergen gelebt. Heute sind diese drei Berge entfernt, ein neues Kapitel der tibetischen Geschichte hat begonnen. Die ausgebeuteten Massen haben ihre Herren gestürzt, die sich seit Jahrhunderten auf ihre Kosten gemästet haben. Himmel und Erde haben den Platz getauscht!«

Abermals waren wir verwirrt, denn als schlichte Dorfmönche

konnten wir mit dem Jargon des Funktionärs nichts anfangen. Ausgebeutete Massen? Drei Berge? Was meinte er bloß?

»Hört genau zu«, fuhr er fort. »Die drei Lasten, die wie Berge auf dem Rücken der Massen liegen, sind die alte tibetische Feudalregierung, der Adel und die Klöster. Diese drei Klassen beuten die Tibeter seit Jahrhunderten aus.«

Wir wußten noch immer nicht, was er unter »ausbeuten« verstand.

»Erkennt ihr eure Ausbeuter?« fragte der Funktionär. Wir schüttelten den Kopf. Er machte eine Pause, um nach einem passenden Vergleich zu suchen. »Die Ausbeutung der Massen, das ist wie ein Zimmermann, der einen Holzblock glatt hobelt. Die Massen sind das Holz, und der Zimmermann ist der Ausbeuter.«

Wir blickten weiterhin verständnislos drein. Der Funktionär verlor die Fassung und legte unser Benehmen als Verstocktheit aus. Seine Rede endete mit einer Warnung: Wir müßten uns von den »alten Vorstellungen« trennen. Wir hätten »grüne Gehirne« – noch ein Ausdruck, den die Chinesen geprägt hatten. Später wurde er zu einer Beschimpfung.

Am folgenden Tag rief man uns erneut zusammen. Das Wort »Schulung« hat einen edlen Beiklang, aber die Chinesen verstanden darunter etwas ganz anderes. Es bedeutete, daß ein Teil von uns abgesondert und dann einer Flut von Anschuldigungen sowie Einschüchterungsversuchen ausgesetzt wurde. Rundum patrouillierten Soldaten. Einen ganzen Monat lang durften wir das Kloster nicht verlassen und mußten jeden Tag an den Schulungen teilnehmen. Von meinem Fenster aus konnte ich beobachten, daß man die Dörfler zu diesen Veranstaltungen wie Vieh in eingezäunte Felder trieb.

Ende Juli, Anfang August ist gewöhnlich eine sehr arbeitsreiche Zeit, denn die Bauern bereiten sich auf die Ernte vor. Doch in jenem Jahr arbeitete niemand auf den Gerstenfeldern. Die Chinesen hatten verfügt, es gebe wichtigere Dinge als die

Ernte. Ich machte mir Sorgen um meine Familie im Dorf. Auch die Alten, Kranken und sogar die Kinder mußten an den Schulungen teilnehmen.

In der zweiten Stunde lernten wir den Unterschied zwischen »Unterdrückung« und »Ausbeutung«. Samling dolmetschte für den chinesischen Funktionär. Er sprach von der Ausbeutung durch die »drei großen Berge« und las mit lauter Stimme aus seinen Notizen vor: »Die Massen leben unter der Unterdrückung wie der Ochse unter dem Joch. Es hält den Ochsen im Zaum, und er kann ihm nicht entfliehen. Die tibetischen Massen haben unter dem Joch des Feudalismus gelebt. Doch nun haben sie es mit Hilfe der Kommunistischen Partei abgeschüttelt.«

Es schien von großer Wichtigkeit zu sein, daß wir den feinen Unterschied zwischen Unterdrückung und Ausbeutung verstanden. Waren Mönche Ausgebeutete oder Ausbeuter? Die chinesischen Inquisitoren gaben sich mit unseren Antworten nicht zufrieden. Sie hatten bereits Schulungen in den Dörfern Chinas durchgeführt und ihre Techniken ausgefeilt.

Am Mittag teilte man uns in Zehnergruppen ein, in denen wir das am Morgen Gelernte diskutieren sollten. Ich nahm Rigzin Tenpa bei der Hand und führte ihn zu einer Gruppe. Niemand wußte, wie wir die Diskussion eröffnen sollten. Wir saßen einfach nur da und sahen uns an. Dann stieß ein chinesischer Offizier mit einem Dolmetscher zu uns. Wir saßen auf dem Boden, die Chinesen auf kleinen Holzschemeln. Der Offizier erklärte uns, wie schrecklich das alte Feudalsystem gewesen sei. Dann ging er auf das Wesen der Klassen und des Klassenkampfes ein.

Es gebe vier Klassen: Grundbesitzer, reiche Bauern, mittlere Bauern und arme Bauern. Dann fragte er uns, zu welcher Klasse wir gehörten. Ich erwiderte, ich sei Mönch. Dem Offizier paßte die Antwort nicht, denn auch in einem Kloster seien Klassenunterschiede vorhanden. Wir hätten das marxistische Konzept der Klasse und des Klassenkampfes noch nicht begriffen.

Später teilte man uns in »reiche, mittlere und arme Mönche« ein. Meine Herkunft machte mich zu einem »reichen Mönch«, was bedeutete, daß es in der proletarischen Gesellschaft keine Zukunft für mich gab. Die Klassenzugehörigkeit wurde im Personalausweis vermerkt, und bald stellte sie überall – auch im Erziehungswesen und im Berufsleben – den entscheidenden Faktor dar.

Die Versammlungen wurden gefährlich. Niemand konnte sich den Fragen der Chinesen entziehen. Jeder mußte sagen, ob er unterdrückt oder ausgebeutet wurde. Am wichtigsten war das Bekenntnis, Unterdrücker oder Ausbeuter zu sein. Ein paar Tage lang versuchten wir, den Fragen auszuweichen, und schließlich gaben wir zu, daß wir die Themen nicht verstanden.

Eines Tages kam ein anderer junger Offizier zu unserem Treffen. »Mönche werden nicht unterdrückt«, sagte er. »Wie sollte das gehen? Wenn das Muschelhorn ertönt, braucht ihr nur mit euren leeren Schalen zur Versammlungshalle zu gehen und zu warten, bis ihr bedient werdet.« Er legte besondere Betonung auf das Wort »leer«. »Und woher kommt euer Tee?« fragte er. Er machte eine Pause, als warte er auf eine Antwort. Wir hatten bereits gelernt, daß Schweigen die sicherste Taktik war. Deshalb mußte der Offizier seine Frage selbst beantworten: »Alles im Kloster ist die Frucht der Ausbeutung der tibetischen Massen!«

Allmählich frustrierte unser Schweigen die Chinesen. Sie hielten uns für widerspenstig, denn sie hatten erwartet, daß wir einander denunzieren und zu plötzlichen Einsichten über den Klassenkampf gelangen würden. Nun wandten sie eine neue Methode an. Alle Mönche, die aus armen Familien stammten, wurden zu getrennten Versammlungen einberufen. Man sagte ihnen, sie gehörten zur Klasse der »Armen« und sollten sich mit den unterdrückten tibetischen Massen identifizieren. Die Mönche erwiderten, das Kloster sei zu allen Menschen gütig gewesen. Da verkündete der chinesische Offizier (mit einiger Genugtuung), die Dorfbewohner hätten behauptet, das Kloster habe die Massen ausgebeutet und unterdrückt. Überprüfen konnten wir das nicht, da wir zu unseren Familien im Dorf keinen Kontakt halten durften. Später erfuhren wir, daß die Chinesen den Dörflern etwa zur gleichen Zeit erzählt hatten, wir hätten zugegeben, die Dorfbewohner betrogen zu haben.

Da es den Chinesen nicht gelang, die Mönche zu Denunziationen und Selbstbezichtigungen zu bewegen, gingen sie dazu über, einzelne zu bestrafen. Ihr erstes Opfer war ein alter Mönch, der wie ich aus einer reichen Familie stammte. Die Chinesen schleppten seinen gesamten Besitz in den Hof und stellten ihn neben die Habe eines armen Mönches zur Schau. Die beiden Klosterbrüder standen schweigend dabei. Ein Funktionär deutete auf die Stapel und brach in heftige Anschuldigungen aus. Ein chinesischer Offizier hob ein warmes Wollgewand vom Stoß des alten Mönches und befragte ihn mit Hilfe eines Dolmetschers.

»Was ist das?«

»Wolle«, erwiderte der Mönch. Der Chinese war verblüfft. Er vermutete einen Übersetzungsfehler und sah den Dolmetscher an. Dieser wiederholte die Frage: »Was ist das?«

»Das ist von einem Schaf«, sagte der Mönch, den Tränen nahe. Wir fanden, er habe die Frage korrekt und intelligent beantwortet.

Seine Antworten waren jedoch nicht korrekt, denn er hatte vergessen, die Arbeit der Leibeigenen zu berücksichtigen! Dem dialektischen Materialismus und der Theorie der Klassenkausalität zufolge hätte der Mönch erwidern müssen, daß das Gewand das Ergebnis der Arbeit der ausgebeuteten Leibeigenen war.

Immer wieder standen wir vor diesem Rätsel. Einmal wurden wir gefragt: »Wer hat euch ernährt?« Und natürlich antworteten wir: »Unsere Mutter.« Das war die falsche Antwort. Wir hätten sagen sollen, die Arbeit des Proletariats habe uns ernährt. Die

Chinesen machten unser »grünes Gehirn« für unsere Begriffsstutzigkeit verantwortlich. Doch wir waren einfach nicht in der Lage, die vielen neuen Begriffe zu verarbeiten. Es dauerte noch sehr lange, bis ich gelernt hatte, meine Antworten in die Sprache des dialektischen Materialismus zu kleiden.

Monatelang hatten uns die Chinesen von den Dorfbewohnern ferngehalten, doch dann beschlossen sie, uns mit ihnen zu konfrontieren. Eines Morgens im August hörte ich Stimmen rufen: »*Nga-dag sum tsa-med so*« (»Vernichtet die drei Ausbeuter!«) und »*Log chod-pa tsa-med tong*« (»Vernichtet die Reaktionäre!«). Von meinem Fenster aus konnte ich sehen, daß die Dorfbewohner in Vierergruppen in Richtung Kloster marschierten und riesige Banner mit tibetischen und chinesischen Parolen trugen. Zwei Kinder liefen mit einer großen roten Flagge vor dem Aufzug her.

Kaum waren alle an dem schmalen Pfad zum Klostertor angelangt, als sich die Ordnung auflöste: Die Leute stampften mit den Füßen und warfen Erde in die Luft; sie schrien und drohten mit den Fäusten. Gewöhnlich näherten sich Besucher dem Klostertor bescheiden und mit ehrfürchtig gesenktem Kopf. Ich merkte, daß einige ob ihrer geräuschvollen Ankunft verlegen waren und sich nicht wohl in ihrer Haut fühlten.

Die Dörfler waren zum Kloster beordert worden, um den Besitz von Changdzo Tenpa Chöphel, unserem Kämmerer, zu begutachten. Seine gesamte Habe war ausgebreitet: Ballen feiner Wollstoffe; juwelenbesetzte Silberlampen; Ballen feinster chinesischer Seide und Brokate; reichgeschmückte Ritualgegenstände; ein Satz mit Silber ausgeschlagener Holzschalen. Neben Changdzos Reichtümern lagen die Habseligkeiten eines armen Mönches: ein zerbeulter Teekessel, uralte Holzschalen, eine Flickendecke, ausgetretene Stiefel.

»Seht euch diese Reichtümer an!« kommentierte ein junger Tibeter eifrig. »Der Ausbeuter führt ein Luxusleben. Er trägt

Seide und trinkt aus Silbertassen, die mit dem Schweiß und den Tränen der Arbeiterklasse gefertigt worden sind.« Dann wies er auf den Besitz des anderen. »So leben arme Mönche. Der arme Mönch kann sich in einer kalten Winternacht nur mit dieser dünnen Decke schützen.«

Die Dörfler, inzwischen Experten in der Theorie der Klassenkausalität, machten schockierte Gesichter, schüttelten zum passenden Zeitpunkt den Kopf und holten im richtigen Augenblick vor lauter Staunen tief Luft. Wir Mönche mußten uns ebenfalls in einer Reihe aufstellen und das Hab und Gut der beiden begutachten. Der junge Tibeter äußerte seinen Zorn über die Ungleichheit im Kloster.

Changdzo war nicht anwesend, um sich zu verteidigen. Er und die anderen waren bereits Gefangene der Chinesen. Wir konnten beobachten, wie sie in einem provisorischen Lager unterhalb des Klosters Zwangsarbeit leisteten. Changdzo mußte zwei Blecheimer an einem Bambusstab über den Schultern tragen. Diese Transportart war uns Tibetern neu. Den ganzen Nachmittag hindurch pendelte unser Kämmerer zwischen dem Fluß und dem Lager hin und her, um das Lager mit Wasser zu versorgen.

Wir nannten diese Periode *Gya-mi dong-pa ngos-su toen* (die Zeit, in der die Chinesen ihr wahres Gesicht zeigten). Allein die Hoffnung, der Dalai Lama werde zurückkehren und dafür sorgen, daß alles wieder seinen geregelten Gang gehe, hielt uns aufrecht. Die Sonne, sagten wir uns, wird eines Tages wieder durch die Wolken brechen.

Im Sommer 1959 jagte eine Versammlung die andere. Es gab Anpassungs-Versammlungen, Geständnis-Versammlungen, Versammlungen zur Kritik an den Reaktionären, Versammlungen zum Widerstand gegen die Imperialisten und sogar Versammlungen, die »bitteren Erinnerungen« gewidmet waren. Bei den letzteren mußten wir den Erzählungen eines »Leibeigenen« lauschen, der von seinem Elend unter einem Grundbesitzer berichtete. Dabei erwartete man Tränen von uns.

In Penam begannen die Chinesen mit der Umverteilung des Landes. Sie konfiszierten den gesamten Besitz meiner Familie, da wir in die Kategorie der »reichen Grundbesitzer« fielen. Damit war natürlich auch ich ein vollwertiges Mitglied der Ausbeuterklasse.

Es wäre jedoch schwierig gewesen, bei den armen Bauern einen plötzlichen Anfall revolutionären Eifers zu entdecken. Ich erinnere mich an einen sehr armen jungen Mann namens Kunchok, der in einem baufälligen Haus wohnte. Er reiste von Dorf zu Dorf und nahm jede Arbeit an, die sich ihm bot. Häufig trug er das Korn der Bauern zur Mühle. Als die Chinesen Kunchok ein eigenes Stück Land gaben, war er alles andere als glücklich, denn er wollte kein Bauer sein. Er dachte sich ein Lied aus, in dem er seinen Kummer zum Ausdruck brachte. Der Text lautete ungefähr so: »Die Kommunistische Partei ist großzügig, aber ich brauche kein Land! Bitte laßt mich gehen, wohin ich will!«

Die Versammlungen endeten im November 1959. Heute bin ich überzeugt, daß es den Chinesen damals einfach zu kalt wurde. Eines Tages mußten wir uns in einer Reihe aufstellen, und man hielt uns ein Stück Papier unter die Nase. Das Dokument hatte einen chinesischen Text, und niemand von uns konnte ihn lesen. Man befahl uns, es immer bei uns zu tragen und es jedem Funktionär bei Bedarf vorzuzeigen. Monate später übersetzte ein junger Tibeter aus Gyantse den Text für mich:

»Name: Palden Gyatso; Alter: 27; Klasse: Sohn eines reichen Grundbesitzers; politische Vorgeschichte: noch nicht ermittelt.«

Der letzte Eintrag deutete auf eine weitere Methode der Kategorisierung hin. Einige Tibeter erhielten die Bezeichnung *tsang-ma*, was sauber bedeutete. War man *tsang-ma*, entstammte man aller Wahrscheinlichkeit nach einer armen Familie und hatte sich nie an einer antichinesischen Aktion beteiligt. Andere wurden als *tsang-ma med-pa* (unsauber) eingestuft. Mein politischer Stammbaum lag noch im Ermessen der Chinesen.

Die chinesischen Funktionäre, die zu den Schulungen nach Penam und Gabadong gekommen waren, packten ihre Sachen und fuhren nach Gyantse. Das Dorf blieb sich selbst überlassen. Wie die Funktionäre hießen, wußten wir noch immer nicht; wir nannten sie einfach die *gya mi* (Chinesen). Sie hatten sich uns nie vorgestellt, und wenn sie miteinander sprachen, benutzten sie immer Titel wie *zhurzi* (Vorsitzender) oder *zhuren* (stellvertretender Vorsitzender) oder *shuji* (Sekretär).

Jede Hoffnung, das alte Leben wieder aufnehmen zu können, zerschlug sich bald. Höhere Stellen in China hatten entschieden, die tibetischen Reaktionäre sowie die Feinde der Partei und des Vaterlandes seien nicht gründlich genug entlarvt und bekämpft worden. Anfang 1960 eröffneten die Chinesen eine »Neuermittlungskampagne«. Das bedeutete noch mehr Versammlungen und Schulungen. Da meine politische Vorgeschichte noch offen war, konnte ich davon ausgehen, ein Opfer der neuen Kampagne zu werden.

Ich erinnere mich, wie ein chinesischer Funktionär in den Klosterhof stolzierte und lauthals verkündete, wir Mönche klammerten uns noch immer an die überholte feudale Lebensweise. Wir hätten uns mit der Tatsache abzufinden, daß die Leibeigenschaft des alten Tibet abgeschafft sei. Weder die Macht des imperialistischen Amerika noch unsere alten Götter könnten sie wiederherstellen. Doch das war nur der Anfang. Die Chinesen wollten wissen, ob wir während des Aufstands in Lhasa gewesen seien. Niemand sagte ein Wort. Frustriert behaupteten die Chinesen, das ganze Kloster unterstütze reaktionäre Banditen. Sie durchsuchten alle Unterkünfte nach verborgenen Waffen, fanden jedoch keine.

Ich hatte die Wohnung meines Onkels geerbt. Im besten Zimmer wohnte Gyen Rigzin Tenpa, den der Abt meiner Obhut anvertraut hatte. Ich bereitete ihm das Frühstück und versuchte, ihm das Leben so angenehm wie möglich zu machen. Rigzin Tenpa war kein anspruchsvoller Gast. Wir waren durch unsere gemeinsamen Lebensumstände einander sehr nahe gekommen. Als indischer Staatsbürger hätte er die Chinesen auffordern können, ihn zu repatriieren wie zahlreiche Mönche aus Ladakh und Spiti, die in Tashilhünpo und Lhasa lebten. Doch der Gyen hatte sich entschlossen, in Gabadong zu bleiben.

Das neue Ermittlerteam traf aus Lhasa ein. Es kursierten Gerüchte, die vorherigen Funktionäre seien in Ungnade gefallen und müßten nun selbst an Schulungen teilnehmen. Die neuen Chinesen traten noch energischer auf und legten auch mehr Wert auf ihre Kleidung.

Gyen und ich warteten im Hof, während meine Wohnung durchsucht wurde. Gyens Habe löste bei den Chinesen Aufregung aus. Wir sahen, wie ein junger chinesischer Soldat einem Offizier ein Foto in die Hand drückte. Sie verschwanden in einem Zimmer. Zwanzig Minuten später tauchten sie wieder auf und kamen auf uns zu. Der Offizier im eleganten blauen Anzug sagte herablassend, es sei unglaublich, aber es gebe noch immer Leute, die sich weigerten, ihre Verbrechen zu gestehen, und die ihre heimtückischen Aktivitäten vor der Partei und dem Volk versteckten. Er bezog sich eindeutig auf mich und Rigzin Tenpa.

Mein Lehrer sagte dem Dolmetscher, er sei indischer Bürger und in jungen Jahren zum Studium nach Lhasa gekommen. Ich hätte ihm geholfen, von Lhasa nach Gabadong zu gelangen. Dann verlangte er höflich, nach Indien ausreisen zu dürfen. Der Dolmetscher hatte seine Bitte noch nicht einmal zu Ende übersetzt, da hielt der Offizier ein verblichenes Schwarzweißfoto hoch und forderte eine Erklärung.

Das Foto zeigte eine Gruppe Tibeter neben den Führern der indischen Unabhängigkeitsbewegung. Im März 1946 hatte die tibetische Regierung eine hochrangige Delegation nach Indien und China entsandt, die den siegreichen Alliierten nach dem Zweiten Weltkrieg gratulieren sollte. Rigzin Tenpa war als geistlicher Vertreter ausgewählt worden, die Delegation nach Indien zu begleiten, wo sie vom Vizekönig, Lord Wavell, empfangen wurde. Da Indien kurz vor der Unabhängigkeit stand, hatte die Delegation auch den indischen Nationalistenführern einen Besuch abgestattet. Sowohl Nehru als auch Gandhi waren auf dem konfiszierten Foto zu erkennen.

Ich durfte Rigzin Tenpa in sein Zimmer zurückbringen und ihm helfen, einige Bücher und andere Habseligkeiten in eine kleine Tasche zu packen. Man führte ihn aus dem Kloster zu einem wartenden Jeep. Ich rannte zu ihm, um mich von ihm zu verabschieden. Er sagte nur: »Ich werde eine Weile in Sikkim bleiben.« Die Chinesen richteten ihre Waffen auf ihn und befahlen: »*Zho, zho!*« (»Weiter, weiter!«) Gyen Rigzin Tenpa stieg ein; ich sollte ihn nie wieder sehen.

Ein Soldat brachte mich in einen kleinen Raum, in dem einst ein Mönch gewohnt hatte und der nun ausschließlich für Verhöre benutzt wurde. Bis auf drei hölzerne Schemel und eine hohe Holzkiste, die als Tisch diente, war er kahl. Man hatte Papier zusammengefaltet und unter eine Seite der Kiste geschoben, damit sie auf dem unebenen Boden nicht wackelte. Die Tür wurde von zwei Soldaten bewacht.

Der Offizier stellte sich als Liao vor. Sein Gesicht und seine Lippen waren spröde und ausgetrocknet – einmal mehr die Spur der rauhen Himalaya-Winde. Seine Zähne standen weit auseinander. Er rauchte eine Zigarette nach der anderen, wobei er die neue an der alten entzündete. Gyältsen, sein tibetischer Dolmetscher, saß auf einem der wackeligen Schemel und wartete auf Weisungen.

Liao wirkte streng und aufgebracht; seine Sprechweise glich einem Bellen.

»Du hast lange verheimlicht, wer du bist. Du hattest ausreichend Gelegenheit, deine Verbrechen zu gestehen. Meine Parteigenossen sind äußerst nachsichtig gewesen. Dennoch hast du deine Verbrechen vor ihnen geheimgehalten. Das ist eine sehr ernste Angelegenheit. Und nun erfahre ich, daß du dich gegen das Vaterland gestellt und an den Demonstrationen in Lhasa teilgenommen hast.« Er zog an seiner Zigarette. »Die Kommunistische Partei zeigt Milde, wenn du deine Fehler eingestehst. Die Partei wird über deine Irrtümer hinwegsehen.«

Liao holte eine neue Zigarette hervor. Er deutete auf die Fotografie, die auf dem provisorischen Tisch lag.

»Das können wir jedoch nicht vergessen«, fuhr er fort. Er wollte alles über Rigzin Tenpa und meine Beziehung zu ihm erfahren. Ich berichtete ihm, was ich über das Leben meines Lehrers wußte: Dinge, die jedem in Drepung bekannt waren.

Liao war unbeeindruckt.

»Wir wissen, daß dein Lehrer ein Spion der indischen Regierung war«, sagte er wütend. Ich versicherte ihm, daß Rigzin Tenpa nicht das geringste Interesse an Politik habe. Doch die Chinesen hatten ihre Entscheidung gefällt: Für sie war Gyen Rigzin Tenpa ein Spion.

»Gestehe, daß dein Lehrer als Spion gearbeitet hat!« Doch ich weigerte mich nachdrücklich, die falsche Beschuldigung auszusprechen. Mehrere Stunden vergingen. Meine Standhaftigkeit verärgerte Liao. Dann sagte er etwas, das ich später als Standardwarnung erkennen sollte; während meiner Haft sollte ich diese Worte noch viele Male hören. Liaos Stimme wurde plötzlich honigsüß, und ich konnte hören, wie der Dolmetscher seinen Tonfall übernahm, als habe er eine Geheimbotschaft empfangen.

»Kennst du die Parteilinie?« wollte er wissen.

»Nein«, erwiderte ich.

Liao betonte, es sei Parteipolitik, Milde walten zu lassen. Man sei bereit, mir meine Verbrechen zu vergeben, doch nur unter der Voraussetzung, daß ich mich zu ihnen bekenne. Im Falle einer Weigerung werde die Partei »zurückschlagen«. Ich wiederholte, Rigzin Tenpa sei kein Spion. Liaos Stimme wurde schärfer. Er bestand auf seiner Behauptung.

»Sie können sagen, was Sie wollen«, erwiderte ich.

Bevor ich Luft holen konnte, traf mich Liaos Handfläche seitlich im Gesicht, so daß ich nach hinten sackte. Die beiden Wachen an der Tür sprangen hinzu und packten mich an den Armen. Ich sah, wie der Dolmetscher Gyältsen verängstigt zurückwich. Die Bewacher traten auf mich ein.

»Gestehst du nun?« fragte Liao. »Gestehst du?«

»Macht mit mir, was ihr wollt!« schrie ich wutentbrannt. Ich hatte die Beherrschung verloren.

Die Wachen preßten mir die Arme auf den Rücken und banden sie mit einem Seil zusammen. Dann warfen sie das Seil über einen Holzbalken und zogen daran, so daß meine Arme ausgerenkt wurden. Ich schrie auf und urinierte unwillkürlich. Danach hörte ich nur noch meine Schreie und die dumpfen Faustschläge der Bewacher auf meinem Körper.

Nach einer Weile löste ein Soldat das Seil, und bevor ich wieder bei Sinnen war, setzte Liao das Verhör fort. Er fragte, ob ich nun zum Geständnis bereit sei. Ich erwiderte, ich hätte meiner Aussage nichts hinzuzufügen. Liao gab den Wachen ein Zeichen. Sie legten mir Handschellen an und fesselten meine Fußgelenke mit einer Kette. »Denk scharf nach«, sagte Liao und schaute mir in die Augen. »Gesteh!«

Sie schleppten mich in einen anderen Raum und ließen mich dort allein. Am Nachmittag brachte mir ein Tibeter etwas zu essen. »Warum gestehst du nicht?« flüsterte er mir zu. »Die bringen dich sonst um.«

Das Verhör dauerte mehrere Tage. Immer wieder erzählte ich meine Geschichte und erläuterte mein Verhältnis zu Rigzin Tenpa. Meine Teilnahme am Aufstand interessierte die Chinesen nicht. Sie waren nur darauf aus, daß ich meinen Lehrer als Spion denunzierte. Doch wie hätte ich das tun können? Im Lamaismus ist die Beziehung zwischen Lehrer und Schüler von Ergebenheit und Vertrauen geprägt. Rigzin Tenpa war mein Mentor. Wie hätte ich ein reines Gewissen haben können, wenn ich ihn verriet? Und was war, wenn die Chinesen ihn doch nicht nach Indien hatten ausreisen lassen? Wenn sie ihn irgendwo festhielten und ich ihn als Spion denunzierte, was dann? Ich hatte nichts zu gestehen.

Eines Morgens wurde ich früh geweckt. Soldaten zerrten mich in einen anderen Raum. Ein chinesischer Funktionär trat ein; er trug eine lange gepolsterte Jacke, die seinen hohen Rang kennzeichnete. Später wurde er Leiter des berüchtigten Gefängnisses von Drapchi. Man redete ihn als Vorsitzenden Yin an, und ich erkannte ihn stets an seiner großen Nase. Nach Yin betrat eine junge Tibeterin den Raum, die, nach ihren beiden Goldzähnen und ihrem weichen Lhasa-Akzent zu urteilen, die Tochter eines reichen Kaufmanns war. Statt der traditionellen Kleidung trug sie die Uniform der chinesischen Kader. Später sollte dieser jungen Frau eine Brigade im Gefängnis von Lhasa unterstehen. Ihr Name war Dölkar.

Der Chinese trug ein Pistolenhalfter am Gürtel. Dölkar stellte mir Fragen; sie fing mit meinem Namen an. Aus einem Notizbuch las sie weitere Angaben zu meiner Person vor. Ich nickte zustimmend.

»Wir wissen alles über dich«, sagte sie. Dann musterte sie mich, bemerkte die Prellungen in meinem Gesicht und wollte wissen, was vorgefallen sei. Ich schwieg. Dölkar sprach leise mit Yin auf chinesisch und befahl der Wache, meine Handschellen und die Kette an meinen Beinen abzunehmen.

Dölkar war viel selbstbewußter als andere tibetische Dolmetscher und schien sogar einen gewissen Einfluß auf Yin zu haben. Sie bestritt den größten Teil des Verhörs. Ich sollte meine

Lebensgeschichte seit meinem achten Geburtstag erzählen. Ein zweiter chinesischer Offizier saß hinter mir und führte Protokoll. Dölkar unterbrach mich nur hin und wieder, um zu dolmetschen. Alles wurde auf chinesisch aufgeschrieben. Dölkar befragte mich tagelang; immer wieder mußte ich bestimmte Einzelheiten darlegen. Der Offizier verglich meine Aussagen mit seinen Aufzeichnungen, auf der Suche nach Widersprüchen. Ich mußte die geringste Abweichung erläutern. Dann korrigierte der Offizier das Protokoll und ließ mich gegenzeichnen.

Die Chinesen verglichen meine Angaben mit denen der anderen Mönche und Dorfbewohner. So gingen sie bei allen vor. Jede einzelne Aussage wurde mit dem Bericht von Geschwistern und jedem, der auch nur die geringste Verbindung zu dem Verhörten hatte, verglichen. Sie erstellten detaillierte Dossiers über jeden Tibeter und ließen keinen Zweifel an ihrer Sorgfalt. »Dein Bruder hat aber das und das gesagt, warum erinnerst du dich nicht daran?« Infolgedessen fing man an, hektisch zu überlegen: *Wissen sie denn wirklich alles? Hat mein Bruder das tatsächlich gesagt? Wieviel soll ich verraten?*

Zehn Tage lang wahrten Yin und Dölkar Haltung. Die Dolmetscherin war sogar ausgesucht höflich und sprach so, wie es sich für ein wohlerzogenes Mädchen aus Lhasa gehört. Eines Tages sollte ich das Protokoll unterschreiben. Dölkar las mir verschiedene Stellen daraus vor und versicherte mir, die Aufzeichnungen seien korrekt. Ich setzte also meinen Namen darunter und machte einen Daumenabdruck auf der letzten Seite.

»Ein Problem haben wir noch nicht gelöst«, meinte der Vorsitzende Yin. »Deine Beziehung zu dem indischen Spion Rigzin.« Die Atmosphäre im Raum änderte sich. Dölkar beschimpfte mich als *logchod pa* (Reaktionär), und Yin machte mir Vorhaltungen über meine Rolle beim Aufstand in Lhasa.

»Ich habe bereits alles gesagt«, erwiderte ich. Yin schlug mir heftig ins Gesicht. Die beiden Wachen zwangen mich, auf dem

Boden zu knien, und drückten meinen Kopf nach unten. Yin beugte sich über mich und wiederholte den Befehl: »Gesteh!« Er zog seine Pistole aus dem Halfter und preßte sie mir an die Schläfe.

»Du hast keine Wahl«, sagte Yin.

Im Bewußtsein, daß es besser war zu sterben, als dieses Leid weiter zu ertragen, schrie ich: »Dann bringt mich doch um! Dann bringt mich doch um!«

Yin war verblüfft. Dölkar trat mich mit Füßen. Die Wachen beschimpften mich und fesselten meine Arme mit einem Seil. Dann zogen sie mich wieder am Balken hoch. Ich muß ohnmächtig geworden sein, denn als nächstes erinnere ich mich daran, daß ich gefesselt auf dem Boden lag. Yin stand neben mir.

»Dein Fall ist sehr ernst. Wir sind noch nicht fertig mit dir.«

»Du bist ein unverschämter Reaktionär«, fügte Dölkar hinzu. »Ich würde nicht zögern, dich zu erschießen.«

Irgendwann im Sommer 1960 war das Verhör zu Ende. Yin und Dölkar befragten mich nicht weiter nach Rigzin Tenpa, und ich wurde in den Klosterhof gebracht. Als erstes fiel mir auf, wie erschöpft die Mönche wirkten; als sei das Feuer in ihnen erloschen. Sie sahen verwirrt aus. Niemand sprach. Ich erkannte meine alten Freunde kaum wieder. Ob sie mich noch erkannten? Wir alle trugen die Chuba, die Kleidung der Laien.

Sieben von uns wurden den Pfad vom Kloster hinunter ins Tal geführt. Man hatte uns die Hände auf dem Rücken gefesselt, und wir waren mit einem langen Seil zusammengebunden wie Bergsteiger. Wir erreichten Penam, und ich hörte weinende Menschen. Ich erhaschte einen letzten Blick auf meine Stiefmutter, meinen Vater und meine Geschwister und ging mit tief gesenktem Kopf weiter.

Man brachte uns in das kleine Kloster Norbukhungste, einige Stunden Fußmarsch von Penam entfernt. Das war der Beginn meiner Haft in der »neuen Gesellschaftsordnung«.

Ausbruch aus dem Gefängnis

Ich hatte das Kloster Norbukhungste stets nur von weitem gesehen und wußte über seine Geschichte nicht mehr, als daß es irgendwann einmal für eine Zeitlang leer gestanden hatte. Die Chinesen hatten zwei hölzerne Wachtürme auf dem Klosterdach errichtet. Soldaten, die noch keine zwanzig Jahre alt waren, betrachteten uns höhnisch, als wir von unseren Bewachern mit vorgehaltenen Gewehren den Pfad hinaufgestoßen wurden. Im Klosterhof erwarteten uns weitere Soldaten. Wir wurden einem Offizier übergeben, und zwei Aufseher durchsuchten unsere Habseligkeiten.

Ich hatte meine Schlafmatte und einige Kleidungsstücke mitgenommen, die mir meine Familie gegeben hatte. Außerdem hatte ich meinen wertvollsten Besitz bei mir: die goldene Rolex, die mein Bruder mir geschenkt hatte, als ich mich 1956 nach Drepung aufmachte. »Lhasa ist weit«, hatte er gesagt. »Wenn du in Schwierigkeiten gerätst, kannst du die Uhr verkaufen.« Mönche dürfen weder Uhren noch Schmuck tragen. Ich hatte die Rolex nie angelegt, mich aber an den Rat meines Bruders gehalten und sie immer bei mir gehabt. In Norbukhungste nahmen die Chinesen die Uhr an sich und händigten mir einen Schein aus, der angeblich eine Quittung war. Sie konfiszierten einen Großteil unserer Habe, unter anderem unsere Gürtel und die langen Schärpen, mit denen Tibeter ihre Chuba zusammenhalten. Man gab uns Kordeln, mit denen wir unsere Hosen festbinden konnten.

Ich wurde in einen großen rechteckigen Raum gebracht. Sieben Matratzen lagen auf dem staubigen Boden. Der Raum mußte einst reich verziert gewesen sein, aber nun war überall die Farbe abgeblättert. Als die Wachen meine Schlafmatte auf den Boden warfen, wurde eine Staubwolke aufgewirbelt. Die anderen Gefangenen eilten auf mich zu, streckten mir die Hände entgegen und erboten sich, mein Gepäck zu tragen. Es war, als begrüßten sie einen Gast in ihrem Heim. Ein alter Mann legte mein Bettzeug an eine freie Stelle.

Meine Mitgefangenen trugen zwar Laienkleidung, drei konnte ich jedoch an ihren geschorenen Köpfen als Mönche erkennen. Sie wollten unbedingt wissen, woher ich kam und warum ich verhaftet worden war. Die meisten waren wegen ihrer »Verwicklung« in den tibetischen Aufstand eingesperrt worden. Obwohl wir nur am Rande daran beteiligt waren, behaupteten die Chinesen, wir hätten uns der Opposition gegen die Kommunistische Partei und das »Vaterland« schuldig gemacht. Das galt als schweres Verbrechen. In Gabadong hatte man uns gedroht, die Partei werde ihre Feinde erbarmungslos ausrotten.

In Norbukhungtse waren zweihundert Gefangene untergebracht; die meisten stammten aus den Dörfern der Umgebung. Ich sollte hier mehrere Monate in Handschellen und Fußketten festgehalten werden. Die Hände hatte man mir zudem auf den Rücken gebunden, so daß ich noch nicht einmal ohne Hilfe essen konnte.

Am folgenden Morgen erwachte ich vom Geräusch schlurfender Füße. Ein Wachsoldat öffnete die schwere Holztür und brachte einen Kessel mit schwarzem Tee. Von diesem Tee und dem, was unsere Familien uns brachten, mußten wir leben.

Auch mein ältester Bruder wurde in Norbukhungtse gefangengehalten. Wir durften nicht miteinander reden, warfen uns jedoch Blicke zu, wenn wir einander im Hof begegneten. Ich machte mir Gedanken, wie unsere Familie Nahrung und Brennstoff für zwei Häftlinge auftreiben konnte. Doch irgendwie schaffte sie es, uns Tsampa, Butter und *khabse* (fritiertes Gebäck) zukommen zu lassen. Sehen durften wir unsere Verwandten nicht: Sie händigten unsere Verpflegung den Wachen aus.

Infolge dieses raffinierten Systems wurden die Kosten für die Ernährung der Gefangenen auf die Tibeter abgewälzt. Den Familien gegenüber behauptete man, die Behandlung der Häftlinge hänge von der Bereitschaft der Verwandten zur Kooperation mit den chinesischen Machthabern ab. Die Familien glaubten, daß ihre Angehörigen gut behandelt würden, solange sie regelmäßig Essen ablieferten. Doch das war ein Fehlschluß. Je länger eine Familie die Verbindung zu einem verurteilten, politisch bedenklichen Gefangenen aufrechterhielt, desto nachteiliger sollte sich das für sie während der Kulturrevolution auswirken, wo dergleichen Verhalten als Beweis für eine reaktionäre Gesinnung ausgelegt wurde.

An jenem ersten Tag mußte ich mich gegen zehn Uhr zu einem weiteren Verhör begeben. Ein Chinese, der die erdfarbene Jacke der einfachen Soldaten trug, erwartete mich; seine Hose hatte jedoch den Blauton der Offiziere. Ich sehe ihn mit seinem geschorenen Schädel und dem großen, runden Gesicht noch heute vor mir. Der Dolmetscher stellte sich als Dhundup vor. Wie viele Tibeter, die für die Chinesen arbeiteten, machte auch er einen nervösen, unsicheren Eindruck. Er trug den blauen Anzug der chinesischen Kader.

Das Verhör begann mit der Standardfrage:»Kennst du die Politik der Partei?« Die Antwort war ein unausweichlicher Refrain. Bekannte ich mich schuldig, werde die Partei Milde walten lassen. Weigerte ich mich, werde die Partei unerbittlich sein. Der Dolmetscher trug die Sätze im sanften Rhythmus eines Gedichts vor.

»Weißt du, was Milde bedeutet?« fragte der chinesische Offizier. Ich schwieg.

»Milde«, fuhr er fort, »heißt nicht, daß die Partei jedes Verbrechen eines Reaktionärs ignorieren kann. Wenn jemand die Hinrichtung verdient hat und die Partei entscheidet, ihm eine lebenslängliche Haftstrafe zu geben, dann ist auch das Milde.«

Ich nickte, jedoch nicht, weil ich zugestimmt hätte.

Am folgenden Tag führte man mich in einen anderen, dunkleren Raum. Ein einziger Sonnenstrahl fiel durch das enge Fenster. In seinem Licht konnte ich die Folterinstrumente erkennen, die auf dem Tisch an der Wand lagen, den großen Stock und die Seile. In einer Ecke waren Handschellen, Ketten und Fußeisen aufgetürmt.

Der Chinese bestürmte mich mit Fragen über mein Leben nach dem achten Geburtstag. Wieder einmal wurden meine Antworten aufgezeichnet und mit den Aussagen verglichen, die ich bereits gemacht hatte. Der Offizier hörte mir ruhig zu und forderte mich gelegentlich auf, irgendeine Nebensächlichkeit gründlicher auszuführen. Die Folterwerkzeuge blieben auf dem Tisch, die Fesseln in der Ecke des Raumes.

Am vierten Tag hatten wir die Ereignisse von 1959 erreicht. Der Offizier wurde wachsamer und analysierte jede meiner Aussagen. Er war vor allem daran interessiert, ob der Aufstand vorbereitet worden war, und wenn ja, von wem. Er wiederholte unzählige Male: »Wer hat dir Anweisungen gegeben? Wer waren deine Freunde?«

Mir war nicht klar, daß jede Namensnennung den Betreffenden automatisch zum Verdächtigen machte.

Ich erklärte unverändert, daß niemand mich aufgefordert hatte, am 10. März an der Demonstration vor dem Norbulingka teilzunehmen. Ohne Warnung schlug der Offizier heftig mit der Faust auf den Tisch. Er hob eine Handschelle auf und ließ sie vor meinem Gesicht baumeln. Ich blinzelte bei jeder leichten Bewegung seiner Hand.

Er befragte mich zu Gyen Rigzin Tenpa und beschuldigte ihn wiederholt, ein indischer Spion gewesen zu sein. Doch der Name meines Lehrers gab mir merkwürdigerweise Kraft. Mir war klar, daß die Behauptung des Offiziers, Beweise gegen Rigzin Tenpa zu haben, ein Bluff sein mußte. Ich forderte ihn auf, Rigzin Tenpa persönlich zu fragen, und verweigerte die Aussage. Der Offizier klopfte auf sein Notizbuch: »Alle Beweise sind hier aufgeführt.« Aber ich lehnte es weiterhin ab, die Anschuldigungen zu bestätigen.

Der Offizier nahm einen Stift und legte ihn an die Tischkante. Auch ich befände mich am Abgrund, und nur noch ein Geständnis könne mich retten. Das sei die letzte Warnung. Die beiden Wachsoldaten schlugen mit ihren Gewehrkolben auf meinen Rücken ein. Ich glitt, am ganzen Körper schlotternd, vom Stuhl auf die Knie.

Der Offizier schrie auf mich ein: »Gesteh! Gesteh!« Dhundup, der zusammen mit den Chinesen auf mich einschlug, übersetzte die Befehle ins Tibetische.

Aber ich hatte nichts zu gestehen! Und keine Prügel der Welt konnten mich dazu bringen, die unglaublichen Vorwürfe gegen Gyen Rigzin Tenpa zu untermauern.

Erst später wurde mir klar, welch großen Wert die Kommunisten auf Geständnisse legten. Alle Versammlungen begannen damit, die Vorzüge von Schuldbekenntnissen und die Vergeblichkeit des Widerstands gegen die Befreiungsarmee hervorzuheben. Einmal verglich ein chinesischer Offizier den tibetischen Widerstand mit dem Schleudern von Eiern gegen eine Klippe.

Gegen jeden verhafteten Tibeter erfand man eine Anklage, um ihn hinter Gittern zu halten. Dann versuchten die Chinesen mit allen nur erdenklichen Mitteln, ihm ein Geständnis abzupressen. Sie verhörten seine Familie, seine Freunde und jeden, der auch nur den geringsten Kontakt zu ihm hatte. Wenn das nichts half, suchten sie jemanden, der bereit war, den Gefangenen als Reaktionär zu denunzieren. Manchmal erpreßten sie die Menschen, die ihm am nächsten standen.

In Norbukhungtse saß auch ein Häftling aus Penam namens Sumshi Wangyäl ein. Sumshi weigerte sich hartnäckig, seine Verbrechen zu gestehen. Der chinesische Offizier sagte ihm nicht, warum er verhaftet worden war, so daß Sumshi keine Ahnung hatte, was er bekennen sollte. »Ich habe nichts Unrechtes getan«, wiederholte er ständig. Dann erfuhr er eines Tages, seine Frau habe ein volles Geständnis abgelegt und ihn als reaktionären Banditen denunziert.

Die Chinesen hatten herausgefunden, daß Sumshi mit einer anderen Frau in Penam eine Affäre gehabt hatte. Sie verrieten es Sumshis Frau, und diese erklärte den Chinesen wutentbrannt, daß ihre Familie einigen Guerillas aus Kham Unterkunft gewährt habe. Sumshi wußte wahrscheinlich gar nicht, ob die Khampas Flüchtlinge oder Widerstandskämpfer waren. Jedenfalls hatten die Chinesen auf eine solche Information nur gewartet.

Zuerst war ich verblüfft, wie beharrlich die Behörden auf Geständnisse hinarbeiteten. Bald erkannte ich jedoch, daß es sich hierbei um ein wichtiges Element der Parteipolitik handelte. Ein Geständnis war gleichbedeutend mit dem Satz: »Die Partei hat recht, und ich habe unrecht.« Für die Partei kam es nicht darauf an, ob das Geständnis echt war. Für sie zählte nur, daß wieder ein Volksfeind beseitigt worden war.

Ich gab zu, beim Aufstand in Lhasa anwesend gewesen zu sein. Dieser Tatsache maß ich wenig Bedeutung bei. Wenn die Chinesen jeden verhaften wollten, der am Aufstand teilgenommen hatte, würden sie schließlich die gesamte Bevölkerung Lhasas einsperren müssen. Aber da sie mich nicht zwingen konnten, Gyen Rigzin Tenpa zu denunzieren, beschuldigten sie mich der Mitwirkung am März-Aufstand.

Eines Morgens mußten wir uns in Reih und Glied im Hof aufstellen. Mehrere neue chinesische Funktionäre waren eingetroffen. Einer der höheren Offiziere stellte sich auf ein kleines Podest und verkündete, die Untersuchungen seien abgeschlossen:

Das Militärgericht habe uns für schuldig befunden. Seit der Revolte in Lhasa unterstand ganz Tibet der Kontrolle des chinesischen Militärs und unterlag dessen Gerichtsbarkeit.

Mein Name wurde aufgerufen. Ich trat einen Schritt vor, und man drückte mir ein Blatt Papier in die Hand. Die Überschriften waren rot, der Text bestand aus fetten schwarzen chinesischen Schriftzeichen. Nur die Bezeichnung »Militärdivision Gyantse« war tibetisch, so daß ich das Dokument nicht lesen konnte. Kaum war die Versammlung beendet, stürzten wir alle mit unserem Stück Papier zu dem jungen Dolmetscher. Dieser musterte eines nach dem anderen und las dann die Anzahl der Jahre auf jedem Dokument vor. Als ich an der Reihe war, rief er: »Sieben Jahre.«

Das Urteil erschütterte mich nicht, denn ich hatte das merkwürdige Gefühl, daß meine schwierige Lage bald vorbei sein und man mich entlassen werde. Ich war nicht der einzige. Alle Gefangenen glaubten, sie würden frei sein, sobald der Dalai Lama nach Tibet zurückkehrte. Damals ahnte ich nicht, daß ich mehr als dreißig Jahre eingesperrt bleiben würde.

Wir waren von einem chinesischen Militärgericht verurteilt worden, eine Verhandlung hatte nie stattgefunden, und das dürftige Blatt Papier lieferte den einzigen Hinweis auf ein offizielles Verfahren. Alle Entscheidungen waren hinter verschlossenen Türen gefällt worden, und es gab keine Möglichkeit, Widerspruch einzulegen. Man hatte mich zu sieben Jahren Haft verurteilt und als Reaktionär eingestuft. Diese Klassifizierung würde noch drei weitere Jahre nach meiner Entlassung gültig sein, ebenso die Aberkennung meiner politischen Rechte.

Nach diesem Sieg der Partei endeten die offiziellen Verhöre, und wir wurden – wenigstens vorläufig – nicht mehr geschlagen. Aber man fragte uns weiterhin täglich, ob wir noch immer gegen den Sozialismus seien. Im Kommunismus, hörten wir, sei die Haft nicht nur eine Strafe, sondern auch eine Gelegenheit, uns durch Arbeit zu bessern. Die erste Aufgabe bestehe darin, anders denken zu lernen. Wir müßten alles, was wir vom alten Tibet wußten, vergessen und die neue sozialistische Gesellschaft lieben lernen. Unsere Arbeit solle zum Aufbau der neuen Gesellschaft beitragen.

Jeden Morgen stellten wir uns in Gruppen zum Appell auf, dann marschierten wir auf ein Feld, das in der Vergangenheit als Koppel genutzt worden war. Die Dörfler hatten erkannt, daß der Boden unfruchtbar war und nur als Weide verwendet werden konnte. Die Chinesen entschieden jedoch, daß er gepflügt und bebaut werden solle.

Im kalten Frühling des Jahres 1961 mußten wir zu sechst einen riesigen Metallpflug zu dieser Weide schleppen. Dann sollten wir uns überlegen, wie wir das Land umpflügen konnten. Wir banden Seile um die Achsen und zogen zu dritt auf beiden Seiten. Ein junger Soldat der Volksbefreiungsarmee stellte sich hinten auf den Pflug, um ihn zu beschweren, so daß die Pflugscharen in den Boden sanken.

Der Soldat hatte seinen Spaß. Er ritt auf dem Pflug wie auf einem Kampfwagen. Wenn wir seiner Meinung nach nicht kräftig genug zogen, ließ er eine Peitsche aus Elektrokabel über unsere Rücken sausen. Nur mittags durften wir eine Pause machen, jedoch nicht ohne sozialistische Erziehung. Ein Funktionär las aus dem *People's Daily* vor und sprach dann über andere sozialistische Länder und ihre Führer. Wir mußten die Namen unserer »Brudernationen« auswendig lernen: Albanien, Bulgarien, Tschechoslowakei, Polen, Rumänien, Jugoslawien. Auch die Sowjetunion stand damals noch auf dieser Liste. Außerdem mußten wir die Namen derjenigen Länder lernen, die als Feinde des Sozialismus galten. An deren Spitze standen natürlich die Vereinigten Staaten von Amerika und Großbritannien.

Desgleichen prägten wir uns die Namen der großen sozialistischen Führer ein: Marx, Engels, Lenin, Stalin und Mao. Ihre riesigen Porträts hingen gut sichtbar im Gefängnis. Stalin wurde besonders verehrt. Später, während der Kulturrevolution, hing Maos Bild am Ehrenplatz.

Wir arbeiteten fast fünf Monate auf demselben Feld und zogen Tag für Tag den Pflug durch den steinigen Boden. Wir haßten das Geräusch des Metalls, wenn es an den Steinen in der dünnen Krume entlangkratzte. Unser einziger Trost war das Essen, das uns unsere Familien schickten.

Unsere Verlegung nach Lhasa muß im Juli 1961 erfolgt sein. Eines Morgens wurde ich ohne Vorwarnung vom Feld gerufen und mußte zurück ins Gefängnis marschieren. Im Hof warteten bereits einige andere Häftlinge. Ich sollte mein Bettzeug zusammenpacken.

Als ich mit meinem Bündel im Hof erschien, waren die Gefangenen von vierzig oder fünfzig chinesischen Soldaten umringt. Fünf Armeelastwagen waren vor dem Kloster vorgefahren. Unsere Decken wurden auf einen der Wagen gestapelt. Die Soldaten fesselten uns mit einem dicken Seil die Hände auf den Rücken. Ich wußte nicht, ob ich beim Anblick der Häftlinge, die, ohne die Hände benutzen zu können, auf die Lastwagen klettern mußten, lachen oder weinen sollte. Einige strauchelten und kicherten.

Doch die Soldaten verloren die Geduld. Jeweils zwei packten einen Gefangenen bei den Schultern und wuchteten ihn auf die Ladefläche. Auch ich landete auf diese Weise auf dem Lastwagen. Dreißig von uns drängten sich im Laderaum. Wir machten es uns so bequem wie möglich, indem wir das Körpergewicht von einer Seite auf die andere verlagerten.

Vier junge, nervös wirkende Soldaten saßen am hinteren Ende und hantierten mit ihren Gewehren. Über uns, auf dem Dach, befanden sich weitere Soldaten, und zwischen uns, auf einer erhöhten Plattform, fuhren noch mehr mit. An beiden Seiten der Windschutzscheibe hatten sie zwei riesengroße rote Fahnen befestigt. Zusätzliche rote Flaggen flatterten auf dem Dach des Lastwagens. Sobald wir die Straße erreicht hatten, fuhren wir schneller. Die Soldaten begannen, Trommeln und Becken zu schlagen, und befahlen uns zu singen. Wir durften allerdings nur ein einziges Lied singen: »Der Sozialismus ist gut.« Es war eine Art Hymne mit nicht gerade mitreißendem Text:

»Der Sozialismus ist gut. / Der Sozialismus ist gut. / In einer sozialistischen Gesellschaft werden die Menschen geachtet. / Rottet die Reaktionäre aus. / Die Imperialisten ergreifen die Flucht – / Wie Hunde mit eingekniffenem Schwanz. / Volk Chinas, vereinige dich. / Laß den Sozialismus erstehen wie eine mächtige Welle.«

Wir mußten mit großer Begeisterung singen, damit wir nicht in den Verdacht gerieten, Feinde des Sozialismus zu sein. Folglich schmetterten wir das Lied aus voller Lunge. Später wurde es aus anderen Gründen berühmt. Ein tibetischer Gefangener hatte seine Familie nicht über seine Verhaftung informieren können. Da sah er einen Mann namens Dhargyal aus seinem Dorf auf dem Feld arbeiten und unterlegte dem Lied einen neuen Text:

»Bruder Dhargyal la / Bruder Dhargyal la / Kannst du eine Nachricht nach Lhobdrak bringen? / Sag meinen Verwandten, ich hätte Essen und Kleidung. / Sie sollen sich um die Kinder kümmern. / Sie brauchen sich keine Sorgen zu machen. / Sag ihnen, man habe mich nach Lhasa gebracht, nach Lhasa.«

Da die chinesischen Bewacher nur die Melodie kannten, bemerkten sie nicht, daß der Text etwas unorthodox war.

Der Lastwagen raste mit flatternden roten Fahnen weiter, der Motorenlärm wurde vom Klang der Trommeln und Becken übertönt. Landarbeiter winkten uns zu; vielleicht hielten sie uns für eine Theatertruppe. Sie konnten nicht wissen, daß die Lastwagen voll von Gefangenen waren.

Zwei Tage später erreichten wir Taglung Drag, ein Dorf außerhalb Lhasas, das die Chinesen zu einem riesigen Militärlager umfunktioniert hatten. Wir erhielten unsere ersten Uniformen, alte Armeekleidung, aus der man die Taschen gerissen hatte und deren Khakiton man mit dunkelblauer Farbe besprüht hatte.

Von Taglung Drag brachte man uns nach Drapchi, einer ehemaligen tibetischen Garnison am Stadtrand von Lhasa. In jener Nacht wurden wir in einen Saal gesperrt und schliefen, wo wir gerade Platz fanden. Wir hatten den ganzen Tag nichts zu essen bekommen und waren von der Reise auf den Lastwagen erschöpft.

Am folgenden Morgen öffnete ein gewichtiger Mann die Tür und befahl zwei Häftlingen, Tee aus der Küche zu holen. Ich hatte einen Beutel Tsampa dabei, den mir meine Familie geschickt hatte, und mischte das Gerstenmehl mit dem schwarzen Tee. Bald war die Atmosphäre im Saal entspannter, und alle unterhielten sich. Die Tür stand offen, so daß wir nach Lust und Laune umherwandern konnten. Zuerst zögerten wir, den Raum zu verlassen, doch dann begannen wir, unser neues Gefängnis zu inspizieren.

Es war zum Bersten voll. Die Chinesen hatten den Rest der tibetischen Armee, der ihnen in die Hände gefallen war, hier untergebracht. An ihren kahlgeschorenen Köpfen konnte man zudem viele hundert Mönche erkennen. Wir schätzten die Zahl der Gefangenen in Drapchi auf mehr als sechstausend.

Einige Tage lang ließ man uns in Ruhe – keine Verhöre, Versammlungen oder Zwangsarbeit. Wir atmeten auf. Ich traf viele ehemalige Mönche aus Drepung, und in der Sonne sitzend tauschten wir unsere Erlebnisse aus. Eines Abends, als ich in unser Behelfsquartier zurückkehrte, berichteten mir meine Mitgefangenen, ich hätte eine Versammlung versäumt. Ein Funktionär habe alle Namen und persönlichen Daten aufgenommen. Am folgenden Morgen wurden diese Namen aufgerufen, und man setzte meine Gefährten über ihre Verlegung in Kenntnis. Ich stand nicht auf der Liste.

Die Betroffenen wurden auf verschiedene Gefängnisse in Tibet und China verteilt. Meine Gefährten aus Norbukhungste kamen nach Kongpo, ein einsames Gefängnis im dichten Dschungel Südtibets. Kongpo sollte sich als Todeslager erweisen, in dem viele vor Hunger und Krankheit umkamen.

Mich hatte allein die Tatsache, daß ich den Appell versäumt hatte, vor Kongpo gerettet. Ich wurde einem Arbeitstrupp zugeteilt, der im Lhasa-Tal von einem Bauplatz der chinesischen Armee zum anderen zog.

Wir kampierten in Zelten auf dem freien Feld. Wir hatten nur einige Habseligkeiten und unser Bettzeug bei uns, denn die Chinesen gaben damals noch keine Decken an die Gefangenen aus. Die Zelte waren von dichtem Stacheldrahtgewirr umgeben, durch das man noch nicht einmal die Hand hindurchstrecken konnte. Eine bewegliche Drahtrolle diente als Tor, an dem zwei Soldaten Tag und Nacht Dienst taten. Weitere Wachen umkreisten das Lager mit geschultertem Gewehr. Jeden Morgen mußten wir zu einer Baustelle marschieren. Die Chinesen beeilten sich, in Tibet Straßen und Häuser zu bauen.

Ich weiß nicht, ob die schlechte Verpflegung sowie das Fehlen der lebenswichtigsten Dinge ein Teil unserer Strafe sein sollten oder ob die Chinesen auf die unzähligen Gefangenen einfach nicht vorbereitet gewesen waren. Zum Beispiel mußten wir mühsam Eßgeschirr auftreiben. Die meisten von uns waren überraschend verhaftet worden und hatten keine Zeit gehabt, sich Gedanken um Löffel, Becher und Eßschale zu machen. Ohne Behälter gab es keine Verpflegung. Einige Gefangene hatten zwar ihre Holzschalen mitgebracht, doch diese wurden bald rissig und unbrauchbar. Tibetischer Buttertee hatte die Holzschalen gefettet und zum Glänzen gebracht, aber die heiße Gefängnisbrühe nahm den Schalen ihren Glanz und entzog ihnen das Fett, so daß sie zerbrachen.

Bald wurde die Ernährung zu einem ernsten Problem. Meine Familie konnte mich nicht länger mit Lebensmitteln versorgen, denn sie wußte nicht, wo ich war. Wie wir alle konnte ich nicht aufhören, ans Essen zu denken. Morgens erhielten wir schwarzen Tee, abends eine dünne Suppe mit Kohlstückchen. Etwas anderes gab es nie. Abends teilte man uns außerdem hundertzehn Gramm geröstetes Gerstenmehl für den folgenden Tag zu. Viele Gefangene konnten nicht warten und schlangen ihr Tsampa sofort hinunter. Die Folge war, daß sie am nächsten Tag kein Mittagessen hatten.

Am Abend kehrten wir ins Lager zurück, wo jeder eine Kelle voll Suppe erhielt. Wer eine große Schale hatte, bekam den Inhalt einer ganzen Kelle, wer nur eine kleine hatte, mußte sich mit einer halben Kelle begnügen. Nachschlag gab es nicht. Alles hing von der Größe des Behälters ab.

Infolgedessen war das Eßgeschirr das kostbarste Gut im Gefängnis. Einigen Häftlingen war es gelungen, alte Armee-Konservendosen der Chinesen zu ergattern. Leider rosteten sie sehr schnell durch; schon nach einem Monat hatten sie Löcher und waren nicht mehr zu gebrauchen. Dann versuchte man, die Dose zu retten, indem man eine kleinere daraus zurechthämmerte. Die gefragtesten Behälter waren innen gelb; sie waren nämlich beschichtet und somit rostfrei.

Wir lernten bald, die gelben Dosen nicht zu häufig zu waschen oder mit scharfen Gegenständen zu reinigen. War der Belag erst einmal ab, rostete das Blech durch. Diese Dosen hatten einst Schweinefleisch enthalten, und manchmal hingen noch winzige Fasern in den Nähten. Das waren ganz besondere Leckerbissen.

Ich stieß in der Nähe einer Kaserne auf eine dieser Dosen. Da sie so kostbar war, machte ich sogar ein Futteral aus Wollstoff, damit ich sie jederzeit bei mir hatte. Ein solches Gefäß ließ sich gegen Korallen, Türkise oder einen Goldring eintauschen, denn Edelsteine hatten für Menschen, für die es um das reine Überleben ging, ihren Wert verloren.

Die Lebensmittelknappheit wurde bald kritisch. Die Gerstenmehlration reichte zur Ernährung nicht aus. Ich konnte mich kaum auf den Beinen halten – das ist der Anfang des Verhungerns. Eines Morgens entdeckten wir, daß zwei Gefangene über Nacht gestorben waren. Bald fragten wir uns jeden Abend, wer von uns den nächsten Tag erleben werde.

Im Kloster hatte ich Selbstzucht gelernt. Ich teilte meine Tsampa-Ration in winzige Portionen und aß in regelmäßigen Abständen einen Bissen. Wir kochten das Leder unserer Schuhe zu einem dicken Brei. Die Häftlinge aßen alles, was sie fanden, manchmal sogar Gras, was zu schmerzhaften Blähungen führte.

Diese Entbehrungen dauerten länger als ein Jahr. Später behaupteten die Chinesen, die UdSSR, einst ein enger sozialistischer Verbündeter, habe ihre Hilfe für China gestrichen und die Rückzahlung sämtlicher Kredite in Form von Getreide verlangt, weshalb ganz China von einer schweren Hungersnot heimgesucht worden sei. Die Funktionäre gaben nie zu, daß der Getreidemangel auf das Versagen ihrer Agrarpolitik zurückzuführen war.

Gegen Ende 1962 wurden wir alle wieder nach Drapchi gebracht. Auf Massenversammlungen sollten wir von unseren Erfahrungen berichten. Häftlinge aus ganz Tibet waren nach Lhasa transportiert worden. Wir stellten fest, daß viele der 1960 Verhafteten mittlerweile gestorben waren. Unsere Namen wurden jedoch noch nach den alten Listen verlesen. Wenn niemand antwortete, schrien die Gefangenen: »Verhungert!«

Die chinesische Führung wußte, daß etwas im argen lag, konnte es jedoch nicht eingestehen. Man verbot uns, den Hungertod zu erwähnen. Wie konnte jemand in der sozialistischen Gesellschaft verhungern? Die Situation war für die Chinesen überaus peinlich. Der Appell ging weiter. Auf die Namen der Toten folgte ein langes Schweigen. Der Offizier wartete vergeblich auf eine Antwort, bis jemand rief: » *U chi log la don pa re* « (»Der Atem hat ihn verlassen«). Mit dieser Antwort schienen die Chinesen zufrieden zu sein, da sie nicht auf eine Schuld der neuen sozialistischen Gesellschaft hindeutete. Folglich schrien wir nach dem Namen jedes Verstorbenen: »Der Atem hat ihn verlassen.«

Danach bildete man kleine Gruppen, und ein chinesischer Offizier befragte uns mit Hilfe eines tibetischen Dolmetschers. Unsere Schilderungen schienen ihn aufrichtig zu bewegen, und er versicherte, man werde uns alle in unsere Heimatgefängnisse zurückverlegen. In meinem Fall war das Norbukhungste. Die Chinesen hatten für alles, was sie taten, einen guten Grund. Bald zeigte sich, daß man die tibetischen Häftlinge in kleine Gruppen unterteilt hatte, um einem Aufstand vorzubeugen. Indien und China standen kurz vor einem Krieg, und den Chinesen war klar, daß Hunderttausende von tibetischen Gefangenen eine ernsthafte Bedrohung für die innere Sicherheit darstellten. Was wie Mitgefühl aussah, war in Wahrheit also nur eine Methode, uns ruhig zu halten.

Wenige Monate bevor ich nach Norbukhungste zurückgeschickt wurde, drehten sich die Versammlungen um ein neues Thema: die Anprangerung des »expansionistischen« Indien und seines Führers Nehru, den die Chinesen als »Lakaien der Imperialisten« bezeichneten. Je wüster die chinesischen Beschimpfungen wurden, desto mehr Hoffnung schöpften wir, daß Tibet bald befreit werden würde. Wir hatten keine Ahnung, was außerhalb der Gefängnismauern vorging, doch die Heftigkeit der chinesischen Verunglimpfungen überzeugte uns, daß es dem Dalai Lama gelungen sein mußte, internationale Unterstützung zu gewinnen. Wir beteten um unsere baldige Befreiung. Jeder im Gefängnis flüsterte: »Bald ist es soweit.«

Irgendwann im November wurde eine Gruppe von uns auf die Ladefläche eines Lastwagens gestoßen und nach Norbukhungste überführt. Die chinesischen Funktionäre waren über die Ereignisse sichtlich besorgt. Wir mußten lachen, wenn sie sich über Indien erbosten, welches das chinesische Territorium »auffresse«. Ein mutiger Häftling entgegnete sogar: »Aber genau das habt ihr mit Tibet gemacht.« Die Chinesen reagierten überraschend tolerant auf solche Bemerkungen. Immer wenn von außen Gefahr drohte, wurden die Vorschriften im Gefängnis gelockert. Wir erhielten wieder Nachricht von unseren Familien. Ich erfuhr, daß man der meinen übel mitgespielt und all unser Land konfisziert hatte.

Die Chinesen begannen sogar, täglich fünf bis zehn Häftlinge zu entlassen. Die Aussicht auf baldige Freilassung verlieh uns frische Kräfte. Freudig verabschiedeten wir uns von den Glückspilzen, die zu ihren Familien zurückkehren durften. Sie sprachen uns Mut zu: Bald würden auch wir an der Reihe sein. Von Oktober bis Dezember 1962 waren wir alle von Optimismus erfüllt. Die Freiheit schien in greifbare Nähe gerückt zu sein.

Für mich bestand kein Grund, an meiner Entlassung zu zweifeln. Ich hatte die Absicht, ins Kloster Gabadong zurückzukehren, wo noch einige Mönche wohnen sollten. Jeden Tag stellte ich mir vor, wie ich den Häftlingen auf Wiedersehen sagte, aus dem Tor marschierte und auf den Lastwagen kletterte, um die Reise nach Hause anzutreten. An einem kalten Dezembermorgen erhielten fünf von den zwanzig Häftlingen in unserer Zelle den Befehl, das Bettzeug zusammenzupacken. Ich war einer von ihnen.

Ich schnürte meine Habseligkeiten zu einem Bündel. Alle waren frohgestimmt, lachten und plauderten. Im Hof warteten bereits meine vier Gefährten. Wir rechneten fest damit, uns nach der Erledigung der Formalitäten auf den Heimweg machen zu dürfen. Doch nichts geschah.

Am Mittag fuhren zwei Armeejeeps in den Hof. An den blauen Wollanzügen der Insassen erkannten wir, daß es sich um hochrangige Funktionäre handelte. Die Gefängnisbeamten eilten ihnen entgegen. Lachend begrüßten sie einander mit Handschlag. Wir warteten noch immer.

Am Nachmittag befahl uns der tibetische Dolmetscher, in unsere Zelle zurückzukehren. Man werde uns am Abend entlassen. Langsam wurden wir unruhig. Ein Aufseher kam, um die Zelle abzuschließen. Von ihm erfuhren wir, daß man unsere Entlassung verschoben habe.

Am nächsten Morgen gab man uns eine Zeitung mit der Schlagzeile: »Sieg für China!« Mehr brauchten wir nicht zu wissen. Meine Hoffnung auf Freiheit erstarb. Ich dachte an das, was vor uns lag: die kargen Rationen, die harte Arbeit, die Schläge. Doch ich durfte meine Wut nicht zeigen, ich war hilflos.

Man rief die Häftlinge zu einer Versammlung in den Hof. Die Chinesen waren in Hochstimmung und stolzierten forsch umher. Ein Offizier hielt eine Siegesansprache, in der er die Macht Chinas und die Großmut der Volksbefreiungsarmee rühmte, die einen Waffenstillstand ausgerufen habe. Dann beschimpfte er den Dalai Lama.

Der plötzliche Umschwung in der chinesischen Haltung zu Tibets religiösem und politischem Oberhaupt war unverkennbar. In der Vergangenheit hatten sich die Kommunisten gehütet, den Dalai Lama anzugreifen. Doch fortan wurde er offen als Reaktionär gebrandmarkt. Es hieß, die Inder würden ihn früher oder später nach Tibet zurückschicken. Ein Offizier sagte: »Eure Hoffnung, Tibet vom Vaterland zu trennen, ist für immer gescheitert.«

Nun war mir klar, daß man mich nicht entlassen würde, und ich begann, mir Gedanken über eine Flucht zu machen. Nach vorsichtigen Sondierungen gelang es mir, sechs Gefangene zu finden, die einen Ausbruch riskieren wollten. Ein achtundsechzigjähriger Mann namens Gyalpo und sein Sohn Wangyäl wollten lieber umkommen, als im Gefängnis zu bleiben. Ich sprach auch einen Mönch aus Gabadong an; er hieß Loden Kalsang. Zwar kannte ich ihn nicht sehr gut, da wir jedoch aus demselben Kloster stammten, hielt ich ihn für vertrauenswürdig. Ein junger Mann namens Dhargyas wollte ebenfalls mit uns fliehen; er war mit den Bergen und der Hochebene vertraut, was unbezahlbar sein konnte. Seine Familie war bereits nach Indien geflüchtet, und er wollte zu ihr stoßen.

Mir fiel die Aufgabe zu, die Flucht vorzubereiten. Während der Arbeitszeit war an ein Entkommen nicht zu denken. Damit kam nur die Nacht in Frage. Ich kannte die Baulichkeiten von Norbukhungste sehr gut und glaubte, einen Weg aus dem Gefängnis entdeckt zu haben. Unsere Zelle war früher eine Küche mit einer Tür in der hinteren Wand, durch die man Holz und Yakdung ins Kloster brachte. Kurz nach meiner Ankunft hatte man mir befohlen, die Öffnung zuzumauern. Ich wußte, daß es ein leichtes sein würde, die Lehmziegel zu entfernen.

Als die Wache uns eines Morgens zur Arbeit abholte, stellte ich mich krank. Zu meinem Glück erhob der Soldat keinen Einwand, sondern ließ mich allein zurück und schloß die Tür ab. Ich begann, die weichen Lehmziegel an der Rückwand der Zelle mit einem Stock zu bearbeiten. Der Lehm zerbröckelte, und nach kurzer Zeit bewegten sich die Ziegel. Ganz hinausdrücken konnte ich sie nicht, denn der Lärm hätte die Wachposten alarmiert. Doch ich kratzte eine ausreichend tiefe Rille um alle Ziegel herum, so daß ich mühelos einen nach dem anderen herausheben konnte. Wir mußten in derselben Nacht fliehen, bevor man meine Aushöhlungsarbeiten entdeckte. Nach der Rückkehr meiner Gefährten informierte ich den alten Mann über mein Vorhaben und bat ihn, die anderen einzuweihen.

Gegen Mitternacht kroch ich zur hinteren Zellenwand und entfernte die Ziegel. Als ich einen Stern durch das Loch scheinen sah, wußte ich, daß es groß genug sein würde. Nach mir zwängte sich der alte Mann hindurch, gefolgt von seinem Sohn und den restlichen Gefangenen. Ich riet ihnen, sich an die Wand zu drücken. Wachen schritten hin und her, aber die Mauer war zu hoch, als daß sie uns in der Dunkelheit hätten bemerken können. Wir liefen den Hügel hinab.

Als wir uns dem Dorf näherten, kläfften die Hunde. Ich hatte Angst, der Lärm könnte die Posten alarmieren, und stellte mir vor, wie ihre Scheinwerfer uns erfaßten. Die ganze Nacht hindurch marschierten wir im hellen Mondschein in Richtung Berge. Bei Sonnenaufgang hatten wir den Kamm einer Hügelkette erreicht. Das Tal lag in orangefarbenem Morgenglühen zu unseren Füßen. Wir ließen uns in einer kleinen Höhle nieder und schliefen rasch ein.

Dhargyas weckte mich. Er führte mich zum Ausgang und deutete auf eine Gruppe chinesischer Soldaten, die sich uns zu Pferde näherten. Ein Blick ins Tal zeigte, daß aus allen Richtungen Soldaten auf das Dorf zueilten. Sie waren uns auf der Spur. Wir beschlossen, höher in die Berge zu steigen und die bhutanische Grenze anzusteuern, die etwa fünf Tagesmärsche entfernt war.

Mitten im Winter waren die Pässe schneebedeckt. Unsere Fußabdrücke würden uns unseren chinesischen Verfolgern verraten. Wir mußten also nachts marschieren und tagsüber ausruhen. Außerdem sank die Temperatur unter Null, sobald die Sonne unterging. Unsere dünne Kleidung hätte uns nicht vor dem Erfrieren bewahrt, doch beim Gehen ließ sich die Kälte ertragen, und das Mondlicht reichte zur Orientierung. Die Tage waren warm, und das Gleißen des Schnees ließ uns blinzeln. Zu essen hatten wir nur Tsampa, das wir mit etwas Wasser vermischten. Davon ernährten wir uns.

Vier Nächte lang marschierten wir durch die Berge. Ein Suchtrupp war uns auf den Fersen. Dhargyas, unser Führer, kannte die Berge wie seine Westentasche. Am fünften Tag stiegen wir einen hohen Paß hinunter in das Tal Gamba Chantang. Dhargyas meinte, wir müßten nur noch einen niedrigen Paß überwinden, dann seien wir in Sicherheit. Doch als wir hinüber nach Bhutan schauten, näherte sich uns von Osten her ein berittener Trupp durch den Schnee, und gleichzeitig ertönten hinter uns Gewehrschüsse.

Meine Gefährten gaben Fersengeld. Ich sprang hinter eine niedrige Steinmauer, die von Nomaden für das Vieh errichtet worden war. Eine Kugel traf den Stein neben mir, und das pfeifende Geräusch des Aufpralls war ohrenbetäubend. Ich preßte mich so dicht wie möglich an die Mauer, hielt den Atem an und lauschte den Schüssen und den Schritten der Soldaten, die durch den Schnee auf mich zurannten. Dann landete ein Gewehrkolben auf meinem Kopf und Rücken. Ich konnte nichts mehr hören, nur tief in meinem Kopf hallte es. Noch bevor ich das Gleichgewicht wiedergewonnen hatte, banden mir zwei junge Soldaten die Hände auf den Rücken und zerrten mich an den Schultern hoch. Meine Gefährten waren ebenfalls gefangen worden. Ich sah, wie drei Soldaten den alten Mann verprügelten. Andere hieben auf seinen Sohn ein.

Man brachte uns in das Dorf Wangden Bartso. Die Bewohner standen rechts und links des schmalen Weges. Mit erhobenen Fäusten schrien sie: »Nieder mit den Reaktionären!« Man führte uns an den Dörflern vorbei, und einer brüllte: »Reaktionäre müssen bestraft werden!« Die Dorfbewohner hatten natürlich Angst vor den Chinesen. Sie wußten sehr wohl, daß man sie beschuldigen würde, uns auf der Flucht geholfen zu haben, wenn sie uns nicht beschimpften. Ich versuchte, nicht an das zu denken, was auf uns zukam.

Wir wurden in einen Kuhstall gesperrt. Mitten in der Nacht

näherten sich leise Schritte. Sie hielten inne, dann entfernten sie sich wieder. Im Morgengrauen fanden wir Speisen, die uns ein Unbekannter gebracht hatte. Wir verschlangen sie wie die Tiere.

Kein Ausweg weit und breit

W ir kamen bei Sonnenuntergang in Norbukhungste an. In der Abendsonne wirkte das Gefängnis sehr friedlich. Das Haupttor quietschte, als die Wachen es aufschoben. Dieses Geräusch verriet den anderen Gefangenen unsere Rückkehr. Man rief die Häftlinge im Hof zusammen, während die Bewacher die Übergabeformalitäten abwickelten. Aufseher marschierten hin und her, sonst herrschte Stille. Ein Wachsoldat befahl uns, den Kopf zu senken. Dann brüllten die Häftlinge: »Nieder mit den Reaktionären! Nieder mit den Reaktionären!« Der Sprechchor war uns bekannt, doch was dann folgte, war neu. »*Log chod-pa tsamed tong*«, die Gefangenen verlangten die Exekution von Reaktionären.

Der Lärm verebbte, und ein Häftling namens Yamphel trat einige Schritte auf uns zu. Er war ein guter Mensch, hoch geachtet bei den Gefangenen, doch man hatte ihn wohl angewiesen, ein *thamzing* (Kampfversammlung) durchzuführen. Er erhob die übliche Beschuldigung, daß Reaktionäre die »Freundlichkeit der Partei« mißbrauchten; dabei zitterte er und versprach sich.

Danach trat einer der wenigen Häftlinge vor, die einen Bart trugen. Auch er hielt eine zündende Rede gegen die Reaktionäre. Er hob die Faust, beugte sich zu uns und sagte: »Eure Zeit auf Erden ist abgelaufen.« Ich war erschüttert, denn die Chinesen konnten nun behaupten, Mitgefangene hätten unsere Hinrichtung verlangt.

In jener Nacht mußten wir im Freien schlafen, ohne uns mit Bettzeug oder Decken vor der extremen Kälte schützen zu können. Mein ganzer Körper tat mir weh. Der scharfe kalte Stahl der Handschellen und Fesseln schnitt tief in die Handgelenke und Knöchel. Ich versuchte, Ärmel und Hosenbeine zwischen Stahl und Haut zu schieben, aber sie rutschten sofort wieder heraus. Ich war zu erschöpft, um gegen Hunger und Kälte anzukämpfen, und irgendwann fiel ich in Schlaf. Warme Sonnenstrahlen auf dem Gesicht weckten mich.

Am folgenden Tag verlegte man uns nach Gyantse, wo sich eines der größten Gefängnisse des Tsang-Gebiets befand. Schweigend mußten wir zu siebt, von Soldaten begleitet, die Tagesreise auf zwei Karren zurücklegen. In Gyantse war es dunkel: Aufseher kamen mit Taschenlampen und stießen uns in eine Zelle. Ich erklärte meinen Kameraden, unser Fluchtversuch sei zwar nicht zu leugnen, aber wir dürften uns nicht gegenseitig die Schuld in die Schuhe schieben oder dritte in die Sache hineinziehen.

In Gyantse war ich Augenzeuge der chinesischen Invasion Tibets geworden, und nun war ich als Gefangener der Invasoren dorthin zurückgekehrt. Doch ich hatte auch Erinnerungen an diese Stadt, die mir teuer waren: Hier hatte ich den Dalai Lama zum erstenmal gesehen. Das Gefängnis war einst ein Staatsgut gewesen, aus den traditionellen Lehmziegeln erbaut. Die Chinesen hatten nur geringfügige Veränderungen vorgenommen, um es in ein Gefängnis für über zweitausend Gefangene zu verwandeln. Die meisten waren Angehörige der ehemaligen tibetischen Armee.

Am Tag nach unserer Ankunft trennte man mich von meinen sechs Gefährten. Ich sah sie nur noch bei Versammlungen im Gefängnishof. Ich wurde in der *tsuk* (Zelle) Nummer eins untergebracht, in der bereits elf Gefangene hausten. Sie hießen mich wie einen Gast willkommen. Die Zelle war sauber, und ich vermutete, daß die Häftlinge ihr Gefängnis mit eigenen Händen hatten umbauen müssen, was die Kommunisten als »Beitrag zum sozialistischen Aufbau« bezeichneten.

Erhöhte Plattformen auf beiden Seiten der rechteckigen Zelle waren mit dünnen Strohmatten bedeckt, die als Lager dienten. Ich erinnere mich an den Geruch von frischem Lehm. Zwei Zettel waren an die Tür geheftet, einer in chinesischer, der andere in tibetischer Sprache. Darauf standen die Gefängnisvorschriften. Regel eins: Den Wachen muß stets Gehorsam geleistet werden. Regel zwei: Den Häftlingen ist untersagt, Gerüchte zu verbreiten oder den Sozialismus zu kritisieren. Regel drei: Die Häftlinge dürfen keine Verbindung zu Verwandten oder Freunden außerhalb des Gefängnisses aufnehmen. Regel vier: Stöcke, Steine oder Seile dürfen nicht mit in die Zelle genommen werden. Und so weiter.

Zwei enge Öffnungen hoch oben in der Wand dienten als Fenster. Der Schlafplatz auf einer der Plattformen galt als Privatsphäre der Häftlinge. Eine ungeschriebene Regel besagte, daß kein anderer Zelleninsasse dort eindringen durfte. Später ging die Verwaltung dazu über, uns in regelmäßigen Abständen von einer Zelle in die andere zu verlegen, und wir hatten gar keine Zuflucht mehr. In der Ecke standen zwei riesige Toilettenkübel, deren Gestank im Sommer den Geruch von frischem Lehm überlagerte. Jeden Morgen mußten zwei von uns die Kübel leeren. Tagsüber verließen wir die Zelle, um zu arbeiten, nachts wurde die Tür hinter uns abgesperrt.

Am zweiten Tag in Gyantse begannen die Verhöre. Diesmal dauerten sie einen Monat. Man führte mich in einen Raum, in dem mehrere chinesische Funktionäre warteten. Sie trugen die dunklen Uniformen der Justizbehörde. Der Name des ranghöchsten Funktionärs lautete Fang Yuan; er war hochgewachsen und hatte vom Nikotin gelbe Zähne. Er befragte mich sechs Tage lang mit Hilfe eines Dolmetschers; dabei hatte er stets eine Zigarette zwischen den Lippen. Drei Tage lang ging es um meine Vergangenheit, und wieder einmal erzählte ich meine Lebensgeschichte von meinem achten Geburtstag an.

Am vierten Tag kam Fang auf den eigentlichen Grund des Verhörs zu sprechen.

»Warum bist du geflohen?« fragte er plötzlich. Nun würde ich endlich einmal meine Meinung sagen können. Darauf wartete ich seit zwei Jahren. Ich erwiderte, meine Motive lägen doch wohl auf der Hand. 1960 habe man mich während der Verhöre geschlagen; in Talung Drag seien viele Häftlinge verhungert, und die Überlebenden hätten Qualen leiden und stets des Todes gewärtig sein müssen.

Die chinesischen Funktionäre ließen mich etwa eine Stunde lang ohne Unterbrechung reden. Nur als ich auf die Lebensmittelknappheit zu sprechen kam, erhob sich Fang Yuan von seinem Stuhl und sagte auf seine langsame, pedantische Art, der Mangel sei die Schuld der Sowjets gewesen; China habe hohe Schulden bei der Sowjetunion gehabt, und diese habe die Kredite in Form von Getreidezahlungen zurückgefordert. Dann setzte er sich wieder hin, und ich durfte fortfahren. Ich schilderte meine Enttäuschung darüber, daß ich im Dezember 1962 nicht mit den anderen entlassen worden war.

Häufig wurde ich in jenen Wochen unvermittelt aus meiner Zelle geholt. Fang Yuan ging sehr behutsam vor und verlor nie die Geduld. Doch je länger das Verhör dauerte, desto schwieriger wurde es, die Fragen zu beantworten. Man wollte wissen, wohin ich hatte flüchten wollen und mit wem ich mich getroffen hätte, wenn ich nicht an der Grenze zu Bhutan gefangen worden wäre. Die Fragen waren rein hypothetisch. Also wiederholte ich stets, meine einzige Absicht sei gewesen, am selben Ort wie der Dalai Lama zu leben. Und dann endeten die Verhöre so abrupt, wie sie begonnen hatten.

Zu arbeiten brauchte ich nicht. Mit meinen Hand- und Fußfesseln hätte ich ohnehin nicht viel tun können. Die Chinesen benutzten verschiedene Arten von Handschellen. Einige waren aus schweren Eisenteilen hergestellt, die mit einer sehr kurzen

Kette verbunden waren. Andere waren leichter, mit einer längeren Kette und gezackten Armreifen. Manchmal drückte ein Aufseher beim Verhör fest auf die Handschellen, und die scharfen Metallränder schnitten ins Fleisch.

Es gab auch zwei verschiedene Fußfesseln. Die einen hatten eine Metallstange zwischen den Knöchelringen, so daß es fast unmöglich war, sich fortzubewegen. Gefangene mit diesen Fesseln hüpften unter großen Schmerzen umher; das Eisen schnitt ihnen bis in den Knochen. Im Sommer wurde die Haut unter den Eisenreifen wund, im Winter verursachte der Frost Risse in der Haut.

Meine Fußeisen waren mit einer zweigliedrigen Kette verbunden, so daß ich mich nur schlurfend vorwärtsbewegen konnte. Meine Mitgefangenen wechselten sich darin ab, mir zu helfen. Sie fütterten mich, wuschen mich und führten mich zum Kübel. Ich denke noch heute an sie und würde ihnen gern meinen Dank abstatten. Viele sind noch immer in Tibet, nur einigen wenigen ist die Flucht nach Indien gelungen. Ich erinnere mich, wie meine Gefährten eine Handvoll Tsampa zu einer Teigkugel formten und vor meinen Mund aufs Bett legten, so daß ich kleine Stücke abbeißen konnte. Die Güte meiner Kameraden machte mein hartes Leben erträglicher.

Die chinesischen Funktionäre überlegten genau, welche Fessel sie welchem Gefangenen anlegen ließen. Alles, was sie taten, hatte irgendeine Beziehung zu den sozialistischen Idealen. Unsere Haft, die Bestrafungen und gelegentlichen Belohnungen, die wir erhielten, demonstrierten die Macht der Kommunistischen Partei. Jede Rede und jedes Verhör begannen mit einem Lobgesang auf sie. Die Kommunisten wollten durch den Freiheitsentzug die Kontrolle über unsere Gedanken erringen: In jeder Versammlung wurden die Häftlinge aufgefordert, ihre Einstellung und Überzeugung zu ändern; wir müßten lernen, die Partei aus ganzem Herzen zu lieben. Doch mit Handschellen konnte man meinen Geist nicht unter Kontrolle bringen. Meine Religion schenkte mir Seelenfrieden. Die Einschränkungen betrafen nur meinen Körper, und ich hatte nach wie vor die Macht, meine Gedanken frei schweifen zu lassen.

Eines Tages trat Yeshi Wangyäl, unser Zellenführer, auf mich zu. Alle nannten ihn *gyantse pala* (Vater), denn er gab sich wie ein alter Mann, obwohl er erst Ende Vierzig war. Er nahm seine Pflichten ernst, warnte stets davor, sich mit den Behörden anzulegen, und ermahnte uns aufzupassen, daß niemand Zeuge unserer Gespräche wurde. Yeshi kam von einem Treffen der Zellenführer, in dem bekanntgegeben worden war, daß sich alle am Fluchtversuch Beteiligten einem Thamzing unterziehen müßten.

Ich hatte bereits einige »Kampfversammlungen« miterlebt. Auch meine Familie hatte wegen ihrer Klassenzugehörigkeit ein Thamzing erdulden müssen. Die Partei behauptete, diese Veranstaltungen ermöglichten dem Volk, seiner Wut über die Grundbesitzer und andere Vertreter der Ausbeuterklasse Luft zu machen.

Ein Thamzing begann stets mit verbalen Beschuldigungen und endete mit Gewalttätigkeiten. Die chinesischen Funktionäre schauten aus einiger Entfernung zu, als handele es sich um eine Straßenschlägerei. Sie griffen selten ein, denn die Brutalität der Thamzings war Ausdruck des »Zorns der Leibeigenen«. Diese Methode enthob die Partei und ihre Funktionäre jeglicher Verantwortung. Wenn jemand verletzt wurde, so lag das an der Wut des Volkes, nicht an der Partei.

Ob Dorfbewohner, Häftlinge oder Arbeitsbrigaden – alle wurden von den chinesischen Kadern überwacht, und jeder, der nicht mit dem erforderlichen Eifer am Thamzing teilnahm, mußte am selben Abend oder am folgenden Tag mit dem Besuch eines Parteifunktionärs rechnen. Mit betrübter Miene erklärte dieser dann, man habe bemerkt, daß der Betreffende kein *nam gyur yag po* (kein angenehmes Gesicht) gezeigt habe. Das hieß, man war gezeichnet.

Beim nächsten Thamzing blieb dem Getadelten nichts anderes übrig, als einen Unschuldigen am Haar zu reißen und zu beschimpfen, um seine Liebe zur Partei und seine Solidarität mit dem Volk unter Beweis zu stellen. Fast alle tibetischen Lamas und hohen Beamten mußten dergleichen Gewalttätigkeiten über sich ergehen lassen. Das Thamzing war eine Machtdemonstration der Partei.

In Gyantse wurde außerdem eine monatliche Versammlung abgehalten, die sich »Belohnung und Bestrafung« nannte. Gefangene, die sich »gebessert« hatten, wurden belohnt, die anderen erhielten eine Strafe in Form eines Thamzings. Dadurch, daß Gyantse Pala mich gewarnt hatte, konnte ich mich innerlich auf das Ereignis vorbereiten. Dennoch hatte ich Angst. Niemand konnte abschätzen, was auf diesen Versammlungen wirklich passieren würde.

An einem Montag morgen war es soweit. Die chinesischen Funktionäre saßen an einem langen Tisch im Hof. Das Gefängnisgelände war von Soldaten mit Bajonetten sowie von Aufsehern umzingelt. Wir wurden in den Hof gebracht und mußten uns in Reihen aufstellen. Ich hatte Herzklopfen, für ein Thamzing wirkte die Versammlung zu förmlich. Seit unserer Flucht waren sechs Monate vergangen, und man hatte uns noch immer nicht verurteilt. Ich machte mich auf ein Todesurteil gefaßt, da man Gefangenen, die hingerichtet werden sollten, häufig Fußeisen anlegte, um sie am Selbstmord zu hindern.

Ein mir unbekannter chinesischer Funktionär erhob sich und erklärte, dies sei eine Versammlung zur »Belohnung und Bestrafung«. Ein tibetischer Bewacher schrie: »Die Gefangenen, die aus Norbukhungste geflohen sind, sollen vortreten!« Meine Gefährten und ich schlurften vor, der Staub wirbelte an unseren Fersen hoch. Wir standen vor dem chinesischen Funktionär. Die anderen Gefangenen erhielten Anweisung, sich zu setzen, und wir mußten uns ihnen zuwenden.

Ein junger tibetischer Dolmetscher erhob sich und beschimpfte uns als Reaktionäre, die das Vaterland verraten hätten und Volksfeinde seien. Der junge Mann war offenbar aus Gyantse, denn er sprach den dortigen Dialekt, in den er Brocken des neuen sozialistischen Jargons einstreute. Er drängte die anderen Gefangenen, unsere Schandtaten anzuprangern und uns dafür zu bestrafen, daß wir der Volksregierung den Rücken zugekehrt hätten. Die Gefangenen schrien im Chor: »Rottet die Reaktionäre aus! Rottet die Reaktionäre aus!« Die Stimmen von zweitausend tibetischen Gefangenen hallten in unseren Ohren. Als das Gebrüll schließlich abgeebbt war, kam ein kräftiger Häftling auf uns zu, rollte die Ärmel hoch und brach in heftige Beschuldigungen aus. Ich dachte, er werde mich schlagen.

»Warum wolltet ihr überhaupt fliehen?« fragte er. Im Sozialismus sei ein Gefängnis eine Stätte der Besserung und Bildung. Wir hätten Verrat an der Partei und dem Vaterland begangen.

Sollte ich reden oder schweigen? Die Gefangenen standen trotz ihrer anklagenden Sprechchöre auf meiner Seite, das wußte ich. Zu schweigen wäre ein Fehler gewesen: Hier bot sich die Gelegenheit, die Chinesen zu diskreditieren und zu zeigen, daß ich ein freier Mensch war.

»Das liegt doch auf der Hand«, begann ich und zählte all meine Gründe auf, einschließlich der Tatsache, daß man Gefangene massenhaft verhungern lasse. Die anwesenden Funktionäre fühlten sich offensichtlich nicht wohl in ihrer Haut, doch die Gefangenen waren insgeheim begeistert. Jeder von ihnen wußte nur zu genau, warum ich geflohen war. Der stämmige Gefangene schien verblüfft über die Reaktion zu sein, die er hervorgerufen hatte. Die Aufseher befahlen ihm, zu seinem Platz zurückzukehren.

Dann rief man einen weiteren Gefangenen auf; sein Name

war Thangtse Worpa. Zur Zeit des Aufstands in Lhasa war er ein kleiner Beamter im Bezirk Gyantse gewesen. Verhaftet hatte man ihn wegen seiner Klassenzugehörigkeit, doch er kollaborierte, wann immer er konnte, mit den Chinesen. Ich hatte Angst, als Thangtse auf mich zukam, denn er stand im Ruf, andere Häftlinge zu mißhandeln. Er pries die Partei und den Sozialismus und fragte mich: »Warum wolltest du flüchten?«

»Weil ich nicht verhungern wollte«, erwiderte ich.

Thangtse schlug mir kräftig auf die linke Wange, und ich stürzte zu Boden. Er legte mir die Hand in den Nacken und stieß mich in den Staub. Dann sagte er: »Die Erde ist die Partei, und der blaue Himmel ist das Volk, und zwischen der Erde und dem Himmel gibt es keine Zuflucht für dich.«

Thangtse trat auf jeden meiner Gefährten zu, riß sie an den Haaren, spuckte ihnen ins Gesicht und brüllte wie ein Verrückter. Ein Aufseher ermahnte ihn, die Häftlinge nicht zu schlagen, doch das war nichts weiter als eine scheinheilige Demonstration der angeblichen Milde der Partei. Nichts, was sich in diesen Versammlungen abspielte, geschah ohne ihre Billigung.

Das Thamzing ging jäh zu Ende, und ein hoher Offizier erhob sich, um unsere Strafen zu verkünden. Wir gehörten nun zu einer neuen Kategorie, den »besonders schuldigen« Gefangenen. Ich kam als erster an die Reihe: »Palden Gyatso aus Penam, acht Jahre kontinuierliche Haft sowie für weitere drei Jahre Aberkennung aller politischen Rechte.« Meine Gefühle waren gemischt: Einerseits war ich froh, daß man mich nicht hinrichten würde, andererseits mußte ich nun fünfzehn Jahre im Gefängnis absitzen.

Die anderen erhielten ähnliche Strafen. Der alte Gyalpo hatte schon zwanzig Jahre auf dem Buckel, weshalb seine Haft nicht verlängert wurde. Statt dessen legte man ihm schwere Fußeisen an, deren Verbindungskette nur zwei Ringe hatte und die er vier Jahre tragen sollte.

Ich war fest entschlossen, meine Fluchtpläne nicht aufzugeben. Nach ihrem Sieg über Indien waren die Chinesen selbstgefälliger denn je und wiederholten pausenlos ihren Lieblingsspruch: »Unter dem blauen Himmel kann man der Partei nicht entkommen.« Die Gefangenen dagegen waren niedergeschlagen, denn jegliche Hoffnung auf eine schnelle Freilassung war geschwunden.

Fang Yuan erschien einige Tage nach meiner Verurteilung in meiner Zelle. Die Inhaftierung solle mir die Möglichkeit geben, mich zu »bessern« und ein Mitglied der »neuen Gesellschaft« zu werden. Ich schwieg. Er ermahnte mich, an den Schulungen im Gefängnis teilzunehmen, damit ich mich überzeugen könne, daß der Kommunistischen Partei nur das Wohl des Volkes am Herzen liege. Doch ich wußte, was die Chinesen unter »Besserung« verstanden: die Übernahme alles Chinesischen und die Verleugnung der tibetischen Lebensart. Ich war entschlossen, nicht auf die chinesischen Forderungen einzugehen.

Einige Tage später ließ mich der Gefängnisdirektor, ein angespannt wirkender Chinese mittleren Alters, zu sich holen. Wir Gefangenen hatten in der Regel nur Kontakt mit den tibetischen Dolmetschern, und es war mein erstes Gespräch mit einem hochrangigen Vertreter des Gefängnispersonals. Er ließ mich durch den Dolmetscher fragen, ob ich die Absicht hege, einen weiteren Fluchtversuch zu unternehmen. Ich verneinte. »Möchtest du etwas sagen?« wollte er wissen.

Ich bat, mir die Handschellen abzunehmen, doch der Funktionär lehnte ab und ließ eine lange Rede über Verbrechen gegen das Volk vom Stapel. Er schloß mit der Frage, ob ich ein Handwerk erlernen wolle. Ich sei jung und könne einen Beitrag zum sozialistischen Aufbau leisten. Ich schwieg. Der Chinese schimpfte: »Nun rede schon!«

»Ich kann nicht einmal ohne Hilfe essen«, erwiderte ich. »Wie soll ich ein Handwerk erlernen, wenn mir Hände und Füße gebunden sind?« Der Dolmetscher übersetzte. Der Funktionär verlor die Fassung und befahl den Wachen, mich fortzubringen.

Später berichtete ich meinen Gefährten von dem Gespräch. Sie meinten, ich sei ein Narr gewesen, das Angebot auszuschlagen. Alle schüttelten den Kopf, und Yeshi, unser Zellenführer, wollte wissen, warum ich mir das Leben so schwer mache.

Am folgenden Tag kamen zwei Wachsoldaten mit dem Dolmetscher herein. Man hatte mich dazu auserkoren, die tibetische Teppichknüpfkunst zu erlernen. Ein Aufseher nahm mir die Handschellen ab. Es war, als habe er einen Teil meines eigenen Fleisches entfernt. Dann wollte ich die Arme bewegen, doch nichts rührte sich. Ich versuchte es erneut, aber meine Schultergelenke waren versteift. Ich konzentrierte meine ganze Kraft auf die Schultern und schob die Arme nach vorn, aber meine Hände rührten sich noch immer nicht. Ein entsetzlicher Schmerz fuhr mir durch Schultergelenke und Arme.

Mein Herz raste bei dem Gedanken, daß meine Hände nicht mehr zu gebrauchen sein könnten. Die vergangenen sieben Monate waren die bisher schlimmsten meiner Haft gewesen. Ich hatte nicht einmal die einfachsten Dinge tun können, sondern war vollständig von meinen Mitgefangenen abhängig gewesen. Von ganz alltäglichen Handlungen hatte ich nur träumen können – davon, einen Becher an die Lippen zu heben, meinen Gürtel aufzuknüpfen oder mit den Händen durch mein inzwischen langes Haar zu fahren, um die Läuse wegzukratzen. Die Vorstellung, meine Hände zu verlieren, erfüllte mich mit Schrecken.

Ein Soldat befahl einem meiner Gefährten, mir die Arme zu reiben, doch das verschlimmerte den Schmerz. Man brachte mich in den Sanitätsraum, wo mir ein chinesischer Arzt eine Injektion gab und die Arme massierte. Es dauerte fast zwei Wochen, bevor ich die Hände ein wenig bewegen konnte, und mehrere Monate vergingen, bis sie wieder voll einsetzbar waren.

Mein Knüpflehrer, ein alter Mann namens Rabsal Jhola, war

in der Region Gyantse für seine Kunstfertigkeit berühmt. Beim Anblick meiner Fußeisen sagte er: »Damit kann er nicht arbeiten.« Doch der Bewacher wollte mir die Fußeisen nicht abnehmen, weil ich ein »besonders schuldiger« Gefangener sei.

Die traditionellen tibetischen Knüpfstühle sind aus Holz und werden gegen die Wand gelehnt. Der Knüpfer sitzt im Schneidersitz auf dem Boden. Mit gefesselten Beinen war das natürlich unmöglich. Deshalb mußte sich Rabsal eine andere Methode ausdenken. Schließlich hoben wir vor dem Knüpfstuhl einen etwa sechzig Zentimeter breiten und neunzig Zentimeter tiefen Graben aus, in dem ich stehen konnte.

Das Knüpfen erfordert Geschick und Geschwindigkeit. Ich machte nur langsame Fortschritte und hatte große Schmerzen, da meine Finger so schwach waren. Ich besaß kaum die Kraft, den losen Wollfaden mit dem Hammer in die dichten Reihen zu klopfen. Rabsal war von unendlicher Ruhe und Geduld. Nie wurde er gereizt ob meiner Ungeschicklichkeit, sondern sagte nur: »Das machen wir noch einmal« und zeigte mir wie.

Ende 1963 folgte das Gefängnisleben einer festen Routine, denn die Chinesen waren nun besser organisiert. Ihr Sieg über Indien hatte sie selbstsicherer gemacht, und auf den Versammlungen prahlten sie mit den chinesischen Aufbauleistungen. Immer wieder bekamen wir zu hören, die nach Indien geflüchteten Tibeter lebten wie Bettler und der Dalai Lama werde früher oder später an China ausgeliefert.

Mein Leben bestand nur aus Arbeit, Versammlungen und Schlaf. Sobald die Sonne aufging, ertönte ein Wecksignal, und wir eilten aus der Zelle, gleichgültig, wie kalt es draußen war. Das Rennen ins Freie gab uns allen eine flüchtige Illusion von Freiheit. Frische Luft drang in die Zelle, die vom Gestank der Kübel erfüllt war.

Die Leerung der Kübel wurde der Reihe nach von jeweils zwei Gefangenen übernommen. Sie führten eine Stange zwischen

Henkel und Eimer hindurch und legten sie sich nach chinesischer Art auf die Schultern. Der vielleicht einzige Vorteil meiner Fußschellen war, daß mir diese Pflicht erspart blieb. Die Exkremente wurden in einen riesigen Teich in einer Ecke des Gefängnisses geschüttet, und im Frühling düngte man damit die Felder. In den beiden Stunden zwischen Wecken und Arbeitsbeginn brachten uns Häftlinge aus einem Besserungslager zwei Kessel mit schwachem schwarzem Tee.

Jeder Gefangene erhielt vierundzwanzig *gya ma* Tsampa pro Monat, also etwa zwölf Kilogramm. Die tägliche Ration wurde abends ausgeteilt und mußte für den ganzen folgenden Tag reichen. Gefangene, die in den Steinbrüchen arbeiteten, erhielten zusätzliche Rationen, da ihre Arbeit körperlich anstrengender war. Nach dem chinesisch-indischen Krieg verbesserte sich unsere Verpflegungslage ein wenig. Gefangene, deren Verwandte in der Umgebung wohnten, durften sogar einmal im Monat ein Nahrungsmittelpaket empfangen. Manchmal behielten die Wächter diese Sendungen allerdings für sich.

Am Mittag ertönte eine Glocke, und wir kehrten in unsere Zellen zurück. Man brachte uns abermals schwarzen Tee, der den einzigen Vorzug hatte, heiß zu sein. Er schmeckte nach nichts, da man nur eine Handvoll Blätter ins Wasser geworfen hatte, damit es etwas Farbe bekam. Danach hatten wir zwei kostbare Stunden zur eigenen Verfügung.

Das Personal ruhte sich währenddessen aus. Wir lernten, uns ganz auf diese kurze Spanne der Erholung zu konzentrieren. Ich setzte mich gewöhnlich ans Ende der Plattform, um Gebete und Texte zu rezitieren. Einige Gefangene legten sich schlafen, andere sprachen über die Vergangenheit und tauschten Geschichten über ihre Familien aus.

Es war schwierig, in der Zelle Freundschaften zu schließen. Alle drei Monate wurden die Häftlinge neu auf die Zellen verteilt, was Freundschaften im Keim erstickte. Man wußte nie, wann man die bekannten Gesichter wiedersehen würde. Das war die eine Methode der Chinesen, Verschwörungen vorzubeugen. Die zweite bestand darin, Straftäter zu den politischen Gefangenen in die Zellen zu sperren und als Spitzel einzusetzen. Selbst eine beiläufige Kritik am Essen galt als Beleidigung des Sozialismus.

Wir sollten sechs Tage pro Woche arbeiten. Der Sonntag war angeblich ein Ruhetag, doch daran hielt sich niemand. Statt dessen folgte eine Versammlung und Schulung der anderen. Die Versammlungen waren gefährlich, denn die Funktionäre schrieben jede unserer Bemerkungen nieder und legten sie zu unserer Personalakte. Die Schulungen dienten ausschließlich der Indoktrination. Alle Häftlinge gingen lieber zur Arbeit.

1963 gab es noch keine Elektrizität im Gefängnis, so daß das Tageslicht unser Leben bestimmte. Kurz vor ihrem Untergang tauchte die Sonne die Gebäude in strahlend orangefarbenes Licht. Die Aufseher kontrollierten, ob wir in unseren Zellen waren. Sobald wir hörten, wie die Riegel der anderen Zellen vorgeschoben wurden, legten wir uns auf unsere Schlafmatten. Dann näherten sich Schritte, und der Wärter zog auch unsere Tür zu und schob den Riegel vor. In der Zelle war es nun stockdunkel. Wir konnten nur schlafen und hoffen, daß am nächsten Morgen die Tür wieder geöffnet wurde.

Meine Arbeit machte mir Freude, denn das Teppichknüpfen war eine vergleichsweise angenehme Tätigkeit. Die meisten Gefangenen wurden auf Baustellen eingesetzt. Im Winter stellte man die Knüpfstühle ins Haus, um die Arbeiter vor dem Schnee und dem eisigen Wind zu schützen. Dennoch klebten die Eisenringe um meine Fußgelenke vor Kälte an meiner Haut fest, bis es mir gelang, ein wenig Wolle als Polsterung zwischen Metall und Bein zu schieben.

Mitte 1964 wurden Gerüchte laut, man wolle das Gefängnis in Gyantse schließen und die Gefangenen in andere Teile Tibets verlegen. Eines Morgens hieß es, wir sollten die Knüpfstühle abschlagen, denn alle Knüpfer würden nach Shigatse gebracht. Am nächsten Tag mußte ich mein Bettzeug einpacken, und eine Stunde später saß ich auf einem Armeelastwagen.

Unterwegs konnte ich einen Blick auf mein altes Kloster werfen. Mehr als drei Jahre lang hatte mir die Lehmmauer um das Gefängnis jegliche Aussicht verstellt. Nun hatte ich Gabadong und den weiten Blick auf die Berge vor mir. Das Kloster sah unberührt aus, es ruhte auf dem Hügel wie seit Jahrhunderten. Aus der Ferne waren die Sorgen der Talbewohner nicht zu ahnen. Nur das Fehlen neuer Gebetsfahnen war ein Hinweis darauf, daß die Dinge nicht zum Besten standen.

In Gyantse hatte ich gelegentlich Nachricht von meiner Familie erhalten. Ich wußte, daß man sie mißhandelt und ihres gesamten Eigentums beraubt hatte. Mein Vater und meine Stiefmutter waren von den Chinesen gezwungen worden, den Familienwohnsitz zu verlassen und in einen kleinen ehemaligen Lagerraum zu ziehen. Als einstigen Grundbesitzern erging es ihnen noch schlechter als uns Häftlingen. Die Dorfbewohner und ehemaligen Pächter mieden sie wie Leprakranke. In der neuen sozialistischen Gesellschaft galten die Grundbesitzer als Abschaum. Jeder durfte sein Mütchen an ihnen kühlen und sie schlagen, besonders diejenigen, die als ehemalige Leibeigene eingestuft worden waren.

Wir erreichten Shigatse im Dunkeln. Mehrere Aufseher mit Taschenlampen führten uns in einen großen Hof, wo wir die Nacht im Freien verbringen mußten. Am folgenden Morgen steckte man uns in einen fensterlosen, unebenen Raum mit einer sehr niedrigen Tür. Da keine Matten vorhanden waren, mußte ich die Lumpen, die mir als Bettzeug dienten, als Matte und Decke zugleich verwenden.

In Shigatse sollte ich eine Teppichfabrik aufbauen. Doch schon bald wurde mir klar, daß wir dazu den denkbar schlechtesten Zeitpunkt erwischt hatten.

Im Oktober 1964 zündeten die Chinesen ihre erste Atombombe. Eines Morgens rief man alle Häftlinge zusammen und gab die Neuigkeit bekannt. Die chinesischen Funktionäre jubelten und strahlten vor Stolz. Einer im blauen Wollanzug mit ausgebeulter Hose verkündete, China sei eine Großmacht und brauche sich keine Demütigungen der Imperialisten gefallen zu lassen. Er beschimpfte das imperialistische Amerika sowie die sowjetischen Revisionisten und beschuldigte beide Staaten, die Welt mit ihren Atomwaffen erpreßt zu haben.

Eine Woche später saß ich in der Zelle und las den *Tibet Daily*. Alle Häftlinge waren zur Lektüre dieser Zeitung verpflichtet, denn während der Schulungen mußten wir über den Leitartikel des Tages diskutieren. Mir fiel eine Schlagzeile ins Auge: »Die Panchen-Clique.« Das Wort Clique wurde ausschließlich als Beschimpfung gebraucht, besonders für Gruppen, denen man vorwarf, die Kommunistische Partei stürzen zu wollen. Der Autor griff den Panchen Lama an und beschuldigte ihn des Aufbaus einer »schwarzen Organisation«, die sich gegen die Diktatur des Proletariats richte und Tibet vom Vaterland trennen wolle.

Mein Gefängnis lag genau unterhalb der Residenz des Panchen Lama. Es war einst der Getreidespeicher des Klosters Tashilhünpo gewesen. Ich war verwirrt. Warum wurde der Panchen Lama, der als »patriotischer Lama« galt und dessen Kloster als »patriotisches Kloster« bezeichnet wurde, so heftig attackiert? Während die meisten Klöster alles verloren, hatten die Chinesen bei der großen Beschlagnahmungswelle von 1960 die Ländereien Tashilhünpos nicht angerührt.

Eines Morgens konnte ich vom Gefängnishof aus sehen, daß Tashilhünpo von Soldaten umstellt war. Als es hieß, heute werde nicht gearbeitet, wußten wir, daß uns eine Versammlung bevorstand. Wir gingen in den Hof, um auf die Ankunft der Funktionäre zu warten. Sie zogen sofort über den Panchen Lama her: Er sei ein Verräter und habe das Vertrauen der Partei mißbraucht. Ein Redner wetterte, die Panchen-Clique habe die Massen verraten und stehe nun an der Seite der reaktionären Banditen der »Dalai-Clique«. Einmal senkte der Funktionär sogar die Stimme, als trauerte er über das Verhalten des Panchen Lama. Wir wußten jedoch noch immer nicht, was man ihm konkret vorwarf.

Mein erster Gedanke war, daß er zum Dalai Lama nach Indien geflohen sein müsse. Die Chinesen bezeichneten den Dalai Lama und den Panchen Lama als »zwei Sklavenhalter, die von den indischen Expansionisten unterstützt werden«. Erst viel später erwähnte die chinesische Presse die Petition der siebzigtausend Schriftzeichen, die der Panchen Lama Mao geschickt hatte. Die Kampagne gegen ihn verschärfte sich. Irgendwann hörten wir, die Chinesen hätten zahlreiche Klosterbeamte von Tashilhünpo verhaftet und hielten sie im Gefängnis von Shigatse fest. Doch ich bekam keinen von ihnen zu Gesicht.

Die Ereignisse erfüllten mich mit großer Sorge. Der Dalai Lama war aus seinem Land verjagt worden, und wir betrachteten den Panchen Lama als unser Oberhaupt in Tibet. In der Region um Penam genoß der Panchen Lama seit alters her besondere Verehrung, obwohl ihm einige Tibeter früher vorgeworfen hatten, er sei ein Handlanger der Chinesen gewesen.

Sein plötzlicher Sturz stimmte mich sehr traurig. Wir wußten, wie die Chinesen mit anderen tibetischen Führern umgesprungen waren. Die Gefängnisfunktionäre forderten uns auf, unsere Haltung zum Panchen Lama zu überprüfen und Stellung zu beziehen. Mit anderen Worten, man würde uns bald dazu zwingen, ihn zu diffamieren.

Mein Aufenthalt in Shigatse sollte nicht lange dauern. Eines Nachts weckte mich der Strahl einer Taschenlampe, die direkt auf mein Gesicht gerichtet war.

»Wer ist Palden Gyatso?« fragte die Gestalt hinter dem Licht.

»Das bin ich«, murmelte ich verschlafen.

Der Mann befahl mir, mein Bettzeug zusammenzurollen und mitzukommen. Das war nichts Neues. Es stand wohl wieder einmal eine Verlegung in eine neue Zelle oder zu einem anderen Arbeitstrupp an. Der Schein der Lampe huschte über die Schlafenden. Der Mann rief den Namen meines Freundes Loden Kalsang. Loden erwachte und blickte verwundert in meine Richtung. Er erhielt die gleichen Anweisungen wie ich. Beim Zusammenrollen meines Bettzeugs rasselten meine Fußeisen. Ich packte meine Habseligkeiten zu einem ordentlichen Bündel. Im Gefängnis lernt man, wie wichtig selbst der kleinste Gegenstand sein kann. Ich ließ die Hand über den Boden gleiten, um mich zu überzeugen, daß ich nichts vergessen hatte.

Das Gesicht des Mannes hinter der Taschenlampe konnte ich noch immer nicht erkennen, doch der Stimme nach zu schließen, mußte er ein tibetischer Dolmetscher sein. Draußen wies er mit der Lampe auf eine Stelle, wo wir uns hinsetzen sollten. Man brachte uns etwas heißes Trinkwasser in einem Becher.

Wir erfuhren, daß wir nach Lhasa verlegt würden, da man im Gefängnis von Drapchi eine Teppichknüpferei aufbauen wollte und wir anderen Gefangenen das Handwerk beibringen sollten. Im Morgengrauen würden wir einen öffentlichen Bus nach Lhasa nehmen.

Das Beste sollte noch kommen. Vier chinesische Wachen erschienen in Begleitung eines Offiziers. Dieser befahl dem Dolmetscher zu meiner größten Überraschung, die Eisen an meinen Beinen zu entfernen.

Mein Herz schlug vor Freude schneller. In den vergangenen zwei Jahren waren die Fußfesseln zu einem Teil meines Körpers geworden. Ich hatte mich daran gewöhnt, daß meine Bewegungsfreiheit durch die kurze Kette eingeschränkt war, daß sie über die Steine im Hof rasselte und ich beim morgendlichen Ansturm auf die Latrine nicht mit den anderen mithalten konnte. Ich hatte mir einen langsamen Gang angeeignet, der natürlich wirkte und mir zumindest keine Schmerzen bereitete.

Loden und ich mußten unser Gepäck aufnehmen und zur Bushaltestelle marschieren, vor und hinter uns gingen jeweils zwei Wachsoldaten. Der Offizier und der tibetische Dolmetscher folgten. Wir brauchten mehr als eine Stunde, denn das Gehen erforderte meine ganze Konzentration. Es fiel mir schwer, mich ohne Ketten zu bewegen. Jeder Häftling hätte sogleich an meinem Gang erkannt, daß meine Beine jahrelang gefesselt waren.

Am Busbahnhof warteten zahlreiche Tibeter und Chinesen. Sie begriffen sofort, daß wir »besonders schuldige« Häftlinge waren. Wir blieben einige Meter von den übrigen Reisenden entfernt stehen, ließen unsere Bündel auf den Boden fallen. Die Soldaten bildeten einen Kreis um uns. Der Offizier verschwand für eine Weile, dann kam er mit Papieren zurück, die wir für unsere Reisedokumente hielten. Er forderte uns auf, uns einwandfrei zu benehmen. Dann öffnete er seine Aktentasche und wies auf zwei Paar Handschellen. Eigentlich sollten wir diese tragen, er wolle uns jedoch die Peinlichkeit ersparen.

Wir stiegen mit den Wachen in den rückwärtigen Teil des Busses ein, gefolgt von einem Dutzend Passagiere. Die Reise von Shigatse nach Lhasa begann. Die Straße war holprig, der Staub drang durch die Fenster und setzte sich auf Gesicht und Kleidung. Die Frauen bedeckten ihr Haar mit Kopftüchern.

Als die Straße ebener wurde, holte eine Frau einen Korb mit Gebäck hervor und ließ ihn kreisen. Als er zu mir und Loden kam, fragte eine junge Tibeterin die Wache, ob Loden und ich uns bedienen dürften. Er hob zustimmend die Hand, und ich nahm mir einen kleinen Keks. Loden ebenfalls. Die junge Frau

1 Blick auf den Potala-Palast in Lhasa vom Dach des Jokhang-Tempels aus, August 1995. (Foto: Timothy Nunn, London)

2 *Oben:* Das Kloster Drepung, vom Kyichu aus gesehen, 1939. (Foto: Hugh Richardson. Mit freundlicher Genehmigung des British Museum, London)

3 *Unten:* Die Ruinen von Drepung, von den Hängen hinter dem Kloster aus gesehen, 1986. (Mit freundlicher Genehmigung von Tibet Images, London)

4   *Links:*
Tibetische Tänzer.
(Foto: J. Siedlecka/
Tibet Images,
London)

5   *Unten:*
Buddha-Köpfe in
Lhasa, die von den
Chinesen während
der Kulturrevolution
zerstört wurden.
(Foto: Catriona Bass)

6   *Oben:* Das Gefängnis von Sangyip. (Foto: Anders Andersen)

7   *Unten:* Das Gefängnis von Drapchi mit umliegenden Arbeitsstätten, zum Beispiel den Treibhäusern, 1993. (Mit freundlicher Genehmigung des Tibet Information Network / Alliance for Research in Tibet)

8   *Rechte Seite:* Gyen Rigzin Tenpa, Paldens Lehrer an der Klosteruniversität Drepung. Palden half, ihn am Tag vor der Beschießung Drepungs durch die Chinesen in Sicherheit zu bringen.

9 *Rechts oben:* Lobsang Tenzin, ein Häftling in Drapchi, 1988 des Mordes an einem chinesischen Polizisten beschuldigt. (Mit freundlicher Genehmigung des Tibet Information Network/Alliance for Research in Tibet)

10 *Links unten:* Yulu Dawa Tsering, der »Verbreitung konterrevolutionärer Propaganda« angeklagt, weil er mit einem Ausländer gesprochen hatte. Seine Verhaftung führte 1987 zur größten Demonstration in Lhasa seit zehn Jahren. (Mit freundlicher Genehmigung des Tibet Information Network/Alliance for Research in Tibet)

11 *Rechts unten:* Tanak Jigme Sangpo, der am längsten inhaftierte Gefangene in Tibet. Er soll im Jahr 2011 im Alter von 85 Jahren entlassen werden. (Mit freundlicher Genehmigung des Department of Information and International Relations, Dharamsala)

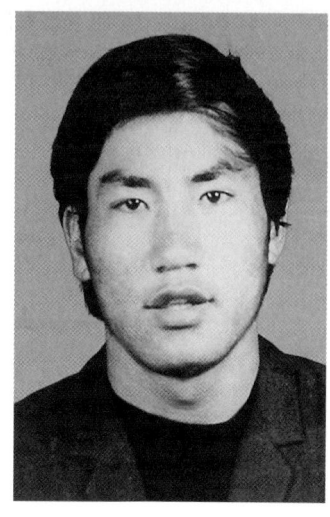

12   Palden mit einigen der Folterinstrumente, die er aus Tibet heraus-
schmuggelte: Handschellen, Daumenschellen, Zacken und Hakenmesser
der Wachmannschaften, ein elektrischer Viehtreiber und ein Elektro-
schockgewehr mit einer Spannung von siebzigtausend Volt. (Foto: David
Hoffman)

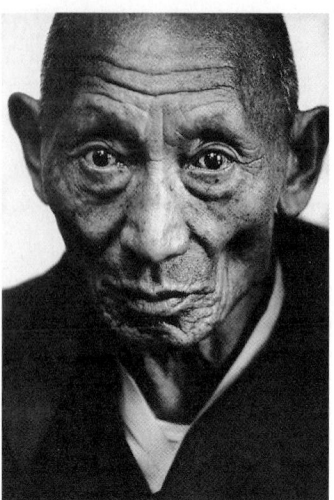

13-15   Palden Gyatso während
einer Pressekonferenz im
Londoner House of Commons,
27. Februar 1995. (Fotos:
Dillon Bryden, London)

16   *Oben:* Tibetischer Pilger am Fuße des heiligen Berges Kailash, 1987. (Foto: Russell Johnson/Tibet Images, London)

17   *Unten:* Zwei Mönche des Klosters Samye mit kurzen Hörnern, 1995. (Foto: Timothy Nunn, London)

18 *Oben:* Drei Mönche des Gelb-mützen-Ordens. (Foto: Mani Lama / Tibet Images, London)

19 *Links:* Disku-tierende Mönche im Hof des Klosters Drepung, 1995. (Foto: Timothy Nunn, London)

20 *Oben:* Das
Nechung-Kloster in
Dharamsala, 1993.
(Foto: Edwin
Maynard / Tibet
Images, London)

21 *Rechts:* Palden
Gyatso beim Studium
heiliger Schriften in
Dharam-sala. (Foto:
Catherine Cabrol,
Paris)

22 *Oben:* Der
XIV. Dalai Lama bei
einer Audienz mit
neu angekommenen
Flüchtlingen, Mai
1994. (Foto: Diane
Barker/Tibet
Images, London)

23 *Links:* Palden in
Dharamsala. (Foto:
Catherine Cabrol,
Paris)

24   Palden an der Spitze der jährlichen Demonstration zum Gedenken
an den tibetischen Aufstand, London, März 1995. (Foto: Timothy Nunn,
London)

Entrust yourself to God,

as a child would entrust himself to his father.

He will never let you fall.

MB

Evangelical Sisterhood of Mary,
POB 13 01 29, D-64241 Darmstadt, German

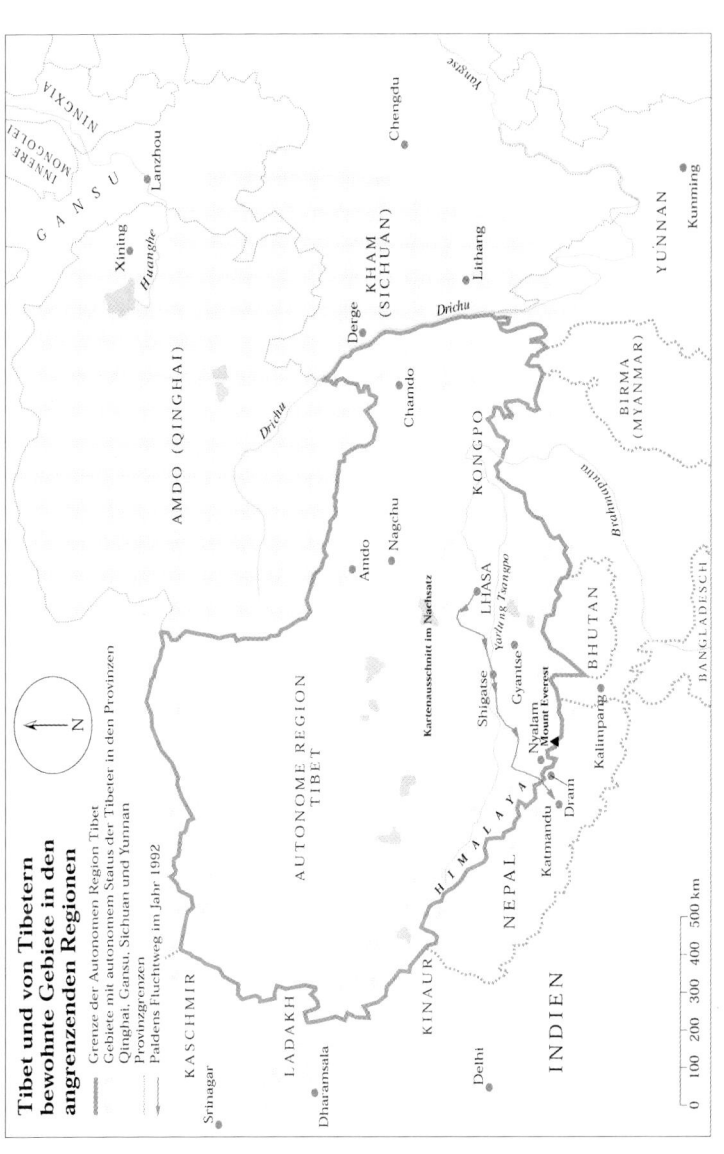

Tibet und von Tibetern bewohnte Gebiete in den angrenzenden Regionen

N

━━━ Grenze der Autonomen Region Tibet
░░░ Gebiete mit autonomem Status der Tibeter in den Provinzen Qinghai, Gansu, Sichuan und Yunnan
····· Provinzgrenzen
→ Paldens Fluchtweg im Jahr 1992

0 100 200 300 400 500 km

NINGXIA

INNERE MONGOLEI

G A N S U

Lanzhou

Xining

Huanghe

AMDO (QINGHAI)

Chengdu

Yangtse

Derge

Drichu

KHAM (SICHUAN)

Lithang

Drichu

Chamdo

YUNNAN

Kunming

Amdo

Nagchu

KONGPO

BIRMA (MYANMAR)

Brahmaputra

AUTONOME REGION TIBET

Kartenausschnitt im Nährsatz

LHASA

Yarlung Tsangpo

Shigatse

Gyantse

BHUTAN

Nyalam
Mount Everest

Kalimpong

BANGLADESCH

KASCHMIR

H I M A L A Y A

Dram

Katmandu

LADAKH

KINAUR

NEPAL

Srinagar

Dharamsala

Delhi

I N D I E N

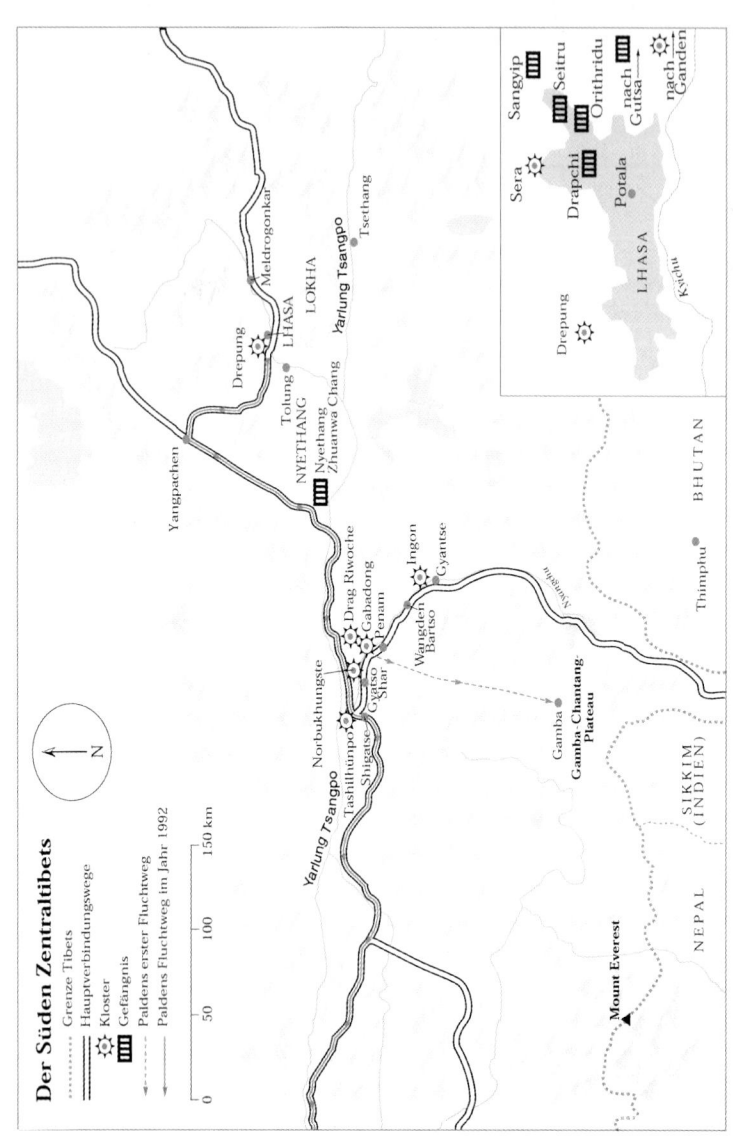

Der Süden Zentraltibets

.... Grenze Tibets
━━━━━ Hauptverbindungswege
☼ Kloster
▦ Gefängnis
- - - - Paldens erster Fluchtweg
━━━━━ Paldens Fluchtweg im Jahr 1992

N

| 0 | 50 | 100 | 150 km |

Yangpachen

Drepung

LHASA

Meldrogonkar

Tolung

NYETHANG

Nyethang
Zhuanwa Chang

LOKHA

Yarlung Tsangpo

Tsethang

Yarlung Tsangpo

Norbukhungste

Tashilhünpo

Shigatse

Drag Riwoche
Gabadong
Gyatso Penam
Shar

Ingön

Wangden
Bartso

Gyantse

Nyang

Gamba

Gamba Chantang
Plateau

Mount Everest

NEPAL

SIKKIM
(INDIEN)

BHUTAN

Thimphu

Sera ☼

Sangyip ▦

Seitru ▦

Orithridu

nach
Gutsa

nach
Ganden

Drapchi ▦

Potala

LHASA

Drepung ☼

Kyichu

forderte uns auf, noch einmal zuzugreifen. Ich widerstand der Versuchung und schob den Korb weg. Da nahm das Mädchen eine Handvoll Gebäck und legte es mir in den Schoß; eine zweite Handvoll reichte sie Loden. Ich war gerührt von so viel Mitgefühl. Seit vier Jahren hatte ich auf derlei Köstlichkeiten verzichten müssen. Da man im Gefängnis lernt, nicht alles gleich aufzuessen, hob ich die Kekse für später auf.

Gerade als die Sonne hinter den Bergen verschwand, erreichten wir Yangpachen, das auf halbem Weg zwischen Shigatse und Lhasa liegt. Ich erinnerte mich daran, daß ich auf meiner zweiten Reise nach Lhasa durch den Ort gekommen war. Heute parkte eine lange Reihe Lastwagen am Straßenrand, und überall standen neue chinesische Häuser. Das ganze Gebiet wirkte wie ein riesiges Militärlager.

Man führte uns in eine große Kantine, in der sich die Lastwagenfahrer verpflegten, und brachte uns dampfende Nudeln. Ich schlang sie hinunter, und auch Loden aß gierig. Unsere Landsleute aus dem Bus beobachteten, wie wir uns über die Nudeln hermachten, als hätten wir noch nie etwas zu essen bekommen. Später brachten sie uns einen zweiten Teller. Ich hob auch die Nudeln als Vorrat auf.

Wir blieben über Nacht in Yangpachen, und am nächsten Morgen ging es weiter nach Lhasa. Unsere Mitreisenden durften nun mit uns sprechen, und sie stellten viele Fragen. Ich erkundigte mich, was sich im Land abgespielt hatte. Im Gefängnis erfuhren wir alle Neuigkeiten nur durch die Chinesen, auf die wir uns natürlich nicht verlassen konnten.

Staubbedeckt erreichten wir Lhasa. Als wir aus dem Bus stiegen, drückten mir einige Passagiere chinesisches Geld in die Hand. Bevor ich es ihnen zurückgeben konnte, waren sie bereits in der Menge verschwunden.

Am Busbahnhof drängten sich Menschen aus ganz Tibet. Offenbar war es in den Jahren, die ich im Gefängnis verbracht hatte, zu großen Veränderungen gekommen. Die Leute trugen chinesische Kleidung. Fast alle jungen Tibeter hatten die traditionellen Chubas mit der blauen Uniform des Proletariats vertauscht. Die Kleidung von Männern und Frauen war identisch. Zuerst hielt ich sie alle für Armeeangehörige. Erst später entdeckte ich, daß die Behörden diese Mode förderten.

Ein Jeep holte uns ab, und wir wurden rasch durch die Stadt zum Gefängnis von Drapchi gefahren. Auch dieses Gebäude hatte sich verändert. Aus dem einstigen Armeelager war ein modernes Gefängnis geworden. Loden machte ein besorgtes Gesicht. Ich redete ihm gut zu: Wir würden alte Freunde aus Drepung treffen, und außerdem müßten wir den anderen nur das Teppichknüpfen beibringen.

1964 war Drapchi ein Modellgefängnis, die Haftanstalt Nummer eins. Die Gefangenen trugen elegante Uniformen. Es gab Elektrizität, und an jeder Zellendecke hing eine nackte Glühbirne. Ich war noch nie in einem künstlich beleuchteten Raum gewesen und bewunderte die Birne mit großen Augen. Die anderen Gefangenen lachten und nannten mich »den Dörfler«. Das Licht brannte die ganze Nacht.

Drapchi beherbergte einige der berühmtesten Gefangenen und Dissidenten Tibets. Das Gefängnis war in fünf verschiedene *ruka* (Brigaden) eingeteilt. Die fünfte Ruka bildeten ehemalige tibetische Regierungsbeamte und hohe Lamas, darunter Lobsang Tashi, der letzte Ministerpräsident Tibets, und Lhalu, der einstige Befehlshaber der Armee in Osttibet. Die erste Ruka setzte sich aus Gefangenen mit lebenslänglicher Haftstrafe zusammen. Die zweite Ruka war als *po ruka* (Großvaterbrigade) bekannt. Die dritte bestand aus weiblichen Gefangenen. Ich wurde der vierten zugewiesen.

Jede Brigade war in *tsuks* (Zellen) mit jeweils zwölf bis sechzehn Gefangenen unterteilt. Jede Tsuk hatte einen *zuzhang* (Zellenführer). Er war die wichtigste Person des Gefängnissystems.

Am nächsten Tag brachte man mich zu einem großen Woll-lager. Männer waren im Begriff, die Wolle zu kämmen und zu spinnen. Hier sah es eher nach einer Fabrik als nach einem Ge-fängnis aus. Loden und ich wurden als Knüpfmeister vorgestellt, und als wir die Runde machten, behandelten uns die Gefange-nen voller Respekt.

Wenige Wochen später hieß es, man werde doch keine Tep-pichfabrik eröffnen. Die Gefangenen, die gerade in Drapchi ein-getroffen seien, würden erneut verlegt. Man verlas die Namen, und alle, die nach Drapchi gekommen waren, um Knüpfen zu lernen, mußten ihre Sachen packen – außer Loden und mir.

Wir wußten nicht, was vor sich ging. Die Atmosphäre im Ge-fängnis war relativ entspannt, regelmäßige Versammlungen wur-den nicht abgehalten. Das konnte nur bedeuten, daß die Zustän-digen entweder mit anderen Dingen beschäftigt oder sich der offiziellen Parteilinie nicht sicher waren. Viele administrative Veränderungen schienen sich zu vollziehen, doch wir konnten nicht ahnen, welche Auswirkungen sie auf unsere Zukunft haben würden.

Der Meisterknüpfer

Im Frühjahr 1965 verstärkte sich die Kampagne gegen den Panchen Lama, und Gerüchte über sein Schicksal drangen bis ins Gefängnis. Unsere Brigade wurde in eine Ausstellung des angeblichen Belastungsmaterials gegen den Panchen Lama und seine Komplizen geführt. Es sollte beweisen, daß er eine Privatarmee aufgebaut und persönliche Reichtümer angehäuft habe. Ein Schwarzweißfoto trug die Bildunterschrift: »Imperialistischer Spion, der von Indien entsandt wurde, um Kontakt mit der Panchen-Clique aufzunehmen.« Ich erkannte den schlanken jungen Mann auf der Fotografie. Es handelte sich um Tsewang Namgyal, der 1959 mit seiner Mutter nach Indien geflohen war, später jedoch mit mir im Gefängnis von Gyantse gesessen hatte.

Tsewang war 1960, nach dem Tod seiner Mutter, nach Tibet zurückgekehrt, weil es ihr Letzter Wille gewesen war, daß er im Kloster Tashilhünpo, wo sie zu beten pflegte, ein Opfer darbrachte. Allein deshalb war er nach Tibet zurückgereist. Man hatte ihn verhaftet und der Spionage angeklagt. Das Foto machte mir deutlich, daß auch die gegen den Panchen Lama erhobenen Vorwürfe nichts als Erfindung waren.

So wurde nun also unser zweites Oberhaupt in den Schmutz gezogen. Ich begann ein Gefühl dafür zu entwickeln, wie die Chinesen vorgingen, auf welche Weise sie die Menschen für ihre Zwecke nützten. Der Panchen Lama hatte seinen Dienst getan und mußte nun vernichtet werden. Im Gefängnis war es nicht anders: Die Häftlinge wurden nur so lange gelobt und belohnt, wie sie den Behörden nützten. Während der Schulungen und

»Kampfversammlungen« bedrängten uns die Chinesen, uns gegenseitig anzuschwärzen, damit sie uns die Schuld in die Schuhe schieben konnten, wenn etwas mißlang.

Das Leben im Gefängnis wurde immer gründlicher organisiert. Unsere Rationen verbesserten sich ein wenig, denn wir bekamen nun auch täglich Gemüse. Damals (1964/65) schienen die Chinesen nachsichtiger und die Atmosphäre entspannter zu sein; wir hatten den Eindruck, daß nicht so viele Thamzings stattfanden. Vielleicht hatten wir uns aber auch nur an alles gewöhnt und uns mit unserem Schicksal abgefunden.

Ursprünglich hatte ich, wie bereits erwähnt, als Knüpfer in Drapchi arbeiten sollen. Dort waren riesige Mengen Wolle angesammelt worden. Ich hatte dem Zimmermann die Maße für die Knüpfrahmen gegeben, und man hatte Häftlinge aus ganz Tibet kommen lassen, um eine Fabrik einzurichten. Doch dann überlegte die Partei es sich anders und verzichtete auf den Aufbau eines Teppichzentrums. Wenn ich freundliche Wachen nach dem Grund fragte, lautete die Antwort stets: »Parteipolitik«. Mich erstaunte nichts mehr. Ich hatte mich daran gewöhnt, die sinnlosesten Aufgaben zu erfüllen.

Mein körperlicher Zustand hatte sich erheblich gebessert. Meine Füße waren nicht länger gefesselt, und ich genoß es, mich so frei bewegen zu können wie alle anderen. Endlich konnte ich nachts schlafen. Früher hatte ich ständig nach einer bequemen Lage gesucht, aber jede Drehung des Körpers hatte qualvolle Schmerzen ausgelöst. Nun gehörten die Ketten der Vergangenheit an. Doch als das Teppichknüpfprojekt gestrichen wurde, waren meine Fertigkeiten nicht länger gefragt. Ich befürchtete, daß man mich als Steinbrecher in ein Baulager stecken könnte.

Eines Tages erwähnte ich gegenüber einem alten Mönch aus Drepung, daß man mir keine Arbeit zugewiesen habe. Er schlug mir vor, ihm bei seinen Zimmermannsarbeiten zur Hand zu gehen. Das Gefängnispersonal hatte anderes zu tun, als sich um solche Kleinigkeiten zu kümmern. Doch meine neue Tätigkeit sollte ich nicht lange ausüben. Man befahl mir, das Schneiderhandwerk zu erlernen. Ich war sehr erleichtert darüber, daß man mir wieder einmal die schwere Zwangsarbeit erspart hatte. Seit meiner Verhaftung war es mir noch nie so gut gegangen.

Nicht, daß dies ein Anlaß zu großer Freude gewesen wäre. Jeder konnte erkennen, daß die Chinesen unser Land fest im Griff hatten und es keine Anzeichen für eine Besserung der Situation gab. Uns fiel auf, mit welcher Selbstverständlichkeit die Chinesen inzwischen über Tibet herrschten. Sie brüsteten sich unablässig damit, wie rapide der Lebensstandard des tibetischen Volkes gestiegen sei. Neue Gefangene brachten uns hingegen Nachricht vom großen Leiden des einfachen Volkes.

Eines Morgens war ich auf dem Weg zur Arbeit, als mir eine junge Frau begegnete. Ich erkannte sie sofort. Es war Dölkar, die junge Frau aus Lhasa, die mich in Norbukhungste verhört hatte. Sie trug einen blauen Anzug, und ihr Haar war zu zwei kurzen Zöpfen geflochten. Sie sah mich mißbilligend an, ohne mich zu erkennen. Mir fiel ein, daß sie gesagt hatte: »Ich würde nicht zögern, dich zu erschießen.«

Dölkar gehörte zu den hohen Funktionärinnen der Frauenbrigade. Jeder in Drapchi kannte sie. Die Laienhäftlinge sprachen davon, wie attraktiv sie sei. Dölkar war auf dem Höhepunkt ihres Ruhms und ihrer Macht, und jeder fürchtete sie. Sie war der Liebling der Chinesen, ein Musterkader. Kurz zuvor hatte sie einen chinesischen Funktionär geheiratet, dem wir den Spitznamen »Tro Tro Lha Lo« gegeben hatten, weil er so schnell wie ein Maschinengewehr sprach. Er stand der Baubrigade vor.

Anfang 1965 forderten uns die Chinesen auf, Kritik an den Zuständen zu üben. Zuerst zögerten wir, da wir wußten, daß jede Bemerkung in unsere Akte gelangte und später gegen uns verwendet werden konnte. Deshalb lobten die meisten von uns, wie üblich, die Partei.

Nur ein Khampa erhob sich, um eine Beschwerde vorzubringen. Während einer Routinedurchsuchung habe eine der Wachen seinen *zhi* gestohlen, einen Stein, den alle Tibeter hoch in Ehren halten. Wir sprechen diesem Edelstein Wunderkräfte zu. Der Gefangene sagte, der Stein habe seit Generationen seiner Familie gehört und sei ihm von seiner Mutter geschenkt worden. Er bezeichnete Dölkar als die Diebin. Es wurde totenstill im Hof. Wir alle wandten uns »Tro Tro Lha Lo« zu. Sein Gesicht war verkniffen.

Der Mut des Khampa erstaunte mich. Noch nie hatte jemand gewagt, sich über einen Aufseher zu beklagen. Die Milde der Chinesen hatte natürlich einen konkreten Grund. Sie wollten die Errichtung der Autonomen Region Tibet, die unser Land zu einem Teil Chinas machen würde, mit einer großen öffentlichen Feier begehen. In Lhasa erwartete man hohe Funktionäre aus Beijing, und eine Delegation sollte das Gefängnis besuchen. Man wollte die Häftlinge bei Laune halten, damit es während der Festlichkeiten nicht zu Unruhen kam. Die Beschwerde des jungen Khampa wurde folglich ernst genommen, und sein Mut beflügelte die anderen, ebenfalls kein Blatt vor den Mund zu nehmen.

Fast alle Beschwerden richteten sich gegen Dölkar. Die Frauenabteilung beklagte sich, Dölkar habe Rationen unterschlagen. Eine andere Einheit brachte vor, Dölkar habe eine zusätzliche Lieferung frischer Milch vom Bauernhof des Gefängnisses verlangt. Die Behörden handelten umgehend: Dölkar wurde zurückgestuft und mußte die Hirten der Gefängniskühe beaufsichtigen.

Wenige Tage später war ihr Verhalten völlig verändert. Sie hatte ihre Selbstsicherheit eingebüßt und mied den Blick der Gefangenen. Ich freute mich über ihren Sturz, aber sie tat mir auch ein wenig leid. Doch sie sollte nicht lange in Ungnade bleiben.

Unterdessen weilten unsere Gedanken wie immer beim Dalai Lama. Solange er sich für die Befreiung Tibets einsetzte, war noch nicht alles verloren. Unsere Hoffnung erhielt Nahrung, als wir im offiziellen *Tibet Daily* lasen, der Dalai Lama richte ein Büro in Amerika ein.

Amerika! Wir waren begeistert und verbreiteten flüsternd die gute Nachricht im ganzen Gefängnis. Ich erinnere mich noch, wie ein Häftling namens Tendar Nagbo seinen Leidensgenossen Nyima Tenzin fragte, ob er die Neuigkeit gehört habe. Nyima wußte, worauf Tendar anspielte, und erwiderte:»Wir müssen nur noch eine Weile durchhalten. Nun hilft Amerika, die mächtigste Nation der Welt, dem Dalai Lama. Es kann nicht mehr lange dauern, und wir sind frei!«

Das waren gefährliche Gespräche, und wir wußten es. Mit als erstes lernte man im Gefängnis, die eigenen Gedanken für sich zu behalten und Hochstimmung oder Traurigkeit zu verbergen. Man äußerte nur dann Freude oder Wut, wenn die Partei es für richtig hielt. Anderen teilte man seine Gedanken höchst selten mit, nicht einmal den engsten Gefährten.

Es gab immer Häftlinge, die sich lieb Kind machen wollten, indem sie Vergehen meldeten. Tendar und Nyima wurden prompt verraten: Dölkar hörte von ihrer Unterhaltung.

Das war die Gelegenheit, auf die sie gewartet hatte. Sie informierte die zuständigen Stellen, und man beauftragte sie mit Ermittlungen. Am folgenden Morgen platzte sie in unsere Zelle herein und erklärte, wir müßten alle auf dem Gelände bleiben. Sie wurde von drei Wachen und einem hohen chinesischen Funktionär begleitet. Es bestand jedoch kein Zweifel daran, wer das Kommando führte.

Auch Häftlinge aus anderen Einheiten wurden in den Hof gebracht. Wir mußten uns wie zum Appell aufstellen. Dölkar ergriff wütend das Wort:»Einige Leute haben konterrevolutionäre Propaganda verbreitet. Sie haben den Gefangenen leere Hoffnungen gemacht.« Der Begriff »leere Hoffnungen« war eine neue Wendung der Kommunisten, die auf Versammlungen ständig fiel. Damit war gemeint, daß es sinnlos sei, auf die Unabhängigkeit Tibets oder die Rückkehr des Dalai Lama zu warten.

Dölkar schritt vor uns auf und ab und schrie:»Die Verbrecher heucheln Besserung, in Wirklichkeit aber konspirieren sie gegen die Partei und das Volk. Die Verbrecher sollten vortreten und sich schuldig bekennen.« Sie blickte uns erwartungsvoll an.

Wir schwiegen, denn wir hatten keine Ahnung, was der Sinn dieser Versammlung war oder wer mit »den Verbrechern« gemeint war. Wir wußten nie, was bei diesen überraschenden Zusammenkünften passieren würde. Manchmal kam es dabei zu Hinrichtungen. Niemand trat vor. Es schien den Chinesen großes Vergnügen zu bereiten, wenn Häftlinge vor Angst zitterten.

Dölkar entschloß sich, deutlicher zu werden. »Gestern haben zwei Gefangene beim Besuch der Sanitätsstation die Gelegenheit wahrgenommen, sich gegen die Partei zu verschwören.« Ein hörbarer Seufzer der Erleichterung ging durch die Reihen. Die meisten von uns waren an jenem Tag nicht auf der Sanitätsstation gewesen. Nyima Tenzin machte einen kleinen Schritt nach vorn: »Ich war gestern auf der Sanitätsstation.« Sofort packten ihn zwei Aufseher und drehten ihn zu uns um. »Bekennst du dich schuldig?« schrie Dölkar. Ich wußte, daß Nyima willensstark war und sich nicht von der ersten Drohung einschüchtern lassen würde. Er war sich im klaren darüber, daß er seine Schuld so lange nicht eingestehen durfte, bis Dölkar verraten hatte, wieviel sie tatsächlich wußte. Dölkar wirkte zufrieden, weil sie im Begriff war, einen »bösen, reaktionären Banditen« zu entlarven. Nyima zitterte und war den Tränen nahe.

Verhöre und Thamzings waren Zerreißproben für Funktionäre wie Gefangene. Ziel des Verhörs war es, den Häftling zum Geständnis seiner Schuld zu bewegen, obwohl er nicht wußte, wessen er angeklagt war. »Gesteh!« lautete die Parole dieser Sitzungen. Der Häftling fragte: »Was habe ich getan?« Der Verhörende antwortete: »Du hast Verbrechen begangen, und wir haben jede Menge Beweise. Du solltest gestehen.«

Der Häftling zermarterte sich das Hirn, ob er sich vielleicht unabsichtlich der Partei widersetzt hatte. Da fast jede Handlung in ein Verbrechen umgemünzt werden konnte, wartete der erfahrene Häftling auf Hinweise darauf, welches Geständnis man von ihm erwartete. Doch unter Druck konnte es geschehen, daß der Gefangene verwirrt wurde. Viele bekannten sich zu Verbrechen, die sie gar nicht begangen hatten, oder sie legten falsche Geständnisse ab, um die Mißhandlungen zu beenden.

Nyima wollte Zeit gewinnen, doch je länger er zögerte, desto wütender wurde Dölkar. »Gesteh! Gesteh!« schrie sie und fuchtelte mit der Faust herum.

Ein hoher Parteisekretär der Gefängnisleitung beobachtete das Schauspiel. Später erfuhren wir, daß man ein ähnliches Verhör mit der Baubrigade, zu der Tendar Nagbo gehörte, abgehalten hatte. Die dortige Versammlung wurde von »Tro Tro Lha Lo« geleitet. Tendar blieb hartnäckig und gestand nichts. Aber Nyima brach schließlich zusammen und gab zu, mit Tendar gesprochen zu haben.

Dölkar triumphierte. »Die üblen Reaktionäre Tendar und Nyima haben konspiriert und konterrevolutionäre Propaganda verbreitet«, erklärte sie. »Sie haben den Feind des Vaterlandes gepriesen.« Dann schleppte man Nyima fort, um ihn Tendar gegenüberzustellen, der sich noch immer weigerte, seine Schuld einzugestehen.

Die Untersuchung dauerte mehrere Tage. Wir wurden noch einmal zusammengerufen, um Tendar und Nyima anzuprangern. Dann kam es eines Tages, zu dem Zeitpunkt, als gewöhnlich die Zellen zugesperrt wurden, zu großer Unruhe. Der Mönch Gedun Sönam war verschwunden, und die Wachen machten sich auf die Suche nach ihm. Ich konnte die Jeeps aus dem Gefängnistor rasen hören; die Soldaten auf den Wachtürmen waren alarmiert. Ein Bewacher rief sogar Gedun Sönams Namen, als könne der Mönch die Uhrzeit vergessen haben. Ich fragte mich, ob Sönam, der viel älter als ich war, wirklich einen Ausbruch gewagt hatte. Er stammte aus Drepung, arbeitete in unserer Brigadeküche, war jovial, freundlich und bekannt für seine große Gelehrsamkeit. Die Wachen fanden ihn schließlich hinter dem Küchenbereich: Er hatte sich die Kehle mit dem Fleischmesser durchgeschnitten.

Gedun Sönams Selbstmord gab Nyimas und Tendars Fall eine neue Richtung. Die Chinesen behaupteten, zwischen den beiden Vorkommnissen gebe es eine Verbindung, und Tendar und Nyima trügen Schuld an Sönams Tod. Sie wurden deshalb zu lebenslänglicher Haft verurteilt. Eine Woche später brachte Nyima sich um.

Jemand aus seiner Zelle berichtete mir, Nyima habe ein Stück stumpfen Metalls gefunden, sei leise zu Bett gegangen und habe sich die Decke über den Kopf gezogen. Als er am nächsten Morgen nicht aufstand, habe der Zuzhang die Decke zurückgerissen. Nyima hatte sich den Nacken durchbohrt und keinen Laut von sich gegeben, der seine Nachbarn zur Rechten oder Linken hätte warnen können.

Viele Häftlinge nahmen sich das Leben. Unter den Gefangenen war man geteilter Meinung über diesen Schritt. Die einen hielten die Selbstmörder für Feiglinge, die anderen bewunderten ihren Mut. Ich wage kein Urteil zu fällen. Niemand kann die extreme Verzweiflung nachvollziehen, die einen Menschen dazu drängt, sich das Leben zu nehmen. Für mich als buddhistischen Mönch ist das menschliche Leben ein höchst kostbares Gut. Mir schenkte der Gedanke Kraft, meinen Folterknechten zu beweisen, daß sie mich nicht unterkriegen konnten, daß ich noch immer Mut zum Leben hatte.

Tendars und Nyimas »Verbrechen« bestand darin, daß sie sich ein befreites Tibet vorgestellt hatten. Die Kommunisten hatten vor Menschen, die solche Träume hegten, schreckliche Angst. Und die Freiheit des Dalai Lama verlieh unserer Hoffnung Ausdruck.

Die Chinesen eröffneten Versammlungen gern mit dem Satz: »Ihr müßt aufhören, euch leeren Hoffnungen hinzugeben.« Sie nannten uns häufig *a-yong go-khar*, was man mit »Wartet, bis ihr schwarz werdet« übersetzen könnte. Es sollte heißen, daß wir uns vergeblich nach der tibetischen Unabhängigkeit sehnten. Hoffnung auszudrücken, egal welcher Art, war ein schweres Verbrechen.

Nach den Selbstmorden von Nyima Tenzin und Gedun Sönam war Dölkar rehabilitiert und galt erneut als eifrige Verteidigerin des Sozialimus. Man übertrug ihr wieder die Leitung der Frauenbrigade, und sie stolzierte im Gefängnis umher, als wäre es ihr persönliches Lehen. Ich ahnte, daß sie auf der Suche nach weiteren Opfern war, und wir gaben uns alle Mühe, ihr aus dem Weg zu gehen.

Doch es war beinahe unmöglich, nicht in Schwierigkeiten zu geraten. Was wir für unschuldiges Benehmen hielten, konnte von unseren Vorgesetzten leicht als Verstoß gegen ein uns unbekanntes Gesetz interpretiert werden.

Im Oktober 1965 sollte eine Feier zum Jahrestag der Machtergreifung der Kommunistischen Partei Chinas stattfinden. Ich mußte in der Kantine helfen. Der Koch, den ich aus meiner Zeit in Drepung kannte, war guter Stimmung, grinste mich an und sagte, es gebe gedünstete Fleischbällchen. »Freust du dich?« wollte er wissen.

Ich antwortete mit einem Vers des VI. Dalai Lama, der als der größte romantische Dichter Tibets gilt: »Wenn man seine Geliebte nicht jeden Tag haben kann, was nützt dann ein einziger Tag?«

Dann vergaß ich den Zwischenfall. Einige Wochen später wurde der Koch in einer regulären Versammlung unter Druck gesetzt, »Verbrecher zu entlarven«. Wir saßen schweigend da, mit rasendem Puls. Keiner konnte die Angst unterdrücken, das nächste Opfer zu sein.

Ich wußte natürlich, daß ich kein Verbrechen begangen hatte. Doch jeder Gefangene mußte die Fertigkeit entwickeln, Geständnisse abzulegen, die der Partei wohlgefällig waren. Ich verließ mich gewöhnlich darauf, mich einer kleinen Verfehlung anzuklagen und sie in eine großartige ideologische Erklärung zu kleiden. Beispielsweise sagte ich, ich sei häufig zur Latrine gegangen, um mich vor der Arbeit zu drücken. Damit hätte ich den Sozialismus untergraben und die Produktion behindert. Dann brachte ich meinen Wunsch nach einer erhöhten Produktion zum Ausdruck. Die größte Angst hatten wir jedoch vor dem Augenblick, in dem wir andere anklagen und kritisieren sollten.

Auf der erwähnten Versammlung wurde der Koch aufgefordert, jemanden zu kritisieren, und er wählte mich aus. Er verwandelte meine beiläufige Bemerkung in der Küche in eine Diffamierung des Sozialismus und eine Verherrlichung der alten Feudalgesellschaft. Mein Zitat wurde als Versuch interpretiert, die alte Ordnung wieder einzuführen.

Ich mußte aufstehen, und ein Funktionär sah mich mit geheucheltem Erstaunen an. »Du unverschämter Reaktionär«, sagte er. »Wie kannst du es wagen, die Bedingungen der Feudalzeit mit denen der neuen Gesellschaft zu vergleichen?« Dann fragte er die versammelten Gefangenen, ob die Bedingungen vor der Ankunft der Chinesen ihrer Meinung nach besser gewesen seien. Er behauptete, unter der alten Gesellschaftsordnung habe man die Häftlinge in den Gefängnissen verhungern lassen, wohingegen in der neuen Gesellschaft selbst den Verbrechern, die ein Gewehr auf die Partei gerichtet hätten, die Chance zur Besserung gegeben werde.

Ich schwieg. Es hatte keinen Sinn zu erklären, wie meine Worte zu verstehen waren. Wenn man erst einmal unter Anklage stand, gab es keine Verteidigung mehr. Ich wurde aufgefordert, meine Gedanken und mein Verhalten zu prüfen. »Wir werden dich beobachten«, warnte der Funktionär. »Du mußt mit deiner feudalen Gesinnung brechen und die neue Gesellschaftsordnung bejahen.« Dann wurde ich achtzehn Tage lang dazu verhört, ob die alte Gesellschaft wirklich besser gewesen sei als die neue sozialistische Ära.

Ich war seit fünf Jahren in Haft, hatte mich jedoch noch immer nicht ans Gefängnis gewöhnt. Meine Arbeit in Drapchi war körperlich nicht anstrengend, doch die Angst vor Kritik bereitete mir seelische Qualen. Meine Situation wurde dadurch verschlimmert, daß ich keine Verbindung zu meiner Familie hatte. Wir durften einander nicht schreiben, denn jede Form der Kontaktaufnahme mit der Außenwelt erregte sofort Verdacht.

Gleichzeitig zwang man die Familien, sich von uns loszusagen. Ein Parteifunktionär besuchte in der Regel die Verwandten und unterwarf sie der sogenannten Umerziehung. Er fragte, ob sie auf der Seite des Sozialismus und der arbeitenden Bevölkerung stünden oder auf der Seite der »Reaktionäre, die sich der Partei widersetzen und die Einheit des Vaterlandes unterwandern«. Darauf gab es natürlich nur eine Antwort.

Es war für alle am sichersten, die Angehörigen zu vergessen. Wir alle lernten, so zu leben, als wären wir Waisen – ohne Eltern, Geschwister oder auch nur Freunde. Mir als Mönch fiel das möglicherweise leichter als anderen Gefangenen. Ich war an das Alleinsein gewöhnt. Außerdem hatte ich keine starken Bindungen, keine Erinnerungen an eine Frau oder Kinder. Es kam häufig vor, daß Frauen wieder heirateten, um zu beweisen, daß sie die Bande zu ihrem reaktionären Ehemann durchschnitten hatten. Die Partei begrüßte solche demonstrativen Handlungen.

Im Februar 1966 wurde ich wieder einmal verlegt. Als wir den

Befehl hörten, unsere Sachen zu packen, fürchteten wir, nach Kongpo im Südosten Tibets, nahe der Grenze zu Birma, geschickt zu werden. Dort hausten die Gefangenen inmitten des Regenwaldes und waren so weit von Lhasa und jedem anderen Verwaltungszentrum entfernt, daß die Wachen die Häftlinge nach Lust und Laune prügeln und bestrafen konnten.

Als Gefangener erfuhr man nie, warum man verlegt wurde. Wir waren ständig in Bewegung, nicht nur aus verwaltungstechnischen Gründen, sondern auch, um zu verhindern, daß wir zu einer Gruppe zusammenwuchsen. Die Partei vermutete überall Verschwörungen.

Jede freundliche Tat wurde mit Stirnrunzeln registriert. Freundschaft galt offiziell als eine »zuckerverkleidete Gewehrkugel«, zumal, wenn es sich um die Freundschaft zwischen einem Vertreter der Arbeiterklasse und einem ehemaligen Grundbesitzer handelte. Ich erinnere mich, daß ein vormals Adliger sofort ein Thamzing über sich ergehen lassen mußte, nachdem er einem Sträfling eine Zigarette geschenkt hatte. Man interpretierte seine Handlung als Versuch, sich die Gunst der Arbeiterklasse zu erkaufen.

Die Chinesen warnten uns vor den »zuckerverkleideten Gewehrkugeln«, die von den Klassenfeinden abgeschossen würden, um die sozialistische Revolution zum Scheitern zu bringen. Die Gefangenen lernten, jeglichen unnötigen Kontakt mit anderen zu meiden. Sträflinge und politische Gefangene aus armen Verhältnissen wurden dazu angehalten, die sozialistische Revolution zu unterstützen, indem sie Klassenfeinde entlarvten. Einige befolgten diese Anweisungen.

Ich wurde häufig verlegt, von Zelle zu Zelle oder von einer Brigade zur anderen. An einem kalten Februarmorgen kam ich nach Sangyib in ein neues Gefängnis; es trug den Namen des kleinen Dorfes am Ende eines engen Tals, etwa fünfundzwanzig Kilometer nordwestlich von Lhasa.

Die steilen Hänge schützten Sangyib vor den schlimmsten Winden. Nach und nach wurde es zu einem riesigen Komplex mit drei verschiedenen Haftanstalten sowie einer Ausbildungsstätte für die bewaffnete Volkspolizei. Zudem wurde hier das Verwaltungszentrum für alle tibetischen Gefängnisse eingerichtet. Als ich 1966 dort eintraf, hatten die Chinesen erst zwei Gebäude eröffnet: *outritu* und *yitritu*, das heißt Gefängnis Nummer eins und Nummer fünf. Ich wurde in Nummer fünf gesteckt, das in fünf Brigaden unterteilt war. Meine Brigade kampierte im Freien und wurde immer dann eingesetzt, wenn irgendwo zusätzliche Arbeitskräfte gebraucht wurden.

Alle Gefangenen hausten in Zelten, die von dicken Rollen Stacheldraht umgeben waren. Tag und Nacht patrouillierten Wachen. Jedes Zelt, in dem bis zu fünfzehn Gefangene untergebracht waren, umfaßte eine Einheit. Meine Einheit wurde für Malerarbeiten, Steinezerkleinerung und Ziegelherstellung auf den Baustellen eingesetzt.

Nachts sanken die Temperaturen unter den Nullpunkt, und wir drängten uns aneinander, um uns zu wärmen. Oft konnte ich nicht schlafen, da der Wind heftig am Zelt riß. Morgens war die Leinwand immer mit einer dicken Eisschicht überzogen.

Die Chinesen beeilten sich, den Gefängniskomplex in Sangyib fertigzustellen. Sie rechneten offensichtlich mit einer noch größeren Zahl an Häftlingen. Ich mußte Felsbrocken mit Hilfe eines Hammers zu Geröll zerkleinern. Später erhielt ich die leichtere Aufgabe, Fensterrahmen anzustreichen.

Die wöchentlichen Versammlungen, die im Zelt abgehalten wurden, boten Anlaß zu dauernder Sorge. Nach sechs Jahren Haft fiel es mir schwer, neue Selbstanschuldigungen zu erfinden, und ich zerbrach mir schon am Tag vorher den Kopf darüber. Meistens bezichtigte ich mich der Drückebergerei. Wenn ich Glück hatte, akzeptierten die Zellenführer mein Geständnis und ließen mich nach einer Verwarnung laufen. Manchmal ritten sie auf einer winzigen Verfehlung herum und beschuldigten mich des Widerstands gegen die Partei.

Im Frühling 1966 spürte ich eine Veränderung in der Parteipolitik. Während unserer Mittagspause lasen wir gewöhnlich den Leitartikel des *Tibet Daily* und diskutierten anschließend darüber. In der Regel bestand die Diskussion aus Beschimpfungen. Mal waren sie gegen das imperialistische Amerika, mal gegen die sowjetischen Revisionisten oder die indischen Expansionisten gerichtet. Wir orientierten uns stets an dem in der Zeitung vertretenen offiziellen Standpunkt.

Doch in jenem Frühjahr ließen die Leitartikel eine klare Linie vermissen. Die gegen die Klassenfeinde und Revisionisten erhobenen Anschuldigungen wurden zunehmend vager, was bei den chinesischen Funktionären Verwirrung auslöste. Später, als ich wußte, wie die Mechanismen der Kommunistischen Partei funktionierten, wurde mir klar, daß sich in den Leitartikeln des *Tibet Daily* die Machtkämpfe unter den Parteiführern widergespiegelt hatten. Das war der Anfang der Kulturrevolution.

Eines Tages im Mai 1966 mußten wir unsere Arbeit abbrechen und das Zelt abbauen. Auf Lastwagen wurden wir ins Gefängnis von Sangyib transportiert. Normalerweise waren nur drei der fünf Brigaden im Gebäude untergebracht, doch an jenem Nachmittag quoll es über vor Menschen. Ein chinesischer Offizier befahl uns, unser Zelt im Hof aufzuschlagen. Jede Einheit suchte sich eine Stelle, und bald war der Lehmboden des Hofes unter einer Zeltstadt verschwunden.

Der Monat Mai war eine ungewöhnliche Zeit für eine solche Versammlung. Gewöhnlich ließ man die Häftlinge nur im Winter zu einem vierwöchigen »Belohnungs- und Bestrafungstreffen« antreten. Meine Erfahrung sagte mir, daß drastische Veränderungen normalerweise Vorboten schlechter Zeiten waren.

An Schlaf war inmitten der zusammengepferchten Gefangenen kaum zu denken, und auch die Angst vor der Zukunft hielt mich wach. Am nächsten Morgen blieb die übliche Hektik aus. Kein Aufseher ließ sich blicken, um uns aus den Zelten zu treiben. Wir durften im Hof herumlungern, und man hatte sogar die Zellentüren offengelassen.

Dann marschierte eines Tages eine Gruppe Offiziere in den Hof, und die Kommandanten der einzelnen Brigaden riefen zum Appell. Ein hoher chinesischer Offizier übernahm die Versammlungsleitung. Er verkündete, der Vorsitzende Mao habe persönlich erklärt, jeder Mann, jede Frau und jedes Kind in China müßten an der Kulturrevolution teilnehmen und die Partei von Revisionisten säubern.

Man händigte uns ein kleines Buch mit dem Sechzehn-Punkte-Leitfaden des Vorsitzenden Mao aus. Der chinesische Offizier ermahnte uns, die Punkte auswendig zu lernen und allen Parteifeinden den Krieg zu erklären. Ich war erstaunt darüber, mit welcher Schnelligkeit die Behörden das Buch und die tibetische Übersetzung gedruckt hatten. Diese Eile deutete darauf hin, daß es ratsam war, die neue Kampagne ernst zu nehmen.

Außerdem sollten wir unsere Zweifel und unsere Kritik vorbringen. Mao habe persönlich angeordnet, niemanden für seine Meinungsäußerung zu bestrafen. Der Offizier klang aufrichtig, als er uns mit sanfter, wohlklingender Stimme über die neue Entwicklung informierte. Doch ich traute dem Frieden nicht. Ich mußte immer wieder an die Einleitung aller Verhöre denken: »Die Kommunistische Partei zeigt Milde, wenn du deine Fehler eingestehst.«

Doch die Sehnsucht, endlich einmal unsere Meinung äußern zu dürfen, war so übermächtig, daß viele Häftlinge Gefühlen Ausdruck gaben, die sie seit Jahren für sich behalten hatten. Zu lange hatten sie über ihre Freiheitsberaubung, über die Einschüchterungen bei den wöchentlichen Versammlungen und über die Brutalität der Zellenführer geschwiegen.

Am meisten verzehrten wir uns jedoch danach, miteinander

reden zu dürfen und nicht fürchten zu müssen, daß unsere Worte zu einer Diffamierung des Sozialismus oder der Partei verdreht wurden. Aber das Versprechen der Straffreiheit war natürlich nur eine Taktik, »die Schlange aus ihrem Loch zu locken«, wie die Chinesen später erläuterten. Das war der Auftakt zur Kulturrevolution, die Tibet in den nächsten zehn Jahren in die Tiefen der Hölle stürzte.

Die Kulturrevolution:
Im Abgrund der Hölle

Eines Morgens mußte ich ein neues Haus in der Nähe von Drapchi anstreichen. Ich war noch nicht lange bei der Arbeit, als sich Jugendliche mit roten Fahnen näherten und mich ablenkten. Sie flatterten im Wind und hoben sich leuchtend vor dem blauen Himmel ab. Ich hörte das Schlagen von Becken und das Dröhnen von Trommeln. Lauter noch waren die Sprechchöre: »*Mao wanzi! Mao wanzi!*« Dies bedeutete: »Möge Mao tausend Jahre leben!«

Es war, als hielten Kinder bei einem Festival eine Parade ab. Keiner der Marschierenden sah älter als fünfzehn Jahre aus. Diese Jugendlichen wurden später als die Vorhut der Revolution bezeichnet. Noch jüngere folgten ihnen und klatschten begeistert in die Hände. Alle Teilnehmer der Parade trugen rote Armbinden, was sie als Angehörige der Roten Garden kennzeichnete. Sie nahmen keinerlei Notiz von uns Gefangenen.

Am Abend hörte ich, eine andere Gruppe Jugendlicher sei im Gefängnis erschienen und habe eine Proklamation verlesen, in der alle Kader aufgefordert wurden, sich an der Kulturrevolution zu beteiligen und die Partei von Reaktionären zu säubern. Die Roten Garden sollten in den kommenden Jahren ein Chaos anrichten. Die jungen Leute machten sich Maos Spruch zu eigen: »Rebellieren ist gut.« Leicht zu beeinflussende Jugendliche gingen auf die Straße und zerstörten alles, was ihrer Meinung nach den Fortschritt der Revolution hemmte. Das ist das einzige, wofür ich dem Gefängnis dankbar sein muß: Es schützte mich vor der Brutalität der Roten Garden.

In Seitru konnte ich einmal beobachten, wie Rote Garden über ein Verwaltungsgebäude herfielen. Sie machten spitze Hüte aus Papier und setzten sie den hohen Funktionären auf. Dann rissen sie ihnen die Kleider vom Leib und jagten sie ins Freie. Die Funktionäre wurden gezwungen, sich in einem kleinen Hof vor dem weißgetünchten Gebäude in einer Reihe aufzustellen. Sie boten einen seltsamen Anblick, wie sie so, weit vornübergebeugt, da standen, die Hände auf den Knien. Sie zitterten am ganzen Körper, vor Angst und weil die Stellung so unbequem war.

Ich dachte spontan, die Funktionäre erhielten die gerechte Strafe und bekämen es mit gleicher Münze heimgezahlt. Mein Rachegefühl widersprach meiner religiösen Erziehung, doch es war ein starker menschlicher Impuls. Auch wenn die Gefängnisfunktionäre und Wachen am Ende einer langen Befehlskette standen, war es letztlich ihre Brutalität, unter der wir zu leiden hatten. Es war nur natürlich, daß sich unsere Wut gegen sie richtete. Die Roten Garden bespuckten und beschuldigten sie, die Revolution zu behindern, da sie sich weigerten, die Feinde der Partei an den Pranger zu stellen.

Am nächsten Tag schlichen die Gefängnisfunktionäre mit gebeugten Schultern über das Gelände. Sie wirkten gedemütigt und verwirrt. Wie von den Roten Garden befohlen, hielten sie Versammlungen ab, in denen sie sich selbst beschuldigten, die Revolution nicht mit dem notwendigen Eifer vorangetrieben zu haben. Nun mußten auch sie an Schulungen teilnehmen.

Unsere Brigade wurde ab Mitte Mai 1966 ebenfalls einen ganzen Monat lang geschult. Wir mußten Maos Direktiven studieren und den Fortschritt der Kulturrevolution verfolgen, wie er in den Leitartikeln des *Tibet Daily* dargestellt wurde. Man zeigte uns einen Film, in dem Mao Tausende Rotgardisten auf dem Tiananmen-Platz in Beijing inspizierte.

Dann hieß es, die Kulturrevolution stehe unter dem direkten

Befehl des Vorsitzenden Mao und Lin Biaos. Von dem letzteren hatte ich noch nie gehört. Er war Verteidigungsminister und wurde 1968 zum Nachfolger Mao Zedongs erklärt. In den nächsten beiden Jahren fand keine Versammlung statt, auf der diese beiden Namen nicht fielen.

Man sagte uns, die Kulturrevolution sei vom Vorsitzenden Mao initiiert worden, um alle Faktoren auszumerzen, die den Fortschritt des Sozialismus behinderten, und um jene Feinde der Partei kaltzustellen, welche die Revolution durch ihre subversiven Machenschaften zum Scheitern bringen wollten. Wir müßten die Sache der Revolution zu unserer eigenen machen und unsere Gedanken und Handlungen verbessern. Man werde uns wie Ungeziefer vertilgen, sollten wir vom Weg des Fortschritts abweichen.

Ich verstand nicht, was das alles mit Tibet zu tun hatte.

Eines Morgens im Sommer hieß es, heute werde nicht gearbeitet. Mir sank der Mut; wie die meisten anderen zog ich die Arbeit den endlosen Versammlungen vor. Bei der Arbeit brauchte man wenigstens nicht die Partei und den Vorsitzenden Mao zu preisen. An jenem Morgen standen wir im Hof, unsere Aufseher und die Funktionäre saßen auf einem Podium. Unser schlaksiger Gefängnisdirektor, ein Chinese Ende Vierzig, verkündete: »Die alte Feudalgesellschaft ist tot. Der Sozialismus ist der einzige Weg. Ihr müßt euch bessern und die Partei und die Massen lieben lernen.« Der erste Schritt sei, die »Vier Alten« hinter uns zu lassen: die alte Kultur, die alten Bräuche, Gewohnheiten und Gedanken. Er drohte mit der Faust und erklärte: »Der eisernen Faust des Proletariats kann niemand entgehen!«

Nach einigen weiteren Reden desselben Tenors wurde die Versammlung aufgelöst, und man schickte uns zurück in die Zellen, um die angesprochenen Themen zu diskutieren. Unser Zellenführer erwartete uns bereits und wiederholte, was auf der Versammlung verkündet worden war. Während er sprach, hörten wir draußen Lärm. Wir rannten zur Tür und sahen einen riesigen Berg Wolldecken, Bücher, Schuhe und Kleidung im Hof. Die Gefangenen waren dabei, ihre Habseligkeiten auf den Haufen zu werfen.

Sie trennten sich von den Vier Alten. Man erwartete von uns, daß wir alles »Alte« zerstörten. Der Haufen wurde angezündet und brannte rasch lichterloh. Wir wurden aufgefordert, unseren Besitz ins Feuer zu werfen. Ich hatte ein komplettes Mönchsgewand, das ich als zusätzliche Decke benutzte. Ich schleuderte es ins Feuer. Andere Häftlinge warfen ihren kostbarsten Besitz, einschließlich religiöser Bücher und Gegenstände, in die Flammen. Dicke Rauchwolken stiegen auf.

Ein junger Wachsoldat marschierte in die Unterkunft, zeigte auf ein Paar Schuhe und ordnete deren Verbrennung an. »Sie sind doch neu«, erwiderte der verwirrte Besitzer. »Von indischen Expansionisten hergestellt«, konterte die Wache. Dann bemerkte er mein *thanggo* (Ledersäckchen) und fragte: »Warum klammerst du dich an das Alte?« Jeder tibetische Hirte benutzte ein Thanggo für sein Tsampa, und Pilger trugen es unter ihrem Gürtel. Man konnte es auch als Schale verwenden.

»Dieser Gegenstand wird von der Arbeiterklasse sehr geschätzt«, sagte ich.

»Er ist ein Überbleibsel des Feudalismus, und wir haben keine Verwendung dafür«, erwiderte er kurzangebunden. Dann fuhr er fort: »Dank der Güte der Partei dürfen sogar Gefangene von modernen Tellern essen, ein Privileg, das früher nur der Ausbeuterklasse vorbehalten war.«

Ich ging hinaus und warf mein feudales Thanggo ins Feuer. Das Leder schrumpfte, als die Flammen es erfaßten, und ich wußte nicht, ob ich lachen oder weinen sollte. Unsere neuen Herrscher mußten sogar über einen einfachen Ledersack ihre Macht ausüben.

Fortan wurden alle Dinge entweder als »Überbleibsel der

alten Feudalgesellschaft« oder als »neue sozialistische Gegenstände« eingestuft. Man zwang einige Häftlinge, ihre traditionellen Holzschalen ins Feuer zu werfen. Unser ganzer Besitz wurde durchsucht, damit die Wachen sicher sein konnten, daß wir nichts versteckten. Alles Rotbraune oder Gelbe mußte vernichtet werden, weil diese beiden Farben die Religion repräsentierten. Die Alternative war, Stoffe rot oder dunkelgrün zu färben – ähnlich wie die Uniform der Volksbefreiungsarmee. Ich entschloß mich, meine Sachen umzufärben. Andere schleuderten sie in ihrer Revolutionsbegeisterung in die Flammen.

Wenige Tage später sah ich Rauch vom Kloster Sera zu uns herüberziehen. Sera war das drittgrößte Kloster Tibets und lag wenige Kilometer östlich von unserem Gefängnis. Fast eine ganze Woche lang beobachtete ich, wie Rauch in allen Himmelsrichtungen emporstieg, Anzeichen für den Wahn des Verbrennens, der alle erfaßt hatte; für die Zerstörung von Büchern, Gewändern, Schuhen und allem, was uns teuer war. Doch erst als ich aus dem Gefängnis entlassen worden war, sollte ich begreifen, in welchem Ausmaß man die Kultur meines Landes vernichtet hatte.

Einmal überquerte ich, aus der Haupthalle kommend, den Hof und sah eine angekohlte Buchseite wie ein Herbstblatt auf den Boden flattern. Ich hob sie auf und erkannte, daß es sich um einen liturgischen Text handelte, den ich als Novize auswendig gelernt hatte. Die verkohlte Seite zerfiel in meiner Hand. Ich begann zu weinen, doch schnell wischte ich mir die Tränen mit dem Ärmel ab. Ich kehrte zu den Unterkünften zurück und erblickte ein riesiges Porträt von Mao, das inzwischen an der Wand angebracht worden war.

Die Kampagne gegen die Vier Alten löste eine Art Lähmung bei mir aus: Ich konnte nichts tun oder sagen, ohne zu fürchten, man werde mir vorwerfen, mich an meine alten Gedanken, Bräuche, Gewohnheiten und an die alte Kultur zu klammern.

Dann wurde bekanntgegeben, die Vier Alten seien aus-gelöscht und wir müßten nun sozialistische Bräuche und Ge-wohnheiten übernehmen. Wir lernten, in einem neuen sozia-listischen Idiom zu sprechen und zu schreiben, das im Einklang mit der neuen proletarischen Kultur stehen sollte. Um zu über-leben, mußten wir wenigstens so tun, als würden wir uns beugen.

Die Versammlungen wurden immer beängstigender. Nach der Arbeit kehrten wir zum Abendessen in die Unterkünfte zurück, und danach folgte eine kurze Schulung, in der wir Maos Kleines Rotes Buch oder die Leitartikel im *Tibet Daily* lasen. Ein-mal in der Woche wurde ein Sondertreffen anberaumt, bei dem man Geständnisse ablegte und Kritik übte.

Meine Taktik, meine eigene Faulheit und die meiner Mitge-fangenen zu kritisieren, stellte die Chinesen nicht länger zufrie-den. Der Zellenführer war dafür verantwortlich, daß wir einan-der kritisierten. Einmal saß ich auf meinem Bett, mir fiel einfach nichts ein, was ich gestehen konnte. Verärgert über mein Zö-gern, rief der Zellenführer spöttisch: »Palden hält sich für durch und durch gebessert und ist der Meinung, er sollte entlassen werden! Stimmt's?«

Ich wußte, daß er mich provozieren wollte und daß es ratsam war zu schweigen. Aber der Zellenführer ließ nicht locker, er wollte mich unbedingt zu einer Äußerung provozieren, die er als »parteifeindlich« weitermelden konnte. Schließlich notierte er sich, daß ich das Geständnis verweigerte, mich als arrogant er-weise und für gebessert hielte.

Am folgenden Abend kamen zwei Aufseher in unsere Zelle. Der ältere setzte sich an die Tür, die Zigarette zwischen den Lip-pen, der jüngere stellte sich ans andere Ende des Raumes. Ich hatte das Gefühl, sie seien meinetwegen gekommen. Die Notiz des Zellenführers war vermutlich ans Büro weitergeleitet wor-den. Die anderen Häftlinge saßen schweigend da, als der ältere Soldat mit verschränkten Armen auf mich zu trat.

»Einige Gefangene bilden sich ein, Bürger der neuen Gesell-schaft zu sein«, sagte er, »doch schuldige Reaktionäre können sich nicht über Nacht ändern. Sie sind wie Steine, die man in Baumwolle gewickelt hat: außen weich, aber innen hart.« Dann wandte er sich direkt an mich: »Palden, meinst du, wir sollten dich laufenlassen?« Ich gab keine Antwort. Der Soldat lächelte leise und sagte: »Wer sich weigert, ein Geständnis abzulegen, zeigt Verachtung für den Sozialismus.«

Plötzlich hob er die Stimme und befahl mir, mich mitten in die Zelle zu stellen. Er schimpfte mit mir, als wäre ich ein kleines Kind. »Für dich gibt es nur einen Weg!« brüllte er. Er nickte dem Zellenführer zu, der die Faust hob und schrie: »Nieder mit den Reaktionären!« Die anderen Häftlinge fielen im Chor ein. Der Wachsoldat und der Zellenführer schlugen auf mich ein; ich hob die Hände vors Gesicht, um mich zu schützen. Die Schläge schie-nen nicht enden zu wollen, können aber nicht länger als zwanzig Minuten gedauert haben.

Nachdem die Wachen verschwunden waren, kroch ich in mein Bett und schlief trotz der Schmerzen ein. Als ich am Mor-gen aufwachte, zog ich mein Hemd aus, um die Prellungen an Schultern und Rippen zu begutachten. Als ich unsicher zur Latrine wankte, schützten die anderen Gefangenen irgendeine Beschäftigung vor, um meinem Blick auszuweichen.

Die Kulturrevolution dauerte bis zum Tod des Vorsitzenden Mao im Jahr 1976 an. In dieser Zeit mußte ich dreißig bis vierzig solcher Prügeleien über mich ergehen lassen. Sie blieben kei-nem Gefangenen erspart. Und weil die Thamzings immer von Mithäftlingen durchgeführt wurden, traf die Partei keinerlei Schuld. Wir wurden zu Marionetten. Wenn die Chinesen be-hauptet hätten, die Sonne gehe im Westen auf, hätten wir ihnen nicht widersprochen.

Tibet war nun in zwei Lager geteilt: die *gyenlog* (Rebellen) und die *nyamdrel* (Verbündete). Jedes Büro, jede Arbeitseinheit und Familie wurden nach diesen Kriterien eingestuft, und häufig kam es vor, daß Mitglieder derselben Familie auf verschiedenen Seiten standen. Auch Gefängnisoffiziere und Aufseher waren nicht gegen den Fraktionskampf gefeit. Junge Funktionäre beschuldigten ihre Vorgesetzten, »Machthaber« zu sein, die den Fortschritt der Revolution behinderten. Die Leitartikler des *Tibet Daily* drängten die Massen, die Agenten Liu Shaoqis auszurotten, des früheren chinesischen Staatspräsidenten, der nun als Führer der kapitalistischen Infiltratoren in der Partei entlarvt worden war.

Die internen Auseinandersetzungen der Chinesen ließen uns nicht zur Ruhe kommen. Versammlungen und Bestrafungen rissen nicht ab. Ein Häftlingsstrom, vorwiegend aus jungen Tibetern und chinesischen Kadern, ergoß sich ins Gefängnis. Unter den Chinesen waren viele einstige Parteifunktionäre, die beschuldigt wurden, Agenten Lius und Dengs in Tibet gewesen zu sein. Im Sommer 1967 brachte der Kampf zwischen den Gyenlog und Nyamdrel das ganze Land zum Stillstand. Allein die Armee funktionierte noch; deshalb wurde die Gefängnisverwaltung von Soldaten übernommen. Wir mußten sie als »Vaterlandsverteidiger« bezeichnen.

Das Ausmaß des Chaos wurde mir klar, als ich eines Tages zur Gemeinschaftsküche ging. Eine Gruppe Chinesen saß in der warmen Sonne. Ihre saubere Kleidung verriet, daß sie Neuankömmlinge waren. Einer von ihnen kam mir bekannt vor. Er rauchte und unterhielt sich mit den anderen. Doch als ich vorbeiging, sah er mir geradewegs ins Gesicht.

»Willkommen Cai Juzhang!« sagte ich. Er sprang auf und schüttelte mir mit einem herzlichen Lachen die Hand.

Cai war der Direktor des Gefängnisses Norbukhungste gewesen, wo man mich 1960 inhaftiert hatte. Sein Gesicht war rund

und aufgedunsen. Er war kein schlechter Mensch, nur etwas jähzornig. Aber seine plötzlichen Wutanfälle pflegten nicht lange anzuhalten. Es war verblüffend, ihn hier als Gefangenen zu sehen.

Ebenso überrascht war ich beim Anblick Wangyäls, eines jungen Tibeters aus Gyantse, der Cai als persönlicher Dolmetscher gedient hatte. Wangyäl hatte von der chinesischen Herrschaft in Tibet profitiert. Er stammte aus einer armen Familie, und die Kommunisten hatten ihn zur Ausbildung nach China geschickt. Nun sah er verwirrt und niedergeschlagen aus. Er erkannte mich zwar, blieb aber stumm. Vielleicht schämte er sich, vielleicht hatte er auch nur Angst davor, des Umgangs mit einem Reaktionär beschuldigt zu werden.

Cai blieb bis 1976 im Gefängnis. Wangyäl und er wurden der Unterschlagung beschuldigt; derlei falsche Anklagen erhob man gegen viele Funktionäre.

Die Tage vergingen langsam, allein die Arbeit lenkte uns von der ständigen Angst ab, durch einen Mitgefangenen angeklagt zu werden. Der Druck, andere kritisieren und sich selbst beschuldigen zu müssen, war erbarmungslos. Jeder bespitzelte jeden. Hunderte von Augenpaaren beobachteten jede Geste. Die Furcht machte uns unterwürfig und gefügig, doch tief im Inneren hegte ich bitteren Haß auf die chinesischen Behörden und ihre kleinliche Grausamkeit.

Einen Ausweg gab es nicht. Die Weigerung, an den »Kritik«-Veranstaltungen teilzunehmen, galt als antisozialistisch und kam einer Revolte gleich. Während der Kampfversammlungen schrieben die Soldaten alles mit, was man sagte. Wenn sie merkten, daß ein Häftling nicht mit ganzem Herzen bei der Sache war, beschuldigten sie ihn mangelnder revolutionärer Begeisterung. Es wurde erwartet, daß man seine Mitgefangenen wie Erzfeinde behandelte.

Als Reaktionär der Ausbeuterklasse war ich ein leichtes Opfer. Im Gefängnis wie draußen profitierten nur die »armen Bauern« von der Kulturrevolution. Sie galten als politisch sauber, denn sie hätten kein Verlangen, wieder feudale Privilegien einzuführen. Strafgefangene solcher Herkunft stolzierten im Gefängnis herum wie Auserwählte. Sie waren zwar nicht gegen Kritik gefeit, doch bei ihnen mußte man sehr vorsichtig sein, weil sie jede Beschuldigung mit der simplen Behauptung abschmettern konnten, es handele sich um einen Versuch, die Arbeiterklasse anzugreifen.

Der Wert eines Tibeters wurde auf beiden Seiten der Gefängnismauern von seiner Klassenzugehörigkeit abgeleitet. Wenn ein Strafgefangener hart arbeitete, regelmäßig Kritik übte und seine Begeisterung für den Klassenkampf zum Ausdruck brachte, konnte es geschehen, daß er Straferlaß bekam und entlassen wurde.

Ende 1967 ging es in den Versammlungen nur noch um kleinlichste Vorwürfe und um Geständnisse trivialster Verfehlungen. Die Strafen waren jedoch so grausam und brutal wie eh und je. Sogar unsere Sitzweise wurde kritisiert. Saßen wir im Lotossitz, einer Haltung, die den meditierenden Buddha nachahmt, wurden wir umgehend beschuldigt, dem Buddha feudale Ehrerbietung zu erweisen. Man zwang uns, wie die Soldaten der Volksbefreiungsarmee auf dem Boden zu hocken. Ich fand das sehr unbequem, und ich bin sicher, den anderen tibetischen Gefangenen erging es ähnlich. Diese Stellung war für uns ungewohnt, und unsere schwachen Beine begannen zu zittern. Nach wenigen Minuten mußte ich aufstehen und so tun, als würde ich etwas holen.

Im Frühjahr 1968 wurde ich in einer Ziegelei in der Nähe des Gefängnisses eingesetzt. Mehrere Monate vergingen ohne Kritik und ohne Schläge. Die Abende waren Studien gewidmet, das heißt der Lektüre von Maos Kleinem Rotem Buch. Eines Abends betraten zwei Soldaten und ein tibetischer Funktionär namens

Chung la, unser Brigadekommandant, die Zelle. Der dunkelhäutige Chung brauste leicht auf.

Einer der Soldaten, ein höherer Offizier, ergriff das Wort. »Die Partei ist freundlich und geduldig gewesen«, sagte er mit übertriebenem Unmut in der Stimme. »Die Partei hat allen reaktionären Verbrechern die Chance gegeben, sich zu bessern, aber trotzdem stellen sie sich gegen das Volk und die Partei. Diese Verbrecher sind wie Schlachter, die Schafsköpfe in ihrem Schaufenster ausstellen, im Laden jedoch nur zähes Ziegenfleisch verkaufen.«

Dieser Offizier beherrschte die Kunst des Melodrams. Wir wußten, ein solcher Erguß konnte nur bedeuten: Einen von uns erwartete eine strenge Bestrafung. Sogar der Zellenführer hatte Angst, denn wegen des kleinsten Vergehens, das er nicht gemeldet hatte, konnte man ihn der Komplizenschaft beschuldigen. Der Offizier warf seinem Begleiter einen kurzen Blick zu, und dieser rief umgehend: »Palden Gyatso.« Ich erstarrte.

Bei der Nennung meines Namens entspannten sich die Gesichter der anderen. Meine Zellengenossen seufzten erleichtert auf. Ich hatte keine Ahnung, was man mir zur Last legen würde, erhob mich jedoch und trat in die Mitte des Raumes. Der Offizier forderte mich auf zu gestehen. Er warf mir vor, »in Wolle gewickelte Geschosse abgefeuert« zu haben.

»Gesteh! Gesteh!« schrie er mich an. Einige Gefangene wären dadurch so erschüttert worden, daß sie ihre tiefsten Geheimnisse ausgeplaudert hätten. Aber ich hatte gelernt, daß ich ruhig bleiben und den Mund halten mußte, bis der Offizier sagte, wessen ich angeklagt war. Mein Schweigen verärgerte die Soldaten. Der Offizier befahl dem Zellenführer und einem anderen Gefangenen, mich an den Händen zu packen.

Sie stießen meinen Nacken nach unten und drehten mir die Arme auf den Rücken. »Nach unten mit dem Kopf«, brüllte der Offizier, »du unverschämter Reaktionär!« Ein Sprechchor: »Gesteh! Gesteh!« ertönte um mich herum. Ich schwieg noch immer. Zwei weitere Männer betraten die Zelle, ein Häftling und ein Aufseher. Der Zellenführer riß mich an den Haaren hoch. Er wies auf den Gefangenen, der soeben zur Tür hereingekommen war, und fragte mich: »Erkennst du ihn?«

Der Mann hieß Rigzin; er stammte aus Lhasa. Er gehörte derselben Brigade an wie ich, und ich hatte ihn häufig auf dem Gefängnisgelände gesehen. Er arbeitete ebenfalls in der Ziegelei. Ich wußte jedoch nicht, welche Verbindung es zwischen uns geben sollte.

»Ja, ich kenne ihn«, erwiderte ich.

Der Zellenführer stieß meinen Kopf wieder nach unten, und Rigzin wurde aufgefordert, seine Anschuldigungen zu erheben. »Üble Reaktionäre wie Palden«, sagte er, »haben sich nie mit der Niederlage des Feudalismus abgefunden. Sie träumen insgeheim davon, den Leichnam des Feudalismus auferstehen zu lassen.« Dann gab Rigzin das Verbrechen preis, das ich begangen haben sollte: Am frühen Nachmittag hätte ich das »Ritual des Wasseropfers« vollzogen. Dieses Ritual wird von allen Tibetern ausgeführt. Man taucht einen Finger ins Wasser und schnickt die Tropfen als Opfer für die Götter in die Luft. Seit dem Beginn der Kulturrevolution hatte ich es nicht mehr vollzogen, weil ich sehr wohl wußte, welche Folgen es haben würde.

»Gibst du das zu?« fragte der Offizier.

»Ich habe ein solches Opfer nie gebracht«, entgegnete ich wütend.

Der Offizier wandte sich an Rigzin und befahl ihm, die Einzelheiten zu schildern. Ich traute meinen Ohren nicht. Rigzin beschrieb, wie ich die Hände in einen Bach getaucht und sie dann in der Luft geschüttelt hätte. Ich erinnerte mich an den Vorfall – allerdings ganz anders. Mein Handschuh war in den Bach gefallen, und ich hatte mich gebückt, um ihn herauszuholen. Dann hatte ich die Hände zusammengelegt, um etwas kühles Wasser zu trinken. Es war so erfrischend, daß ich etwas in mein Gesicht spritzte. Anschließend schüttelte ich das Wasser von den Händen, um sie zu trocknen.

Rigzin verdrehte diese einfache Handlung zu einem Ritual. Der Offizier befahl den Häftlingen sogleich, mich einem Thamzing zu unterziehen. Sie stürmten auf mich zu und boxten mich in den Rücken und in die Seiten. Einige traten mich. Der Zellenführer wickelte ein dickes Seil um meine Arme und meinen Körper, so daß ich mich nicht bewegen konnte. Ein Hieb nach dem anderen landete auf meiner Brust, auf Armen, Schultern und Rippen. Die Gefangenen wußten, wenn sie nicht kräftig genug zuschlügen, würden sie selbst sich der halbherzigen Unterstützung des Sozialismus schuldig machen. Ich konnte nicht einmal das Gesicht mit den Händen schützen.

Ich habe erlebt, daß Häftlinge während eines Thamzings den Tod fanden. Ein sanftmütiger alter Herr namens Sholkhang Yonten, Schreiber des XIII. Dalai Lama, weigerte sich, Seine Heiligkeit anzuprangern, und mußte ein Thamzing über sich ergehen lassen. Während die Schläge auf ihn einprasselten, verlor er das Bewußtsein; auf dem Weg ins Krankenhaus starb er.

Ich hätte einen schnellen Tod begrüßt und feuerte die Wachen an, mich umzubringen. Sie waren verblüfft über meine Tollkühnheit und beantworteten sie mit einem Schlag auf die Schläfe und einem Tritt in die Rippen.

Schließlich hechelten die Aufseher wie die Hunde, und es stank nach Schweiß. Ich stürzte zu Boden. Der Zellenführer entfernte das Seil, und ich konnte wieder normal atmen. Beim Verlassen des Raumes drehte sich der Offizier zu mir um und sagte: »Bilde dir nicht ein, dein Fall sei damit abgeschlossen. Wir werden so lange weiterermitteln, bis du dein Verbrechen gestehst.«

Ich kroch in mein Bett. Langsam verebbte der Schmerz, und ich wurde vom Schlaf übermannt. Am nächsten Morgen war ich an der Reihe, den Tee aus der Gemeinschaftsküche zu holen.

Mein Gesicht war geschwollen, meine Rippen und Arme von Prellungen übersät. Meine Zellengefährten wußten, daß ich starke Schmerzen hatte. Jeder einzelne wäre gern an meiner Stelle in die Küche gegangen, wenn eine solche Geste nicht als »Fraternisieren mit einem Reaktionär« oder als »Sympathisieren mit einem antisozialistischen Verbrecher« ausgelegt worden wäre. Deshalb schauten meine Mitgefangenen nur stumm zu, als ich mit dem Eimer in den Hof taumelte.

Später marschierten wir wie üblich in die Ziegelei. Meine Qualen waren allen deutlich, aber jeder wandte den Blick ab. Ich arbeitete, so gut ich konnte, um meine Lage nicht zu verschlimmern. Im Laufe des Nachmittags packte mich die Angst vor der Rückkehr in die Zelle. Bei unserer Ankunft wartete der Zellenführer bereits auf uns; er rauchte. Ich legte mich auf meine Schlafmatte, doch er sah mich zornig an und fragte: »Was soll denn das?«

Dann begann er, mich zu beschimpfen, und nannte mich *je-lupa* (rückständig). Kurz darauf erschien der Brigadekommandant Chung la in Begleitung derselben Soldaten wie am Vortag in der Zelle. Er wiederholte seine Anschuldigungen und fragte mich, warum ich trotz des Verbots weiterhin Wasseropfer vollzöge. Ich beteuerte abermals meine Unschuld.

Erneut erhielt der Zellenführer den Befehl zu einem Thamzing. Ich senkte den Kopf. Einer der Häftlinge nach dem anderen boxte und kritisierte mich. Einige zerrten nur an meiner Kleidung, denn sie konnten es nicht über sich bringen, auf jemanden in meinem Zustand einzuschlagen.

Das ging jeden Abend so weiter, dreizehn Tage lang. Ich konnte nichts essen, und die Arbeit war meine einzige Zuflucht. Doch wenn die Pfeife ertönte und wir uns aufstellten, um ins Gefängnis zurückzumarschieren, verkrampfte sich mein Magen, und mein Herz erbebte vor Angst.

Ich erinnere mich daran, daß ein weiterer Häftling in dieser

Zeit Selbstmord beging. Man nannte ihn Mei Matok – eine Anspielung auf die großen Warzen in seinem Gesicht. Er war Mönch im Kloster Namgyäl im Potala gewesen und 1959 verhaftet worden, weil er am Aufstand in Lhasa teilgenommen hatte. Als er sich umbrachte, war auch er gerade Opfer eines Thamzings gewesen.

Mei arbeitete wie ich in der Ziegelei. Ein Feldweg führte von der Fabrik zum Gefängnistor. Jeden Tag gingen wir diesen Weg entlang durch den Staub, den die Lastwagen aufwirbelten. Mei marschierte drei Reihen vor mir. Eines Abends, auf dem Heimweg in unsere Zellen, warf sich Mei unter einen Lastwagen, der gerade durch das Haupttor fuhr. Der Lastwagen bremste, aber es war zu spät. Meis Fuß zuckte heftig und blieb dann bewegungslos liegen. Ich schaute weg. Wir wurden im Eilmarsch ins Gefängnis beordert.

Niemand verlor ein Wort über Meis Tod. Man ging darüber hinweg, als handelte es sich um ein alltägliches Ereignis, was vermutlich in vielerlei Hinsicht zutraf. Wir alle hatten zuviel Angst, um unsere wahren Gefühle zu zeigen. Selbst unsere Tränen flossen im verborgenen.

Unser tägliches Leben war eine solche Pein, daß wir gelernt hatten, Schläge und Folter scheinbar gleichgültig hinzunehmen. Doch ich fühlte, wie meine Kräfte nachließen. Die seelische Belastung, die Angst vor jedem neuen Tag begannen mich zu erdrücken. Ich überlegte, ob ich Meis Beispiel folgen sollte. In der Zelle hob das Thamzing aufs neue an. Doch diesmal waren die Schläge weniger heftig. Selbst Chung schien sich zurückzuhalten.

Vierzehn Tage lang weigerte ich mich, meine Schuld einzugestehen und blieb bei meiner Version der Ereignisse. Der Offizier gab schließlich auf und sagte, mein Fall werde bei der jährlichen Beurteilungsversammlung zur Sprache kommen. Ich glaube, meine Hartnäckigkeit brachte mir die Bewunderung meiner Zellengefährten ein.

Die jährliche Beurteilungsversammlung fand im Winter statt. Alle Gefängnisinsassen mußten sich versammeln, und die Brigadekommandanten verlasen ihren Bericht. Die »eifrigen« Gefangenen, die andere bespitzelt hatten, wurden mit einem Bild Maos oder seinem Kleinen Roten Buch belohnt. Jene, die sich nicht »gebessert« hatten, bestrafte man mit Haftverlängerung oder sogar mit dem Tod.

An einem Novembermorgen des Jahres 1970 weckte uns das kratzende Geräusch des großen Metalltores. Es wurde nur selten geöffnet. Dann befahl der Brigadekommandant den Aufsehern mit dröhnender Stimme, die Gefangenen zu wecken. Die Zellentür flog auf, die Aufseher kamen hereingestürmt und rüttelten die Schlafenden wach. Wir versammelten uns im Hof. Es war noch dunkel, und am Himmel standen Abertausende von Sternen. Der eisige Wind pfiff uns schneidend ins Gesicht, während Lastwagen ins Gefängnis rumpelten. Von unserem Zellenführer erfuhren wir, daß man uns zur jährlichen »Belohnungs- und Bestrafungsversammlung« nach Drapchi bringen werde. Das bedeutete die Teilnahme an einer Hinrichtung.

Es war noch immer dunkel, als wir in Drapchi ankamen. Wir sprangen von den Lastwagen und setzten uns auf Befehl der Wachen in den Schlamm. Weitere Lastwagen trafen ein, und Hunderte von Gefangenen stiegen aus. Die Insassen eines jeden Gefängnisses in der Umgebung von Lhasa waren zu dieser Versammlung gebracht worden. Bei Anbruch der Dämmerung mußten wir in den Gefängnishof einmarschieren. Die Nummern der Gefängnisse und Brigaden waren mit Kreide auf den Boden gemalt.

Ein Offizier erklärte uns die Regeln der Versammlung: kein Reden, kein Schlafen, kein Austreten. Wir freuten uns über die Wärme der morgendlichen Sonne. Funktionäre aus der Justizbehörde erschienen im Hof und setzten sich vor uns auf eine lange Bank. Auf ein Signal führten die Wachen die Todeskandidaten herein. Ich war zwar erleichtert darüber, nicht zu ihnen zu gehören, doch das, was dann geschah, stieß mich zutiefst ab.

Bewaffnete Aufseher schleppten einen Gefangenen nach dem anderen in den Hof. Sie waren mit Juteseilen gefesselt und geknebelt. Man hatte ihnen ein Brett mit chinesischen Schriftzeichen umgehängt, die ich nicht lesen konnte. Wahrscheinlich handelte es sich um den Namen des Häftlings und Angaben zu seinem angeblichen Verbrechen. Immer mehr Gefangene wurden in den Hof geschleppt, und alle trugen solche Bretter um den Hals. Bald standen mehr als fünfzig vor uns.

Ein Aufseher gab den Zellenführern ein Zeichen, und Aktivisten brachen in den Sprechchor aus: »Tod den Konterrevolutionären!« Dann fielen tausend Stimmen in diesen Verdammungsschrei ein.

Ich erkannte zwei Männer aus meiner Brigade unter den zur Hinrichtung aufgereihten Häftlingen. Zwei Tage zuvor waren Dikhung Paldar und Lhabchug aus Meldrogonkar ins Büro gerufen worden. Es hieß, sie seien freigelassen worden. Nichts hatte darauf hingewiesen, daß sie exekutiert werden sollten. Aber nun standen sie vor uns. Es ist schwer, einen Menschen, den man kennt, in den Minuten vor seinem Tod zu beobachten.

Dann wurde mein Name von einem Offizier auf dem Podium verlesen. Ich mußte nach vorn zu einem Häftling treten, der bewegungslos auf dem Boden kniete und auf seine Hinrichtung wartete. Eine Wache packte den Gefangenen am Haar und drehte mir sein Gesicht zu. Es war eine alte, zahnlose Frau, deren zerfurchtes Gesicht man blau geschlagen hatte. Sie bekam kaum noch Luft. Noch heute erschaudere ich beim Gedanken an dieses Gesicht.

Zwei Aufseher packten mich und stießen meinen Kopf nieder. Der Name der Frau wurde verlesen, gefolgt von der Liste ihrer »Verbrechen«: Sie habe dem Vaterland Widerstand geleistet, sei konterrevolutionär aktiv gewesen und habe die Diktatur des Proletariats beseitigen wollen. Doch ich hörte nicht zu, denn ihr Name hatte mir einen Stich ins Herz versetzt.

Sie hieß Kundaling Kusang la. Mir war der Name schon häufig zu Ohren gekommen. Kundaling entstammte einer hohen tibetischen Adelsfamilie und wurde allgemein ob ihres Mutes, sich den Chinesen zu widersetzen, bewundert. Sie hatte die große Frauendemonstration am 12. März 1959 in Lhasa organisiert und geleitet, und ich hatte gehört, sie habe bei einem Thamzing auf der Unabhängigkeit Tibets bestanden. Kusang la war die Heldin des tibetischen Aufstands von 1959.

Wir schauten einander an. Ihre Augen waren rot und verschleiert. Irgend etwas in ihrem Gesicht schien meine Gebete zu erflehen. Es war Winter, doch die Sonne schien hell auf den Hof, und die Hitze verursachte mir Schwindel. Ich stellte mir einen Adler hoch über uns am wolkenlosen Himmel vor, und mir war, als werde sich der Vogel herabstürzen und mich von diesem Ort forttragen, hinweg aus der Gegenwart des Todes.

Ein Soldat neben mir ließ mich aufschrecken. Er legte mir die Hände auf die Schultern. Mein Brigadekommandant erschien vor mir.

»Palden Gyatso«, sagte er. Meine Kehle war trocken. Doch er erwartete ohnehin keine Antwort. »Weißt du, daß du am Rand des Abgrunds wandelst, daß du nur so weit« – die Entfernung zwischen seinem Daumen und Zeigefinger – »von diesen Häftlingen entfernt bist?« Er deutete auf die Todeskandidaten. Ich war jedoch so von Angst und Abscheu erfüllt, daß ich seine Drohungen kaum wahrnahm.

Die Verlesung der Delikte dauerte bis zum Nachmittag. Man verkündete, die Partei habe beschlossen, diesen Verbrechern das Existenzrecht abzusprechen. Mit Donnerstimme verlangten die Zuhörer den Tod der Konterrevolutionäre und aller Volksfeinde. Die Gefangenen wurden auf die Ladefläche eines Lastwagens gepfercht. Dieser rollte langsam an allen versammelten

Brigaden vorbei und hielt an einem Graben von anderthalb Metern Tiefe an, den Gefangene knapp jenseits des Tores ausgehoben hatten. Die Offiziere stiegen auf die Gefängnismauer, um besser sehen zu können. Einige hatten Feldstecher dabei.

Man zwang die Häftlinge, sich an den Rand des Grabens zu knien. Dann wurden sie von einem Exekutionskommando erschossen. Die Wucht der Kugeln ließ sie in den Graben stürzen. Die Soldaten zielten erneut und schossen aus der Nähe auf die Gefangenen, die beim erstenmal nur verwundet worden waren. Die Stille nach einer Minute Gewehrfeuer ist noch durchdringender als gewöhnlich. An jenem Tag fanden fünfzehn Menschen den Tod.

Die Familienangehörigen eines Hingerichteten pflegte man durch eine Rechnung zu informieren, auf der man die Zahl der Kugeln und die Länge des Juteseils, mit dem der Häftling gefesselt war, verzeichnet hatte. Alles wurde fein säuberlich aufgeführt und abgerechnet.

Der Tod war unser ständiger Begleiter und das größte Machtinstrument der Partei. Die Häftlinge stellten sich dem Tod auf verschiedene Weise. Ich erinnere mich, daß ich im Herbst 1971 zusammen mit anderen Gefangenen in ein kleines Büro gerufen wurde. Die Tür stand weit offen, und außerdem konnte man alles, was sich im Raum abspielte, durch ein großes Fenster beobachten. Ein älterer Mönch namens Jampa Chöphel trat vor mir ein.

Jampa war der Abt des Klosters Shang Petok und ein hochgelehrter Mönch aus Ganden. Trotz aller Schläge und Folterungen hatte Jampa seine Gelübde nicht widerrufen. Doch seine Reaktion auf die Verkündung des Todesurteils kam für alle völlig unerwartet. Er winselte um Gnade und warf sich in voller Länge vor dem chinesischen Offizier nieder wie Mönche vor ihrem Lehrer oder einem hohen Lama. Jampa weinte hemmungslos. Die Soldaten stürzten sich auf ihn, schleppten ihn an einen Tisch und preßten seinen Fingerabdruck auf ein Dokument. Danach banden sie ihn wie einen Sack zusammen und warfen ihn in eine Ecke des Zimmers.

Als nächstes war ein Mann namens Pema Dhoden an der Reihe. Pema war der Oberhofmeister des Ersten Tutors und Regenten Taktra gewesen, der Tibet während der Minderjährigkeit des Dalai Lama verwaltet hatte. Er erfreute sich im Gefängnis allgemeiner Beliebtheit. Auch Pema ahnte nichts von seiner baldigen Hinrichtung. Er stand vor dem Tisch, als ihm der Offizier verkündete, die Partei habe beschlossen, ihm das Lebensrecht zu versagen.

»*Thugche che*«, sagte Pema. »Danke!« Es klang entzückt. Ich war überrascht, ebenso die Chinesen. Doch sie waren noch überraschter über das, was folgte. Er zitierte nämlich ein altes tibetisches Sprichwort: »*Du-po me-tse tung-na ga, kyi-po me-ts na go.*« (»Es ist gut, ein langes glückliches Leben zu haben, aber es ist noch besser, ein kurzes zu haben, wenn es unglücklich ist.«) Dann legte er mit großer Ruhe den Finger auf das Stempelkissen und drückte ihn fest auf das Dokument.

Ich finde es bemerkenswert, da Pema ein Laie ohne Ausbildung in Meditation oder buddhistischer Philosophie war. Wie konnte er dem Tod mit solchem Mut entgegensehen, während ein gelehrter Mönch, der sein ganzes Leben der Todesbetrachtung und dem Glauben gewidmet hatte, daß seine physische Existenz vergänglich sei, so verzweifelt um Gnade flehte? Pemas Reaktion hatte die Macht der Chinesen zu einem Nichts werden lassen. Angesichts seiner Gelassenheit war ihre Brutalität sinnlos geworden.

Ein weiterer Häftling wurde zum Tode verurteilt, weil er versehentlich ein Bild Maos zerkratzt hatte. Sein Verbrechen trat während einer wöchentlichen Versammlung zutage. Der Zellenführer hatte wie gewöhnlich den Vorsitz. Ein Gefangener beschuldigte einen anderen, tiefen Haß auf den Großen Steuermann, den Vorsitzenden Mao, zu hegen. Der Beweis sei, daß jemand auf dem Mao-Porträt des Beschuldigten einen Kratzer festgestellt habe. Die genauen Ausmaße des Kratzers wurden auf der Versammlung genannt, und der Häftling sollte erklären, wie es dazu gekommen sei. Da er es nicht konnte, verurteilte man ihn zum Tode.

Damals lancierte die Kommunistische Partei in China Kampagnen gegen Konfuzius und Lin Biao. In Tibet wurde gegen den Dalai Lama und den Panchen Lama zu Felde gezogen. Die Chinesen wollten unbedingt, daß die Tibeter Seine Heiligkeit als den größten Feind der Partei und der neuen sozialistischen Gesellschaftsordnung anprangerten. Wir umschifften diese Klippe gewöhnlich, indem wir statt dessen den tibetischen Adel beschuldigten. Immer wieder stellte man uns die Frage: »Wer ist die Quelle allen Elends in Tibet?«

Eines Tages erhob sich ein Gefangener namens Thupten Kunga. Er war wegen seiner Teilnahme am Lhasa-Aufstand von 1959 zu einer Haftstrafe von einundzwanzig Jahren verurteilt worden. Mit ruhiger Stimme machte er die Aussage, die wir alle sorgfältig vermieden hatten: »Der Dalai Lama ist die Quelle allen Elends in Tibet.« Wir trauten unseren Ohren nicht. »Der Dalai Lama ist der Sklavenhalter, der das Vaterland verraten hat. Wir müssen die Verbrechen des Dalai Lama offenlegen.«

Kunga erhielt einen Strafnachlaß von sieben Jahren, und später ernannte man ihn zum Zellenführer.

Ende 1970 waren die innerparteilichen Kämpfe mehr oder weniger beendet. Die Armee hielt das Heft fest in der Hand. Alle Klöster und Tempel waren geschlossen oder zerstört worden. Das tibetische Volk lebte nun in Kommunen, die als »höchste Entwicklungsstufe« bezeichnet wurden.

Besserung durch Arbeit

Ende 1970 war ich seit zehn Jahren im Gefängnis. Mittlerweile glaubte ich nicht mehr, daß ich je die Freiheit wiedersehen würde. Ich war seelisch und körperlich sehr geschwächt und rang ständig nach Atem. Deshalb bat ich den Brigadekommandanten um Erlaubnis, den Sanitätsraum aufsuchen zu dürfen, doch vergebens.

Zweihundert von uns wurden zur Arbeit auf der Baustelle eines Wasserkraftwerks in Tolung, südlich von Lhasa, entsandt. Die Chinesen behaupteten, das Wasserkraftwerk sei ein weiteres Beispiel dafür, daß sich Tibet zu einer modernen Gesellschaft entwickele. Wir hoben Gräben aus, um Wasser vom Fluß umzuleiten, und mühten uns so sehr ab, daß wir die Arbeit einer Woche in nur drei Tagen leisteten.

Höhere Funktionäre der Elektrizitätsbehörde beglückwünschten uns, und zur Belohnung erhielt jeder ein Stück Seife und ein Handtuch. Wir hatten uns so sehr ins Zeug gelegt, weil die Arbeit uns half, unsere große seelische Belastung zu bewältigen.

Als ich nach Sangyib zurückkehrte, hatte sich meine Gesundheit weiter verschlechtert. Wieder verweigerte man mir den Besuch des Arztes. Ich sei ein Simulant, der sich nur vor der Arbeit drücken wolle. Man schickte mich in den Steinbruch, wo den Häftlingen besonders viel abverlangt wurde. Eines Tages verlor ich das Bewußtsein.

Ich erwachte im Krankenhaus.

Das Zimmer war makellos sauber, und der überwältigende

Geruch nach Antiseptika hing in der Luft. Ein Arzt fragte mich: »Warum sind Sie nicht schon früher zu uns gekommen?« Meine Antwort, der Brigadekommandant habe es mir nicht erlaubt, erzürnte den Arzt. Er sagte, ich sei schwer krank und müsse in ein größeres Hospital verlegt werden. Deshalb brachte man mich zurück nach Drapchi.

Zum erstenmal in meinem Leben wurde ich gründlich untersucht. Der Arzt, ein junger Chinese namens Wang, sprach etwas Tibetisch und wiederholte dauernd: »*Yag po min do.*« (»Das ist nicht gut.«) Ich schwieg. Nach der Untersuchung rief er eine tibetische Krankenschwester herbei, welche die Diagnose übersetzen sollte. So erfuhr ich, daß ich ein Herzleiden hätte, doch die Einzelheiten gingen bei der Übersetzung verloren.

Es war seltsam, ein Bett für sich allein zu haben, fern vom Gedränge der Zellen. Die sauberen weißen Baumwollaken empfand ich als einen unglaublichen Luxus; außerdem erhielt ich neue Kleidung. Den Patienten wurden drei Mahlzeiten pro Tag – und zwischendurch noch Imbisse – serviert. Morgens brachte man uns echten tibetischen Buttertee, und häufig gab es Reis und sogar Gemüse.

Wang bemühte sich aufrichtig um das Wohlergehen seiner Patienten, doch auch das medizinische Personal wurde von der Partei für ihre Zwecke mißbraucht. Man hatte Wang meine Akte zukommen lassen, und er fragte mich oft, weshalb ich an meinen reaktionären Überzeugungen festhielt. Er riet mir, mich dem Sozialismus zuzuwenden, denn dieser sei gleichbedeutend mit dem Fortschritt für die ganze Welt.

Unter der rücksichtsvollen Behandlung von Ärzten und Krankenschwestern wurden viele Häftlinge schwach und gaben seit Jahren gehütete Geheimnisse preis. Ich war entschlossen, nicht in diese Falle zu tappen. Trotzdem ließ ich mich eines Tages dazu hinreißen, eine »verleumderische« Bemerkung über den Sozialismus zu machen.

Die Behörden brachten in jeder Zelle oder Arbeitsgruppe und auf allen Krankenstationen einen Spitzel unter. Dabei handelte es sich gewöhnlich um Strafgefangene von »sauberer« Klassenherkunft. Sie hatten den Auftrag, den Behörden alles, was sie sahen oder hörten, zu melden, und wurden auch angehalten, einzelne Häftlinge direkt zu kritisieren.

Am Tag nach meiner Verlegung ins Krankenhaus merkte ich, daß es auch auf unserer Station einen solchen Spitzel gab. Ein junger Mann aus Nagchu in Nordosttibet wurde neben mir untergebracht. Er schien nicht sonderlich krank zu sein, und nachdem er sich vorgestellt hatte, verkündete er mit erstaunlicher Gleichgültigkeit, er habe seine Frau ermordet. Seine Klassenherkunft sei die eines »armen Nomaden«. Damit mußte er erheblich von der chinesischen Besetzung profitiert haben. Alle nannten ihn wegen seiner revolutionären Neigungen *mardho* (der Rote).

Ich war Mardho gegenüber mißtrauisch, denn die Erwähnung seiner Klassenherkunft hatte mich gewarnt. Obwohl er mir dauernd zusetzte, war ich entschlossen, mich von ihm nicht provozieren zu lassen. Eines Tages verlor ich dann aber doch die Beherrschung, als Mardho meinen neuen Pyjama haben wollte, den ich unter meinem Kopfkissen verwahrte.

»Als armer Nomade hast du alles von der Partei bekommen«, rief ich, »ich aber bin Mitglied der Ausbeuterklasse, und mir hat man alles geraubt.«

Mardho sah hocherfreut aus. Mir war klar, daß meine unüberlegten Worte verdreht und ausgeschmückt werden würden, bis sie meine radikale Ablehnung des Sozialismus bewiesen. Tatsächlich trat der Brigadekommandant bald an mein Bett und hielt mir einen Vortrag über »Reaktionäre, die sich mit der Niederlage des Feudalismus nicht abgefunden haben«.

In den nächsten beiden Wochen wurde ich einem Thamzing unterzogen und aufgefordert, meine Verbrechen zu gestehen.

Statt wie üblich mit Fäusten auf mich einzuhämmern, überhäufte man mich mit Beschimpfungen. Meine Mitpatienten taten ihr Bestes, ihre Empörung aufrichtig wirken zu lassen. Sie erhoben die obligatorischen Anklagen, und ich legte ein Geständnis ab. Mardho trug eine selbstgefällige Miene zur Schau, denn schließlich hatte er seine Pflicht getan und geholfen, einen Reaktionär zu entlarven.

Als meine Genesung fortschritt, teilte man mir leichte Arbeiten im Krankenhaus zu; entweder mußte ich Zimmer säubern oder Verbände und Wattebäusche herstellen. Ich war immer noch kurzatmig und hatte starke Schmerzen in der Brust.

Anfang 1971 wurde ich entlassen und ins Gefängnis von Sangyib zurückgebracht. Man wies mich in die Zelle Nummer eins ein, welche als die schlimmste von allen galt.

Nach dreitägiger Freistellung von der Arbeit mußte ich wieder hinaus in den Steinbruch marschieren, wo ich anfangs zusammen mit Hunderten von Gefangenen Felsbrocken zu quadratischen Blöcken zerkleinerte. Doch bald mußte ich die Steine auf dem bloßen Rücken jeweils hundert Meter zur Baustelle schleppen.

An meinem zweiten Tag im Steinbruch sah ich einen jungen Mann bewegungslos auf dem Rücken liegen: Ein gewaltiger Stein lastete auf seiner Brust. Die Grausamkeit der Bewacher und Funktionäre kannte keine Grenzen. Einen Monat später schlug Zellenführer Wangyäl einen Häftling mit einer Eisenstange auf den Kopf und fügte ihm eine Platzwunde zu.

Die Haut an meinen Fingern und Handflächen wurde hart und schwielig. Einige Gefangene fertigten sich Handpolster aus alten Schuhsohlen an, und auch ich sammelte so viele Sohlen wie möglich. Als ich sechs beisammen hatte, band ich sie mit Draht aneinander. Das Polster schützte meine Hand vor den scharfen Kanten der Steine und wurde eines meiner kostbarsten Besitztümer.

In jenem November bemerkte ich zwei Soldaten, die Porträts von Lin Biao abhängten. Er war vom Plenum der Partei zum Nachfolger des Vorsitzenden Mao ausgerufen worden, und wir hatten fast fünf Jahre lang morgens und abends »Lang lebe Lin Biao« skandieren müssen. Die Entfernung der Bilder ließ vermuten, daß sich etwas Wichtiges ereignet hatte.

Ein paar Tage später mußten wir zu einer Versammlung antreten. Der Gefängnisdirektor gab bekannt, daß Lin Biao versucht habe, Mao zu ermorden. Nach dem gescheiterten Anschlag sei das Flugzeug, mit dem Lin und seine Mitverschwörer hatten entkommen wollen, abgestürzt, und niemand habe überlebt. Die chinesischen Funktionäre machten einen verstörten Eindruck.

Nun leitete man eine neue Kampagne zur Diskreditierung Lin Biaos ein. Wir studierten den *Tibet Daily* und erhoben die üblichen Bezichtigungen, die uns mittlerweile fast in Fleisch und Blut übergegangen waren. Alle Hinweise auf Lin Biao wurden rasch aus der Parteiliteratur getilgt. Man übermalte sein Gesicht auf Wandgemälden und Bildern oder zerstörte sie. Seiten, auf denen sein Name erschien, wurden aus Büchern kurzerhand herausgerissen.

Auf einer anderen Versammlung teilte uns ein junger tibetischer Funktionär namens Tempa mit, Henry Kissinger werde China besuchen. Ich hatte noch nie von ihm gehört. Tempa erklärte, wer Kissinger sei, und führte aus, daß sich die Beziehungen zwischen den USA und China gefestigt hätten. Ein paar Monate darauf erfuhren wir, daß auch Präsident Nixon China einen Besuch abstatten werde.

Nixons Besuch wurde als Sieg für China und die proletarische Revolution hingestellt. Wir dagegen waren zutiefst enttäuscht. Seit 1960 hatten wir gehofft, die Amerikaner würden unser Land befreien. 1961 hatte ich in Drapchi gehört, man habe in Indien eine tibetische Armee aufgestellt, die von Amerikanern ausgebildet werde. Der Häftling, von dem ich diese Information erhielt, war selbst zur Ausbildung nach Amerika geflogen und dann mit einem Fallschirm über Tibet abgesprungen.

Unsere Hoffnungen waren durch die Heftigkeit geweckt worden, mit der China die Vereinigten Staaten beschimpfte. Es bezeichnete die Amerikaner als nach Weltherrschaft strebende Reaktionäre und als die größten Feinde Chinas. Wir hatten eine Versammlung nach der anderen damit verbracht, den amerikanischen Imperialismus zu kritisieren. Deshalb war es deprimierend zu hören, daß die amerikanische Regierung nun vor der chinesischen zurückwich. In China hieß es, der Ostwind habe den Westwind besiegt.

Wir waren gezwungen, endlose Triumphreden über uns ergehen zu lassen. Man erklärte uns, wir hätten vergebens auf die Unterstützung der amerikanischen Imperialisten gehofft; in Wirklichkeit könnten sie uns genausowenig helfen wie unsere Götter.

Zudem zeigte man uns Filmaufnahmen von der Begrüßungszeremonie, die in Beijing für Nixon abgehalten worden war. Aus den Gefängnislautsprechern dröhnten wochenlang Nachrichten über die chinesisch-amerikanische Freundschaft. Der amerikanische Präsident sei wie ein Hund mit eingezogenem Schwanz nach Beijing gekommen. Und im folgenden Jahr trat China den Vereinten Nationen bei. Sämtliche Aussichten auf eine Befreiung Tibets schienen sich verflüchtigt zu haben.

Unser einziger Trost bestand darin, daß der Dalai Lama immer noch in Indien in Freiheit war.

Es war unwahrscheinlicher als je zuvor, daß man mich irgendwann entlassen würde. Andererseits schien mir ein Leben in der Freiheit nicht mehr unbedingt wünschenswert zu sein. Schreckliche Geschichten drangen zu mir, etwa vom Tod eines Handwerksmeisters namens Dram-la, der bronzene Ritualobjekte hergestellt hatte. Dram-la war 1960 verhaftet worden und hatte zehn

Jahre lang im Gefängnis gesessen. Als er 1970 in sein Dorf zurückkehrte, begrüßte man ihn mit einem Thamzing. Sämtliche Dorfbewohner, darunter seine eigenen Familienangehörigen, hatten sich versammelt, um gegen ihn Zeugnis abzulegen. Sie verurteilten ihn als Klassenfeind und Reaktionär. Nach ein paar Tagen in »Freiheit« nahm sich Dram-la das Leben.

Die Behörden wollten uns mit dergleichen Berichten warnen: Nur wenn wir unsere Gesinnung radikal änderten, könnten wir dem Zorn der Massen entkommen. Das tibetische Volk sei von revolutionärer Begeisterung erfüllt und betrachte den Vorsitzenden Mao als seinen Leitstern. Damit wollten die Chinesen andeuten, daß es keinen Unterschied zwischen einem Leben innerhalb und außerhalb der Gefängnismauern gebe.

1975 war meine fünfzehnjährige Haftstrafe abgelaufen. Am Morgen des 24. Dezember befahl man mir, nicht zur Arbeit zu gehen, sondern mich statt dessen im Hauptverwaltungsgebäude zu melden. Ich wußte, daß man mich nicht entlassen, sondern nur wieder einmal verlegen würde. Ein paar Häftlinge warteten vor dem Büro, und auch sie rechneten nicht mit einer glücklichen Rückkehr zu ihren Familien und Freunden. Am Ende der offiziellen Haftzeit wurden Gefangene nämlich häufig ins *laogai*-System überwiesen. Laogai bedeutet »Besserung durch Arbeit« und kennzeichnet im Grunde nur ein Gefängnis anderer Art.

Ein Tibeter trat aus dem Büro und verlas meinen Namen. Der Gefängnisdirektor und der Brigadekommandant warteten im Innern auf mich. Sie taten geschäftig, als bereiteten sie meine Entlassung vor, doch dann teilte mir der Brigadekommandant mit, meine nächste Station werde Nyethang Zhuanwa Chang sein.

»Zhuanwa Chang!« rief ich und konnte ein Lachen kaum unterdrücken. Der Ort war berüchtigt für seine harte Zwangsarbeit. Wenn sich die Aufseher über uns ärgerten, drohten sie uns manchmal mit einer Verlegung nach Zhuanwa Chang.

Dieses Arbeitslager war knapp fünfundzwanzig Kilometer von Lhasa entfernt und befand sich am Ufer des Tsangpo. Es beherbergte eine der größten Fabriken des ganzen Landes und produzierte Unmengen Fliesen und Ziegel. Ich hatte mir schon gedacht, daß ich dort landen würde.

Als ich meine Sachen zusammenpackte, stieß ich auf eine Quittung für ein paar meiner Habseligkeiten, die 1960 beschlagnahmt worden waren. Ich legte die Quittung im Büro vor, und etwa zwanzig Minuten später tauchte ein Bewacher mit einem Bündel auf. Beim Prüfen des Inhalts stellte ich fest, daß meine Armbanduhr fehlte. Daraufhin kehrte ich ins Büro zurück und zeigte dem chinesischen Offizier erneut meine Quittung.

Er befahl mir, draußen zu warten. Nach mehreren Minuten erschien der Brigadekommandant und informierte mich, meine Uhr sei vernichtet worden.

»Aber der Besitzer lebt noch«, erwiderte ich. Nur die Habseligkeiten von toten Häftlingen würden vernichtet. Der Brigadekommandant ging wieder ins Büro, und ich hörte Bruchstücke einer Auseinandersetzung. Schließlich kam ein tibetischer Offizier heraus und verlangte meine Quittung zu sehen.

»Es ist eine goldene Rolex«, sagte ich. »Die beste Uhr der Welt. Sie soll sogar dann noch funktionieren, wenn man sie ins Feuer wirft oder einfriert.«

»Wie können wir die Uhr finden, wenn wir keine Einzelheiten haben?« meinte der Offizier.

»Das Original dieser Quittung muß in meiner Akte sein«, erwiderte ich. Wir betraten erneut das Büro, und der Aufseher hielt dem *juizhang* (Gefängnisdirektor) die Quittung hin.

»Wir werden dich für deine Uhr entschädigen«, sagte der Gefängnisdirektor ruhig.

Ich lehnte den Vorschlag ab, da die Uhr sehr teuer sei.

»Es gibt einen offiziellen Wechselkurs für Gold«, versicherte er.

Die Sache begann mir Spaß zu machen. »Aber mein Bruder hat die Uhr nicht zum offiziellen Kurs gekauft. Und außerdem würde ich lieber meine Uhr als das Geld haben.«

Ich tat so, als wäre ich verärgert, und bezichtigte ihn des Diebstahls und des Bruchs der Gefängnisvorschriften. Jahre des Thamzings hatten mich gelehrt, daß die beste Angriffsmethode darin besteht, die Parteitreue und die ideologische Position eines Funktionärs in Frage zu stellen.

»Der Vorsitzende Mao hat die Volksbefreiungsarmee ermahnt, gewisse Regeln einzuhalten, und die verbieten den Soldaten, dem Volk auch nur eine Stecknadel wegzunehmen«, erklärte ich. »Nur ein reaktionärer Soldat würde einem Häftling etwas *stehlen.*«

Schließlich beteuerte der Gefängnisdirektor, man werde Ermittlungen anstellen und mir die Uhr nach Nyethang Zhuanwa Chang nachsenden. Der Trecker wartete bereits, also packte ich mein Bündel und lief hinaus. Die Auseinandersetzung mit den Funktionären hatte mir Aufschwung gegeben und mich mit einem Gefühl des Triumphs erfüllt. Der Trecker ließ Sangyib hinter sich und fuhr in Richtung Lhasa.

Wir brauchten etwa drei Stunden, um die Ziegelei zu erreichen. Ich teilte mir den Anhänger mit zwei anderen Häftlingen: einem Chinesen, der früher Buchhalter gewesen war, und einem ehemaligen Mönch aus Shigatse. Wir kamen unmittelbar am Potala vorbei – es war das erste Mal seit 1964, daß ich den herrlichen Palast wiedersah.

Die Verwaltung befand sich in einem neuen blechgedeckten Gebäude. Zwei Funktionäre, ein Tibeter und ein Chinese, saßen an einem Schreibtisch. Der Tibeter – er hieß Trinlay – las meine Akte durch. Der Chinese, der kräftig an seiner Zigarette zog, musterte uns nur, während Trinlay das Gespräch bestritt. Er fragte mich nach meinem Namen und anderen Einzelheiten und verglich sie mit dem Inhalt der Akte.

»Du bist kein Häftling mehr«, sagte er. Mein Schweigen machte deutlich, daß ich mich seiner Meinung nicht anschloß. Trinlay blieb ungerührt. Er gab mir ein Paar Handschuhe und eine weiße Baumwollmaske, wie sie Chirurgen tragen. Dann klärte er mich über meine Arbeit in der Fabrik sowie über meine Rechte und Pflichten als *ley-mi* (»Besserung-durch-Arbeit«-Häftling) auf.

Ley-mi durften die unmittelbare Umgebung nicht verlassen und Lhasa nicht besuchen. Wir konnten im Genossenschaftsladen einkaufen, allerdings nur mit Erlaubnis unseres Brigadekommandanten und in Begleitung eines zweiten Ley-mi, wobei der eine als Bürge für den anderen fungierte.

Die Unterkunft unterschied sich nicht von einer Gefängniszelle. Sie hatte Lehmwände und einen schlammigen Fußboden. In den Ecken glänzten vereiste Pfützen. Porträts von Marx, Engels, Stalin und Mao hingen an den Wänden. Es gab einen Holzhaken für Kleidungsstücke und eine lange, erhöhte Plattform, die allen Ley-mi als Bett diente. Fünf Stapel Bettzeug verrieten, daß ich den Raum mit fünf anderen teilen mußte.

Es war später Nachmittag, alle arbeiteten. Ich schlief einige Stunden, bis ich von Getrampel und Stimmen geweckt wurde. Die anderen Häftlinge waren überrascht, einen Neuankömmling vorzufinden. Sie lächelten mir zu, wir tauschten Begrüßungen aus und stellten einander zahlreiche Fragen. Zwei von ihnen waren ehemalige Mönche aus Drepung, und wir hatten viele gemeinsame Bekannte. Ich fühlte mich wie zu Hause.

Die Atmosphäre war viel entspannter als im Gefängnis. Zwar wurden immer noch Schulungen und Thamzings abgehalten, aber die Menschen waren offener und äußerten sich freimütiger. Die beiden Mönche nahmen mich unter ihre Fittiche und unterwiesen mich in das Leben eines Ley-mi.

Allmorgendlich stand jeder Ley-mi noch vor der Dämmerung auf und ging mit einem großen Korb auf dem Rücken in die

Dunkelheit hinaus, um tierische und menschliche Exkremente zu sammeln, die als Dünger verwendet wurden. Dabei entwickelte sich ein heftiger Wettbewerb, denn nicht weniger als zweihundert Häftlinge durchstreiften jeden Morgen die nahe gelegenen Hügel auf der Suche nach ihrem Düngerpensum.

Ein Gefangener namens Tseten Wangchuck weigerte sich einmal, seinen Anteil zusammenzutragen. Als die Körbe gewogen wurden, stand Tseten nur mit seinem leeren Behälter da und beteuerte, daß keine Exkremente mehr zu finden gewesen seien. Er wurde sofort einem Thamzing unterzogen.

Als ehemaliger Gutsverwalter einer Aristokratenfamilie war Tseten »ein Repräsentant der Ausbeuterklasse«. Er hatte eine scharfe Zunge. Sein einstiges Anwesen war nur einen knappen Kilometer von Nyethang entfernt, und die dortigen Bauern machten sich über ihn lustig, wenn er auf den Feldern nach Dünger suchte.

Eines Tages erwiderte Tseten auf ihre höhnischen Bemerkungen: »In was für einer wunderbaren Zeit wir leben! Wir sammeln Scheiße, als wäre sie kostbarer Kuchen.« Dies wurde den Behörden gemeldet, und Tseten mußte wegen Diffamierung des Sozialismus wiederum ein Thamzing über sich ergehen lassen.

Am folgenden Morgen weigerte sich Tseten aufzustehen. Seine Mitgefangenen redeten ihm gut zu, aber er rührte sich nicht. Danach traf der Brigadekommandant mit mehreren Aufsehern ein und erteilte ihm einen Tadel. Tseten entgegnete, er habe sämtliche Hügel abgesucht und könne keinen Dünger finden. Der Brigadekommandant mahnte ihn, fleißiger zu sein und sich auch auf den Straßen umzusehen.

»Ich wußte nicht, daß Lastwagen scheißen können«, gab Tseten zurück. »Sozialistische Lastwagen sind kapitalistischen wohl weit überlegen.«

An jenem Tag ließ man die Arbeit ausfallen. Sämtliche Ley-mi und alle Bewohner der umliegenden Kommunen wurden zu

einer Versammlung gerufen. Man forderte die Bauern von Tse-
tens früherem Anwesen und die Häftlinge auf, ihn zu kritisieren.
Er wurde mit Strafpredigten eingedeckt, verprügelt und dann
hingerichtet.

Nachdem ich mein Düngerpensum gesammelt hatte, mußte ich
in die Fabrik marschieren und Schlamm mischen, bis er weich
genug für die Ziegelherstellung in einem Brennofen war. Vor
Staub konnte ich kaum atmen. Man zahlte mir einen bescheide-
nen Lohn, von dem ich meine monatliche Getreideration bestreiten konnte. Außerdem durfte ich zwölf Meter Stoff und fünf
Kilo Zucker pro Jahr kaufen. Unser Lohnniveau hing von unserer politischen Herkunft ab, weshalb mein Einkommen natürlich zu den niedrigsten gehörte.

Zu den Mahlzeiten stellten wir uns vor einer Durchreiche im
Hauptsaal auf. Wir gaben an, wie viele Brötchen wir haben wollten, und ein Aufseher machte für jedes ein Kreuz neben unserem Namen. Auf derselben Liste war auch die Getreidemenge
eingetragen, auf die wir Anspruch hatten. Wer seine Monats-
ration verzehrt hatte, mußte ohne Nahrung auskommen. Außerdem zog man Beträge für Strom, Wasser, Salz, Tee, Gemüse und
Kochfett von unserem Lohn ab.

Das Arbeitslager hatte sich selbst zu finanzieren, und die Ver-
waltungskosten wurden ebenfalls durch Abzüge vom Lohn der
Gefangenen bestritten. Damit kostete es den Staat so gut wie
nichts, ein umfassendes Lagersystem zu betreiben.

Die Behörden folgten dem Motto »Weniger verbrauchen,
mehr produzieren«. Statt einer Winter- und einer Sommeruni-
form mußten wir nun das ganze Jahr dieselbe gefütterte Uniform tragen. Meine Schuhe waren zerfetzt, und meine Kleidung
wurde nur noch von Flicken zusammengehalten.

Ganz Tibet war mittlerweile in Kommunen organisiert. Man
hatte sämtliches Privateigentum beschlagnahmt und umverteilt.

Die Agrarproduktion war so stark zurückgegangen, daß die Menschen mit kümmerlichen Rationen auskommen mußten. Das Land hatte sich in ein Gefängnis verwandelt; niemand konnte ohne Genehmigung Reisen antreten oder irgendwelche Waren kaufen.

Die Lager dienten zwei Zwecken: der Isolierung von Klassenfeinden und der Bereitstellung von billigen Arbeitskräften. Man erklärte uns, nur durch Eifer bei der Erfüllung unserer Pflichten und aufrichtigen Gesinnungswandel könnten wir die Freiheit erlangen. Genau wie im Gefängnis mußten wir an wöchentlichen Versammlungen teilnehmen, auf denen es galt, uns selbst und unsere Freunde zu kritisieren. Wie alle wurde ich häufig kritisiert und sprach meinerseits genauso häufig Kritik aus.

Die Bezichtigung eines Freundes tat weh, doch wir mußten lernen, die unzähligen erzwungenen Treubrüche zu vergessen. Unter den Häftlingen herrschte eine ehrliche Kameradschaft, und die meisten versuchten, Anklagen zu vermeiden, die zu einer Straferhöhung oder zur Hinrichtung führen konnten. Allerdings gab es immer ein paar Gefangene, die ihre Parteitreue, unabhängig von den Konsequenzen, beweisen wollten. Diese Leute nannten wir *hurtson chen*, die Eifrigen.

Kurz nach meiner Ankunft in Nyethang beging ein allseits beliebter Häftling namens Pasang Selbstmord; er war drei Wochen lang dem schärfsten Thamzing ausgesetzt gewesen. Ein Mitgefangener namens Sönam Palden hatte stets nach einer Chance gesucht, seine Begeisterung für die neue Gesellschaft unter Beweis zu stellen. Sönam fand heraus, daß Pasang ein kleines Abzeichen mit einem Bild des Dalai Lama besaß, und er erhob sich auf einer der wöchentlichen Versammlungen, um Pasangs Geheimnis zu verraten. Nach Pasangs Tod gaben die Behörden bekannt, er habe sich das Leben genommen, weil er nicht in der Lage gewesen sei, sich der neuen sozialistischen Gesellschaft anzupassen.

Der Tod des Steuermanns

Das Arbeitslager bildete ein Zwischenstadium zwischen dem Gefängnisdasein und dem Leben in der neuen sozialistischen Gesellschaft. Theoretisch waren diese Lager Umerziehungszentren, doch in der Praxis dienten sie nur dazu, der Partei billige Arbeitskräfte zu liefern. Außerdem stellten sie »Quarantänestationen« dar, in denen man die Verfechter gefährlicher Ideen vom Rest der Bevölkerung isolierte. Häftlinge, die in ein Arbeitslager verlegt wurden, gingen davon aus, daß sie dort sterben würden.

Die Verhältnisse in Nyethang Zhuanwa Chang unterschieden sich wenig von denen in einem echten Gefängnis. Der Leiter, ein boshafter, aufbrausender Chinese, wurde stets bei seinem offiziellen Titel *changzhang* (Fabrikdirektor) genannt. Er führte die Ziegelei, als wäre sie sein privates Königreich, und sogar die Aufseher fürchteten sich vor ihm. Sein Assistent war ein Tibeter namens Wangdu, ein kleiner, stämmiger Mann, der sich in unsere Situation einfühlen konnte.

Es gab keine Posten, die das Gelände Tag und Nacht abschritten, und so glichen unsere Baracken den üblichen großen Wohnheimen in der Nähe von Fabriken. Aber wir waren keine freien Menschen, sondern Ley-mi. Die Partei bewachte uns mit anderen, ebenso effektiven Methoden.

Man teilte uns in zwei Kategorien: in die Bemützten und die Unbemützten. Die Bemützten waren die »Reaktionäre«, also politische Häftlinge, die Unbemützten waren die Strafgefangenen. Die Unbemützten hatten die Bemützten im Auge zu behalten.

Die Behörden setzten wieder einmal die Idee des Klassenkampfes ein, um Mißtrauen unter den Gefangenen zu säen.
Man erklärte den Unbemützten nämlich, sie seien Verteidiger
des Sozialismus und der Revolution.

Die Strafgefangenen stolzierten im Lager herum und genossen ihre Macht über uns. Sie meldeten dem Hauptbüro das geringste Vergehen, wofür man ihnen eine rasche »Verschmelzung«
mit der neuen Gesellschaft versprach.

Als ich kurz nach meinem Eintreffen in Nyethang einmal
während der Mittagspause vor der Kantine saß, erschien eine
Gruppe Kinder am Haupttor. Sie spornten einander an, das
Lager zu betreten. Zu meinem Erstaunen näherte sich mir ein
Junge und bettelte mich an. Er sagte, seine Familie habe seit
Tagen nichts gegessen.

Es hieß immer, Hunger und Lebensmittelknappheit gehörten der Vergangenheit an. Aber die Gesichter dieser Kinder
ähnelten denen, die ich in den schlimmsten Jahren meines Lebens im Gefängnis von Tolung gesehen hatte. Sie waren schrecklich aufgedunsen, und die Haut hatte eine grünliche Färbung.
Die Kinder konnten kaum die Augen öffnen, sie besaßen keine
Schuhe, und ihre Kleidung war zerlumpt. Selbst die Bettler hatten es in der »alten Feudalgesellschaft« besser gehabt, denn sie
waren in der Regel wenigstens satt geworden.

Ging es diesen Kindern vielleicht so schlecht, weil ihre Eltern
einstige Grundbesitzer waren? Ich wußte, daß die Familien der
»reaktionären« Klasse schwer diskriminiert und wie Vieh behandelt wurden. Also fragte ich die Kinder nach ihrer Klassenherkunft. Davon hing alles ab: Die Klassenherkunft stand deutlich
sichtbar auf der Lebensmittelkarte, im Ausweis und in den Kran-
kenhauspapieren eines jeden Tibeters.

Die Kinder antworteten, sie entstammten der »armen Bau-
ernklasse«. Die Auskunft überraschte mich, denn die Partei be-

hauptete, daß »arme Bauern« Nutznießer der sozialistischen Revolution seien. Aber von den Kindern erfuhr ich, daß in sämtlichen Kommunen der Umgebung Nahrungsmangel herrschte. Manche Familien würden Gras essen, das sie so lange kochten, bis es zu einem dicken, immer noch unverdaulichen Brei geworden war. Ich gab den Kindern etwas Brot, und bald besuchten sie die Lagerkantine regelmäßig.

Ganz Tibet hatte der Partei zufolge nun »das höchste Stadium der kommunistischen Entwicklung« erreicht. Die Region Nyethang war in zwölf riesige Kommunen oder Brigaden eingeteilt worden. Sämtliches Eigentum, auch das Vieh, war angeblich Allgemeingut, und die Menschen wurden nach einem komplizierten Arbeitspunktesystem bezahlt.

Aber immer mehr Bettler erschienen im Lager. Ich merkte mir, aus welchen Kommunen sie kamen, und bald wurde deutlich, daß ganz Nyethang nichts zu essen hatte. Als auch Erwachsene im Lager bettelten, fragte ich sie nach den Gründen der Hungersnot. Sie erwiderten, eine Naturkatastrophe sei daran nicht schuld.

Die Bauern mußten hungern, weil sie den größten Teil ihres Verdienstes in Form eines »freiwilligen« Beitrags an die Regierung abführten. Trotz der erheblichen Zahl von Steuern wurden die Kommuneverwaltungen gezwungen, höhere Produktionsziffern zu melden und damit noch höhere Abgaben zu leisten.

Die Partei fachte einen heftigen Wettbewerb unter den Bauern an, indem sie verkündete, der Beitrag jedes einzelnen spiegele das Ausmaß seiner Liebe zum Vaterland, zur Partei und zum Vorsitzenden Mao wider. Unter solchen Umständen wollte niemand zurückstehen. Eine ähnliche Rivalität wurde zwischen den Kommunen geschürt, so daß jede besonders viel für den sozialistischen Aufbau leisten wollte. Man fälschte einfach die Produktionszahlen, was zu einer Anhebung der Steuern führte. Am Ende mußten die mittellosen Bauern hungern.

In der »neuen sozialistischen Gesellschaft« sahen sich die Menschen gezwungen, Getreideabfälle zu essen, die man in der »alten Feudalgesellschaft« nur an Tiere verfüttert hatte. Jeder wußte um die entsetzliche Situation der Bauern, doch kein einziger Funktionär wagte, die Weisheit der Partei und ihres Führers in Frage zu stellen. Die Arbeitslager dienten als ständige Erinnerung an das, was den Gegnern der Partei zustieß.

Jene ausgemergelten Kinder waren typisch für die Leiden des ganzen Landes. Als Häftlinge *erwarteten* wir, schlecht behandelt zu werden, aber die gewöhnlichen Tibeter sollten doch angeblich von der Großen Proletarischen Revolution begünstigt werden. Wie es hieß, hatte man den gewaltigen Unterdrückungsapparat geschaffen, um die armen Bauern und Nomaden aus der feudalen Knechtschaft zu befreien, aber die vergangenen zwanzig Jahre hatten ihnen nichts als Elend gebracht.

Als das Bezirksbüro herausfand, daß die Häftlinge den Bauern Lebensmittel gegeben hatten, beschwerte es sich bei der Gefängnisleitung. Ich wurde als einer der Rädelsführer genannt, welche die kapitalistische Unsitte des Bettelns gefördert hätten. Man rief mich ins Büro des Gefängnisdirektors und forderte mich auf, mein Verhalten zu rechtfertigen. Die Beschwerde wurde aber zu meiner Überraschung fallengelassen. Zwischen unserem Lager und der Kommune herrschte eine gewisse Rivalität, und anscheinend paßte es den Lagerfunktionären in den Kram, daß wir die Kommune in ein schlechtes Licht gerückt hatten.

Im Frühjahr 1976 erreichten mich endlich Neuigkeiten von meiner Familie in Penam. Man teilte mir mit, daß mich jemand besuchen wollte – zum erstenmal seit dem Beginn meiner Gefangenschaft. Verblüfft und neugierig eilte ich hinaus. Draußen wartete eine pummelige junge Frau, die ein blaues Kopftuch, eine geflickte Hose und eine grüne gefütterte Baumwolljacke trug. Sie hatte ein von Rissen durchzogenes Gesicht und tränende Augen. In den Händen hielt sie eine Thermosflasche und einen kleinen Korb.

Ich entschuldigte mich dafür, daß ich sie nicht erkannte, und fragte, wer sie sei.

»Ich heiße Nangma Mingke«, antwortete sie. Der Name war mir nicht vertraut.

»Sie verwechseln mich vielleicht mit jemand anderem«, sagte ich. »Ich bin Palden Gyatso, ein Mönch aus Drepung.«

Sie erklärte, daß sie die Tochter der Köchin meines Vaters sei. Es war mehr als fünfzehn Jahre her, seit ich Penam verlassen hatte, und ich konnte sie gar nicht kennen. Auf meine Frage, wie sie mich gefunden habe, erwiderte Mingke, sie habe mich in der Fabrik arbeiten sehen.

Mingke war gerade in die Gegend von Nyethang gezogen. Ihr Mann und sie arbeiteten im Straßenbau in der Nähe des Arbeitslagers. Von ihr erfuhr ich, daß mein Vater 1965 gestorben war. Als früherer Grundbesitzer war er wiederholt von den Dorfbewohnern angeklagt und vielen Thamzings unterworfen worden. Meinen von mir zutiefst bewunderten ältesten Bruder hatte man 1968 während eines Thamzings umgebracht. Meine Familie sei zur Zielscheibe der Roten Garden geworden; man habe sämtliche Familienmitglieder – zuweilen einzeln, zuweilen alle zusammen – öffentlich geschlagen. Meine Stiefmutter sei seit einer besonders brutalen »Kampfversammlung« gelähmt.

In jener Nacht konnte ich nicht schlafen, denn vor meinem geistigen Auge erschienen die Gesichter meiner Verwandten, und ich dachte an das Leid, das sie durchgemacht hatten. Mir war klar gewesen, daß alle, die als feudale Grundbesitzer galten, von den Roten Garden aufs Korn genommen wurden. Aber dieses Wissen war kein Trost für mich.

Mingke zog Nutzen aus ihrer Klassenherkunft: Als ehemalige Bedienstete war sie unverdächtig und konnte jederzeit kommen und gehen. Sie besuchte mich regelmäßig und teilte ihre kargen Lebensmittel mit mir. Eines Tages brachte ihr Mann mir eine neue Steppdecke, welche die beiden viel Geld gekostet haben mußte.

Ihre Besuche und ihre Freundlichkeit waren Balsam für mich und halfen mir, den trüben Winter zu überstehen. Ich war niedergeschlagen und einsam, doch Mingke brachte mir Erinnerungen an glücklichere Zeiten. Als Arbeiterin durfte sie zu ihrer Familie in Penam heimkehren, und von ihr erfuhren meine Angehörigen, daß ich noch am Leben war.

Anfang 1976 waren der chinesische Ministerpräsident Zhou Enlai sowie Zhu De, der Gründer der Volksbefreiungsarmee, gestorben. Die Presse berichtete ausführlich über ihren Tod, und im Lager wurden Trauerfeiern abgehalten. Die Funktionäre versuchten, eine kummervolle Atmosphäre zu schaffen; und eifrige Häftlinge benahmen sich so, als hätten sie einen nahen Verwandten verloren. Die Behörden nutzten solche Anlässe, um die Parteitreue der Lagerinsassen zu überprüfen, weshalb man unbedingt Gram und Sorge vortäuschen mußte.

Einen Monat nach Zhu Des Tod las ich im *Tibet Daily* von einem mächtigen Erdbeben in China. Die Chinesen argwöhnten zu Recht, daß ich meine feudalen Ideen nicht abgelegt hatte, denn ich dachte sofort, das Erdbeben und die beiden Sterbefälle seien Vorboten kommender Ereignisse. Als ich im August einen Kometen am Nachthimmel auflodern sah, argwöhnte ich noch mehr, daß bald etwas geschehen werde.

Tibeter halten jeden Kometen für ein böses Omen. Ich kehrte sofort in meine Unterkunft zurück, um mich zu erkundigen, ob noch jemand den Kometen bemerkt habe. Aber dann schwieg ich doch, denn ich wollte mich nicht dem Vorwurf aussetzen, die anderen in ihrem Aberglauben zu bestärken und Gerüchte zu verbreiten.

In der Zeitung war von einem »Steinregen« – womit vermutlich Meteoriten gemeint waren – irgendwo in China die Rede gewesen. Am nächsten Morgen konnte ich meine Neugier nicht mehr zügeln und fragte einen Mönch namens Tashi Lather, ob er den Kometen gesehen habe. Er nickte, war jedoch zu verängstigt, um offen darüber zu sprechen.

Die Nachricht von dem Kometen verbreitete sich rasch im Lager. Alle erinnerten sich daran, daß sich in Tibet kurz vor der chinesischen Invasion vom Oktober 1950 ein Erdbeben ereignet hatte und daß auch damals ein Komet gesichtet worden war. Trotz zwanzigjähriger Unterdrückung und chinesischer Indoktrination ließ das Erscheinen des Kometen unseren alten Glauben rasch wieder aufleben.

Ich war sicher, daß diese Naturereignisse das Nahen von Maos Tod ankündigten. Wir alle wußten, daß Mao alt und krank war, obwohl sich natürlich keiner von uns offen über dieses Thema geäußert hätte. Am 9. September 1976 erwiesen sich meine Vermutungen als korrekt: Mao war in Beijing gestorben. Ich entsinne mich des Augenblicks, als wäre es gestern gewesen. Jahrelang hatten die Chinesen uns einreden wollen, daß Mao eine Art Übermensch, ein unsterbliches Wesen sei. Doch nun war er den Weg allen Fleisches gegangen.

Gerade hatte ich meine Arbeit beendet und wartete mit dem Becher in der Hand in der Schlange vor der Kantine. Der Lautsprecher, der an einem hohen Pfahl in der Mitte des Lagers angebracht war, knisterte laut. Wir schenkten dem Unsinn, den er verbreitete, normalerweise kaum Aufmerksamkeit, und die Häftlinge in der Schlange setzten ihre Gespräche fort. Ohnehin wurden alle Durchsagen zuerst in chinesischer Sprache gemacht, weshalb die meisten von uns dem ersten Teil einer Bekanntmachung nie zuhörten.

Dann erklang die Stimme eines zweiten Sprechers, eines Tibeters. »Vom Rundfunksender der Zentralregierung des Volkes«, begann er stockend. Die Gefühle schienen ihn zu übermannen, er verhaspelte sich, hielt inne und begann von neuem. In meiner Nähe fragte jemand: »Was ist los mit ihm?« Der Ansager atmete tief durch und ließ den üblichen Wortschwall über den Großen Steuermann und all die anderen Superlative, die Maos Namen stets vorausgingen, vom Stapel. Dann fuhr er fort: »Die Rote Sonne unseres Herzens, der vom Volk geliebte Vorsitzende Mao, weilt nicht mehr unter uns.«

Die Mitteilung machte uns benommen. War Mao wirklich tot? Es mußte stimmen, denn niemand hätte einen solchen Scherz riskiert. In der Unterkunft erfüllte mich, nachdem ich die Nachricht verarbeitet hatte, ein Gefühl des Jubels. Am liebsten wäre ich aufgesprungen und hätte ein Lied angestimmt! Mao war mein Peiniger und Gegner gewesen. Fast zwanzig Jahre lang hatte ich seinen Namen jeden Morgen und Abend deklamieren müssen. Selbst als ich den Mund kaum weit genug öffnen konnte, um einen Schluck Wasser aus meinem Becher zu neh-men, mußte ich in die vertraute Beschwörung »Mao Zedong Wanzi« einstimmen. Ich hatte sein Kleines Rotes Buch ständig bei mir getragen und sogar ein rotes Täschchen dafür angefer-tigt, weil ich wußte, daß einige Häftlinge, die das Buch verkratzt hatten, deshalb zum Tode verurteilt worden waren.

Maos Name hatte mich auf meinem Leidensweg und tausend Häftlinge in den Tod begleitet. Und nun empfand ich Maos Tod als eine tiefgreifende Zäsur.

Die anderen dürften ähnliches verspürt haben, aber solche Emotionen mußten natürlich im verborgenen bleiben. Ich setzte eine nachdenklich konzentrierte Miene auf und tat so, als wäre ich in Gedanken versunken. Zwar wußte ich nicht, ob sich unser Leben nun bessern würde, doch eines war gewiß: Es würde nicht weitergehen wie bisher. Ich malte mir die Rückkehr des Dalai Lama nach Tibet aus, aber derlei Tagträume wurden rasch von dem Gedanken vertrieben, daß ein noch schlimmerer Herrscher als Mao an die Macht gelangen könnte. Meine Freude mischte sich mit Furcht: Der große Tyrann war tot, doch wer würde seinen Thron besteigen?

Am nächsten Tag wurden wir zu einer weiteren Versammlung beordert. Alle Gefängnisfunktionäre trugen nun schwarze Armbinden, und einige hatten sich weiße Papierblumen ins Knopfloch ihrer Jacke gesteckt. Der Direktor verkündete: »Unser geliebter Führer, die hellste Sonne unseres Herzens und unser Leitstern, der Große Vorsitzende Mao, ist gestorben.« Trauermusik erscholl aus dem Lautsprecher.

Ein paar Häftlinge brachen in Tränen aus und weinten laut. Einer jammerte: »Der Vorsitzende Mao ist gütiger als meine Eltern.« Die anderen Gefangenen standen in mürrischer Habachtstellung da. Man hatte uns ermahnt, bei diesem traurigen Ereignis die »korrekte Haltung« zu zeigen. Als erfahrener Schauspieler machte ich ein trauriges Gesicht und blieb stumm. Bald weinten noch mehr Häftlinge oder täuschten sogar Ohnmachtsanfälle vor. Das war es, was die Chinesen mit der »korrekten Haltung« meinten. Oben auf dem Podium schluchzten die Funktionäre hingebungsvoll.

Zwei Bewacher erschienen mit einem Sack voll schwarzer Armbinden. Diese wurden an alle Gefangenen außer an die »politischen Häftlinge« verteilt, denn das Privileg der Trauer war den Strafgefangenen vorbehalten. Wir »Reaktionäre« waren dessen nicht würdig. Ein Häftling aus meiner Gruppe zog sich sein Armband mit unverkennbarem Stolz über. Er hob den Arm und zwinkerte mir zu wie ein kleines Kind, das mit seinen Süßigkeiten prahlt. Am folgenden Tag fuhr man alle unbemützten Häftlinge nach Lhasa, wo sie auf einer Massenveranstaltung um den Großen Steuermann trauerten.

Maos Tod führte zu einer Lockerung des Lagerregimes. Die endlosen Versammlungen wurden eingestellt. 1978 forderte man uns auf, Maos Kleines Rotes Buch zu verbrennen. Es war ein unglaubliches Gefühl, dieses Buch zu vernichten, das seit vielen Jahren ein so entscheidender Bestandteil unseres Lebens gewesen war. Auch das Morgenritual, in dem der Vorsitzende Mao angerufen wurde, entfiel nun.

Das Leben verbesserte sich rasch. Ich wurde wieder als Teppichknüpfer eingesetzt. Das Lager hatte auch eine Schafherde, doch früher war die Wolle entweder an die Lagergenossenschaft verkauft oder in einer Ecke gestapelt und vergessen worden. Mir stand also ein großer Wollvorrat zur Verfügung, und ich war froh über die Chance, der Ziegelei zu entkommen.

Allerdings war ich der einzige Häftling, der etwas vom Teppichknüpfen verstand. Deshalb blieb mir nichts anderes übrig, als sogar die Wolle zu spinnen und sie dann zu färben. Es war eine langweilige Arbeit, aber wenigstens wurde ich nicht mehr von meinen Mithäftlingen überwacht.

Die Zeitungen waren voll von Artikeln über die »Viererbande«, besonders über Maos Witwe Jiang Qing. Man bezichtigte die Viererbande, sie habe nach Maos Tod die Parteiführung an sich reißen wollen, und machte sie für die Brutalität der Kulturrevolution verantwortlich. Die Partei versprach nun, die Fehler des vergangenen Jahrzehnts zu korrigieren, was sich im Lager bald vorteilhaft bemerkbar machte. Unser Lohn wurde erhöht, und man zahlte uns sogar eine Erschwerniszulage mit der Bezeichnung »Wind und Sonne«.

Im Winter 1977 wurden alle bemützten Häftlinge zu einer Versammlung gerufen, auf der man uns wieder einmal nach unserer Rolle bei der Rebellion von 1959 befragte. Ich wiederholte meine Geschichte. Einige Gefangene leugneten unklugerweise, am Aufstand überhaupt mitgewirkt zu haben. Man ließ uns nicht wissen, weshalb wir nach so langer Zeit von neuem vernommen wurden.

Ein paar Tage später wurde mein Name und der von drei anderen Häftlingen während des Morgenappells verlesen. Wir sollten nach Lhasa fahren. Man brachte uns in ein großes Militärlager am Stadtrand, wo wir uns mit Hunderten von Gefangenen aus anderen Arbeitslagern in einem riesigen Saal versammelten. Der Saal war wie für ein Bankett hergerichtet: An einer Wand war ein langes Büfett aufgebaut. Ich hatte nie zuvor so viele Gerichte gesehen. Freundliche Soldaten schenkten uns Tee ein und behandelten uns wie Würdenträger auf Staatsbesuch. Ich entdeckte viele Bekannte aus Drapchi, Seitru und Outhridu, und wir begrüßten einander herzlich. Wir alle vermuteten, daß man uns demnächst entlassen werde.

Ein hoher tibetischer Parteifunktionär namens Wangchuk betrat den Saal und schickte sich an, eine Rede zu halten. »Genossen und Freunde«, begann er. Genossen und Freunde! Ich traute meinen Ohren nicht. Wangchuk pries die Partei und bezeichnete die Ereignisse der vergangenen zwanzig Jahre in Tibet als eine Verirrung, die der Partei nicht angelastet werden dürfte. An allem sei die Viererbande schuld. Dann gab er mit leiser, doch klarer Stimme bekannt, daß man sämtliche politischen Klassifizierungen aufheben werde.

Wangchuk fuhr fort, daß wir uns unter der Führung des Vorsitzenden Hua Guofeng in der Morgenröte einer neuen Ära befänden, und rief uns alle zum Aufbau eines sozialistischen Tibet auf. Derartige Reden waren wir gewohnt. Ich saß neben Chöphel Tharchin, einem Mönch aus Drepung. Er war ein weiser alter Mann mit einem langen, grauen Bart, der mich an die Bilder an den Klosterwänden erinnerte, auf denen solche Männer Langlebigkeit symbolisieren sollten.

»Was hast du vor?« fragte ich ihn.

»Ich würde gern wieder ins Kloster gehen«, antwortete Chöphel, was mich in meinem Vorhaben bestärkte, nach Drepung zurückzukehren.

Am nächsten Tag forderte man uns auf, schriftlich um unsere

Entlassung nachzusuchen. Die Funktionäre versicherten uns, daß wir heimkehren dürften, doch einer setzte rasch hinzu, da viele von uns gebildete Männer seien, sollten wir erwägen, beim neuen sozialistischen Aufbau mitzuhelfen.

Das Treffen dauerte drei Tage. Nachts schliefen wir alle in dem Saal, und jeden Morgen wurde uns von Soldaten Tee gebracht. Jemand lästerte, wir seien wie Lämmer, die vor der Schlachtbank gemästet würden. Am dritten Morgen erfuhr ich, daß mein Gesuch akzeptiert worden sei und ich eine Aufenthaltsgenehmigung für das Kloster erhalten werde. Voller Freude schwenkte ich das Dokument durch die Luft. Von zweihundert früheren Mönchen hatten nur drei beantragt, in ihr Kloster zurückkehren zu dürfen.

Die anderen hatten einfach nicht geglaubt, daß man ihrem Gesuch stattgeben würde, und sich statt dessen als Lehrer beworben, weil sie sich davon eine bessere Chance versprachen, nach Hause geschickt zu werden. Aber sobald sie hörten, daß unsere Gesuche erfolgreich gewesen waren, überlegten sie es sich ausnahmslos anders und setzten dem unglücklichen Offizier zu, der die Genehmigungen zu verteilen hatte. Er konnte jedoch nichts ändern. Dies war schließlich immer noch die Kommunistische Partei, und sobald ein hoher Amtsträger eine Entscheidung getroffen hatte, wagte niemand, sie in Frage zu stellen oder nicht in die Praxis umzusetzen.

Aufgeregt kehrte ich nach Nyethang zurück. Einige der anderen Häftlinge beglückwünschten mich, und manche baten mich, Briefe für ihre Angehörigen mitzunehmen. Ich erwartete, sofort entlassen zu werden, aber mehrere Tage lang geschah überhaupt nichts. Dann rollte ein Armeejeep ins Lager, und ich wurde zusammen mit den beiden anderen Mönchen, Chöphel Tharchin und Thupten Dhundup, zum Büro gerufen. Tharchin kam ein paar Minuten später heraus, grinste übers ganze Gesicht und hob die Arme. Er war frei.

Nun war ich an der Reihe. Der Brigadekommandant saß an seinem Schreibtisch und musterte eine dicke Akte. Er begrüßte mich mit einem Hüsteln. So höflich, wie ich konnte, sagte ich: »Ich sollte ins Kloster zurückkehren.«

Der Brigadekommandant erwiderte genauso höflich: *»Kyed rang.«* (»Ausgeschlossen.«)

Die Lagerleitung hatte mein Gesuch abgelehnt, weil ich ein unentbehrlicher Arbeiter sei. Im Rahmen der neuen Wirtschaftspolitik der Partei sollte das Lager die Teppichproduktion ausweiten. Da ich der einzige Häftling war, der anderen die notwendigen Fertigkeiten beibringen konnte, mußte ich im Lager bleiben. Meine Proteste stießen auf taube Ohren. Mein einziger Trost war, daß ich nun an den Wochenenden nach Lhasa fahren durfte.

Ungefähr zur gleichen Zeit traf Lobsang Wangchuk im Lager ein. Ich war ihm zuerst Anfang 1964 in Drapchi begegnet, und nun sollte er zu meinem verehrten Mentor und Freund werden. Jeder im Gefängnis nannte ihn einfach *gyen* (Lehrer). In Drapchi war Gyen Lobsang einmal auf einer Versammlung aufgestanden und hatte mutig bekanntgegeben, er habe ein Gebet geschrieben, in dem er die Schutzgottheit anflehe, Naturkatastrophen von Tibet abzuwenden. Die Chinesen hatten ihn daraufhin der »Verbreitung reaktionärer Gerüchte« bezichtigt.

Der Gyen war groß für einen Tibeter, hatte ein hageres, sensibles Gesicht, einen schmalen Schnurrbart und war von einer natürlichen Bescheidenheit, die über seine große Seelenstärke und Gelehrsamkeit hinwegtäuschte. Er wurde zum erstenmal im Jahr 1960 wegen seiner Beteiligung am Aufstand des Vorjahres verhaftet. Seit 1970 war er wie ich Ley-mi.

Ich bat den Brigadekommandanten, mir einen Mann zum Spinnen der Wolle zuzuordnen. Er sagte, ich solle mir einen aus der Gruppe auswählen, die auf einem nahe gelegenen Feld arbeitete, und ich entschied mich für Gyen Lobsang Wangchuk. Ich dachte, daß die Knüpferei eine leichtere Arbeit für einen alten Mann sein würde. Der magere, gebrechliche Gyen war damals vierundsechzig Jahre alt.

Wir begannen unsere gemeinsame Arbeit im August 1978. Ich knüpfte an meinem Teppich, und der Gyen saß bei mir und spann Wolle. Die meisten Häftlinge waren begeistert über die Veränderungen, und ich fragte den Gyen, was er von alledem halte.

»Das ist nur ein neues Paar Schuhe, das auf demselben alten Pfad dahinschreitet«, sagte er.

In den folgenden Tagen wurde mir klar, was er meinte: Es gab zwei wesentliche Punkte, in denen die Kommunistische Partei keine Zugeständnisse duldete. Der erste betraf die tibetische Unabhängigkeit, der zweite die Religionsfreiheit. Aber die Menschen um uns herum beeilten sich, die Vergangenheit zu vergessen. Dabei hatte sich in Wirklichkeit für uns nichts geändert: Wir waren immer noch Häftlinge, immer noch von jeder Laune der Gefängnisfunktionäre und der Aufseher abhängig. Die Tatsache, daß die Partei den Beginn einer neuen Ära verfügt hatte, war noch längst kein Grund zum Feiern.

Während der Gyen Wolle für mich spann und ich mich mit ihm unterhielt, zeigte sich mir meine Gefangenschaft in einem neuen Licht: als eine Miniaturausgabe des Schicksals der ganzen tibetischen Nation. Tausende völlig unschuldiger Gefangener waren gefoltert und dem Hungertod ausgesetzt worden. Man hatte unser Land okkupiert und uns, seine Bewohner, in Gefängnisse gesteckt. Wie konnten wir uns als frei bezeichnen? Nun verachtete ich die Kommunistische Partei mehr denn je. Die Partei erhob den Anspruch, der verarmten Bevölkerung zu dienen, während sie gleichzeitig Tausende in den Tod schickte. Sie hatte keine Achtung vor Menschenleben.

An einem kalten Februarmorgen im Jahr 1979 wurden wieder einmal sämtliche Ley-mi zu einer Versammlung beordert. Diesmal forderte man uns auf, jegliche Kritik ohne Furcht vor Repressalien zu äußern. Solche Versammlungen wurden gewöhnlich abgehalten, wenn sich unter den höchsten Parteifunktionären ein Machtkampf abspielte. Man holte Beschwerden bei den Häftlingen und der Bevölkerung ein, um die Klagen dann als Beweismaterial gegen die Machthaber zu verwenden.

Doch zu Wort kamen nur die Speichellecker, die lange Reden über die neue Ära hielten und die Kommunistische Partei in den Himmel hoben. Ich wurde wütend, denn mir schien, wir sollten diese Gelegenheit nutzen, um Mißstände anzuprangern und die Funktionäre wissen zu lassen, wie sehr wir gelitten hatten. Als ich an die Arbeit zurückkehrte, saß der Gyen, umringt von Bergen gesponnener Wolle, bereits auf dem Fußboden. Er schaute mich an und fragte: »Haben alle nach ein paar Tagen schon vergessen, was sie zwanzig Jahre lang erdulden mußten?«

Der Gyen schlug vor, unsere Sicht der Dinge in einer Petition darzulegen. Wir könnten einleitend sagen, daß man uns auf der Versammlung keine Möglichkeit gegeben habe, das Wort zu ergreifen. Ich stimmte zu, und in den nächsten beiden Tagen brachte der Gyen eine lange Petition zu Papier, wobei er mir von Zeit zu Zeit Teile daraus vorlas. Ich war erstaunt über sein Wissen und über die stilistische Schönheit seines Textes.

Er schrieb die Petition in ein zerknittertes Notizheft. Sie begann mit Zitaten aus dem »Gebet um Universelle Wahrheit« des Dalai Lama. Jeder Abschnitt wurde von vier Versen aus dem Gebet eingeleitet. Im ersten Teil der Petition schilderte er die Leiden, die das tibetische Volk in den letzten Jahren durchgemacht hatte. Im zweiten Teil umriß er die 2007 Jahre der tibetischen Geschichte und legte dar, daß Tibet eine unabhängige Nation sei.

Das tibetische Neujahr rückte näher, und alle Bewacher und

Funktionäre waren in festlicher Stimmung: Zum erstenmal gestatteten die Chinesen dem Volk, Neujahr zu feiern. Meiner Ansicht nach war dies ein guter Zeitpunkt, die Petition zu überreichen. Der Gyen schloß sich meiner Meinung an und ging sofort zum Büro. Dort hatte niemand Zeit, ihm zuzuhören; man befahl ihm nur, die Petition auf den Tisch zu legen. Bevor der Gyen das Büro verließ, drehte er sich um und fragte:»Darf das Volk dieses Dokument lesen?«

»Ja«, erwiderte der Offizier, ohne aufzublicken.

Der Gyen hatte die Erlaubnis erhalten, zum Neujahr 1979 seine Verwandten in Lhasa zu besuchen. Er stand vor dem Morgengrauen auf und fuhr ins Zentrum von Lhasa. Die Petition, die wir mit»Besserungs-Arbeitshäftlinge Palden Gyatso und Lobsang Wangchuk« unterzeichnet hatten, befand sich in seinem Gepäck. Der Gyen klebte sämtliche neunzehn Seiten an die Mauer des Tibetischen Medizinischen Instituts in Lhasa. Dies war die erste Wandzeitung, die nach Maos Tod in Lhasa erschien.

Nach Nyethang zurückgekehrt, erzählte mir der Gyen, daß sich sofort Menschentrauben um die Petition gebildet hätten. Auch von anderen Häftlingen erfuhr ich, die Petition habe in Lhasa viel Aufsehen erregt. Die Polizei brauchte zehn Tage, bevor sie uns verhörte. Zuerst ließ man den Gyen kommen, dann, nach einer Stunde, wurde ich von einem tibetischen Aufseher namens Pasang abgeholt.

Wir wurden vernommen, doch man verzichtete auf eine Anklage. Der Gyen und ich beteuerten, daß der diensthabende Offizier seine Erlaubnis gegeben hatte. Wir hätten sogar ein Exemplar der Petition im Büro hinterlegt! Die Behörden versuchten, uns zu überzeugen, daß wirklich bessere Zeiten angebrochen seien, und wollten ihre Nachsicht unter Beweis stellen. Statt uns zu bestrafen, versetzten sie den Gyen deshalb einfach nur in eine andere Arbeitseinheit und befahlen den Gefangenen, uns im Auge zu behalten. Danach konnten wir uns nur noch heimlich treffen.

Im September 1979 erschien eine Gruppe hoher Parteifunktionäre im Lager und gab bekannt, daß in den folgenden beiden Wochen niemand von uns nach Lhasa dürfe. Kurz darauf erfuhren wir, daß eine Delegation von Exiltibetern, die der Dalai Lama entsandt hatte, unterwegs in die Hauptstadt war. Offensichtlich wollten die Behörden verhindern, daß wir mit den Gästen zusammenkamen. Später hörte ich, daß die Delegation speziell um ein Treffen mit Gyen Lobsang Wangchuk gebeten hatte.

Da wir fürchteten, die Chinesen würden der Delegation einzureden versuchen, das tibetische Volk sei unter dem neuen Regime glücklich, beschlossen wir, weitere Plakate anzubringen und zum Freiheitskampf aufzurufen. Ich schrieb Texte für eine Reihe von Plakaten, in denen ich die Unabhängigkeit Tibets und die Vertreibung der Chinesen aus dem Schneeland forderte.

Der Gyen machte sich am selben Tag, sobald er allein war, an die Arbeit. Doch er wurde von Rongpa, einem berüchtigten Spitzel des Lagers, überrascht. Rongpa eilte zum Büro des Gefängnisdirektors, um Meldung zu machen, und erwähnte auch meinen Besuch beim Gyen an jenem Morgen.

Der Aufseher Pasang kam zu mir an den Knüpfstuhl und fragte: »Warum warst du heute morgen bei Lobsang Wangchuk?«

»Ich habe ihm ein Buch zurückgegeben«, antwortete ich. Pasang machte ein finsteres Gesicht und ließ mich zur Unterkunft des Gyens marschieren. Der Gyen stand mit über den Kopf erhobenen Händen in der Mitte des Raumes. Sein unvollendetes Plakat war auf dem Boden ausgebreitet, und daneben lag ein zerknittertes Stück Papier mit sämtlichen Parolen, die auf dem Plakat erscheinen sollten. Mehrere Posten durchsuchten seine Habseligkeiten.

»Hast du etwas damit zu tun?« fragte mich einer von ihnen.

»Ich war bei der Arbeit. Hiervon weiß ich nichts«, erwiderte ich und dachte an meine eigenen versteckten Plakate.

Der Gyen wollte mich beschützen und versicherte: »Palden hat mit dieser Sache nichts zu schaffen.«

»Warum habt ihr beide euch heute morgen getroffen?« erkundigte sich Pasang.

»Er hat mir ein Buch zurückgebracht«, sagte der Gyen. Mir pochte das Herz.

Am 1. Oktober schmuggelte ein Häftling namens Samten, der später nach Nepal entkommen sollte, meine Plakate aus dem Lager und klebte sie in Lhasa an. Am folgenden Tag trafen zwei Polizeijeeps im Lager ein, und der Gyen und ich wurden ins Hauptbüro gerufen.

»Ist einer von Ihnen gestern in Lhasa gewesen?« fragte ein junger tibetischer Polizist.

»Der Brigadekommandant kann bestätigen, daß wir das Lager nicht verlassen haben«, erwiderte der Gyen mit sanfter Stimme.

Man konnte uns nicht nachweisen, daß die Plakate in Lhasa von uns stammten.

Obwohl der Gyen auf frischer Tat ertappt worden war, verzichteten die Behörden auf weitere Maßnahmen. Man begnügte sich damit, den Gyen aus Nyethang ins Tibetische Medizinische Institut zu versetzen, wo er alte medizinische Texte, die während der Kulturrevolution weitgehend vernichtet worden waren, sammeln und restaurieren sollte. Mein Antrag auf eine Verlegung nach Drepung wurde wiederum abgelehnt, weil ich ein unentbehrlicher Facharbeiter sei.

Später entdeckte ich, daß die Chinesen uns beide unter Bewachung gestellt hatten, da sie argwöhnten, wir seien Mitglieder der ausgedehnten Untergrundorganisation *Tag drug* (Tigerjunge). Die Chinesen wollten möglichst viele Mitglieder der Organisation verhaften und ließen jeden meiner Schritte von drei Häftlingen beobachten. Sie warteten ab, sammelten Material und hofften auf einen größeren Fang.

Mehr als sechs Monate lang hatte ich keinen Kontakt mit dem Gyen und konzentrierte mich auf meine Arbeit in Nyethang. Erst 1981 schlugen die Behörden zu: Der Gyen wurde in Lhasa verhaftet und zu einer weiteren Strafe im Gefängnis Gutsa verurteilt. Das war eine sehr traurige Nachricht, denn der Gyen hatte zu den wenigen gehört, die unseren Kampfgeist anspornten. In einem Brief ermahnte er mich, meine Arbeit fortzusetzen, denn wir dürften den Widerstand nie aufgeben. Ein paar Wochen später gelang es mir, in Lhasa ein Plakat anzubringen, in dem ich die Bevölkerung über die Verhaftung des Gyens informierte und seine Freilassung forderte.

Viele Tibeter wiegten sich in jenen Tagen in einem falschen Sicherheitsgefühl. Zahlreiche Freunde und Verwandte, die seit 1960 verschwunden waren, kehrten jetzt heim, und neue Verhaftungen schienen kaum noch stattzufinden. Ich wollte meinen Landsleuten die Augen dafür öffnen, daß das Büro für Öffentliche Sicherheit durchaus noch aktiv war und nur darauf verzichtete, seine Opfer am hellichten Tag abzuführen. Auf einem meiner Plakate stellte ich das Leben in einem Besserungs-Arbeitslager dar und endete mit der Erklärung: »Es gibt noch immer Gefängnisse.«

Die chinesischen Behörden bestritten, daß die Besserungs-Arbeitslager Gefängnisse seien, und in unseren Akten wurde die in solchen Lagern verbrachte Zeit nicht aufgeführt. Zum Beispiel war Gyen Lobsang Wangchuk 1970 offiziell »entlassen« worden, hatte sich aber in den zehn Jahren danach in einem Besserungs-Arbeitslager aufhalten müssen.

Einige Häftlinge warnten mich, daß meine Aktivitäten nur zu einer Rückkehr der schlimmen alten Tage beitragen könnten. Da die Haftbedingungen lockerer geworden seien, sollte ich meine Tätigkeit einstellen. Sie schienen bewußt einen Gedächtnisschwund zu kultivieren, denn natürlich war das Leben leichter, wenn man nicht an die zurückliegenden Greuel dachte und die Parteiparole »Die Vergangenheit ist vergangen« akzeptierte.

Die Partei wollte, daß wir den Hunger, den Geschmack von Wasserbrühe, das Gewicht der Fußschellen und den Schmerz der Schläge vergaßen. Das seien »Dinge der Vergangenheit«, die sich nie wiederholen würden. Im Jahr 1980 kam Hu Yaobang, der neue Generalsekretär der Kommunistischen Partei, nach Lhasa, um sich öffentlich beim tibetischen Volk zu entschuldigen. Die Aufseher verteilten Exemplare des *Tibet Daily*, damit wir Hus Rede lesen konnten, in der er mehr Freiheit, insbesondere auch die Wiederherstellung der Religionsfreiheit, versprach.

Aber ich erwachte immer noch jeden Morgen im Gefängnis. Im Besserungs-Arbeitslager von Nyethang waren weiterhin über zweihundert Häftlinge eingesperrt, obwohl wir alle unsere offizielle Strafe abgeleistet hatten. Immer noch machten wir uns jeden Morgen mit unseren Körben auf, um Kot zu sammeln. Immer noch mußten wir an Schulungen teilnehmen, in denen uns eine neue Ära verheißen wurde.

Im Februar 1982 beschloß ich, ein weiteres Plakat in Lhasa anzubringen. Es war ein kalter Morgen, und ich hatte mich in eine warme Chuba gehüllt, denn wir durften jetzt wenigstens wieder traditionelle tibetische Kleidung tragen. Ich schritt rasch dahin und erreichte die Stadt vor Sonnenaufgang. Im Parkhor, dem inneren Zirkel um den Jokhang, den herrlichsten Tempel Tibets, fand ich zu meiner Überraschung zahlreiche Menschen vor, die ihren morgendlichen Rundgang machten. Endlich hatte man Pilgern aus anderen Teilen Tibets gestattet, nach Lhasa zu reisen.

Da sich im Stadtzentrum die betenden Pilger drängten, sah ich davon ab, meine Plakate dort anzubringen. Schließlich wußte ich nicht, wie sie reagieren würden. Ich ging weiter zu den Regierungsgebäuden, wo alles still war. Das Militärbüro war unbewacht, und dort klebte ich mein Plakat an die Wand.

Das Plakat sollte das tibetische Volk aufrütteln und zum Kampf gegen seine Unterdrücker anspornen. Ich hatte geschrieben, daß wir im Rachen eines Wolfes lebten – es sei nur eine Frage der Zeit, bis der Wolf uns verschlingen werde. Die Reformen und die Liberalisierungspolitik seien nichts als Schönfärberei. Sobald Maos Nachfolger Deng Xiaoping seine Macht gefestigt habe, werde auch er das tibetische Volk unterdrücken.

Ich kehrte beim ersten Hahnenschrei nach Nyethang zurück. Niemand hatte meine Abwesenheit bemerkt. Aus dem Schornstein der Kantine stieg Rauch auf, und ich holte mir sogleich meinen Tee. Drei Jahre sollten vergehen, bevor die Chinesen entdeckten, daß ich für die Plakate verantwortlich war.

Im September 1982 wurde Hu Yaobang erneut zum Generalsekretär der Kommunistischen Partei Chinas gewählt. Hu war berühmt als Vater der Liberalisierungspolitik, und ich las im *Tibet Daily*, daß der Dalai Lama ihm in einem Telegramm zu seiner Wahl gratuliert habe. Das schien ein gutes Zeichen zu sein. Hu ließ wie versprochen einen großen Teil der chinesischen Streitkräfte aus Tibet abziehen, und wir konnten die unmittelbaren Folgen in unserem eigenen Lager beobachten: Man berief den chinesischen Direktor zurück und besetzte dessen Posten mit seinem tibetischen Stellvertreter.

In jenem Winter sah ich eines Morgens auf dem Weg zur Kantine eine Gruppe Gefangener, die sich um ein Plakat drängte. Neugierig trat ich hinzu und las eine überraschende Mitteilung des Zentralkomitees: Sämtliche Besserungs-Arbeitslager sind aufgelöst! Die Lagerleitung war nun nicht mehr befugt, uns zurückzuhalten, und die Häftlinge verlangten ihre unverzügliche Entlassung.

Die meisten Ley-mi durften tatsächlich nach Hause zurückkehren, und am Jahresende waren wir nur noch zehn. Man speiste uns mit der gleichen Erklärung ab wie zuvor: Wir seien Fachkräfte und würden benötigt, um wesentliche Arbeiten im Lager abzuschließen. Erst im Frühjahr 1983 durfte ich endlich das Lager verlassen.

Ich hatte überlegt, ob ich nach Penam oder Drepung zurückkehren sollte. Es würde leichter sein, eine Aufenthaltsgenehmigung für Penam zu bekommen, aber ich war mir nicht sicher, ob ich den Mut aufbringen würde, meine Familie wiederzusehen. Im Vorjahr war der Sohn meines Bruders – barfuß und in Lumpen – unerwartet im Lager aufgetaucht. Er hatte mir erzählt, daß meine Stiefmutter nichts mehr mit meinen Schwestern zu tun haben wollte. Während der Kulturrevolution hätten sie meinen Vater verleumdet und tatenlos zugesehen, wie chinesische Soldaten ihn zu Tode prügelten. Meine Stiefmutter werde ihnen das niemals verzeihen.

Außerdem erfuhr ich von ihm, daß die Mörder meines Bruders weiterhin in Freiheit waren und daß einige von ihnen nun sogar als bedeutende örtliche Kader fungierten. Das Kloster in Gabadong war völlig zerstört worden. Hatte ich wirklich die Kraft, zu einem Trümmerhaufen zurückzukehren?

Trümmer

D er Busfahrer ließ mich am Fuß des Hügels aussteigen, und ich wanderte den Hang nach Drepung hinauf. Aber das Kloster hatte in den dreißig Jahren, seit ich es nach jenem langen Marsch von Penam zum erstenmal erblickt hatte, seinen Glanz verloren. Ich erinnerte mich an die weiß getünchten Wände, die in der dünnen Hochgebirgsluft erstrahlten, und an das Gleißen des vergoldeten Daches. Aber das alles gehörte der Vergangenheit an. Ich konnte kaum glauben, daß das nun vor mir liegende Drepung einst eine blühende Stadt mit mehr als sechstausend Mönchen gewesen war.

Ich schloß die Augen und lehnte mich zum Ausruhen an einen Felsbrocken. Als ich sie wieder öffnete, war es, als hätte ich eine Zeitreise gemacht. Eine Gruppe von Khampas kam langsam auf mich zu. Die Männer trugen Chubas und hatten hellrote Seidentroddeln im geflochtenen Haar. Die Frauen hatten feinen Schmuck und große Bernsteinkugeln angelegt. Nur die Schuhe der Khampas – identische blaue Baumwollslipper mit Gummisohlen – deuteten auf die gegenwärtige Epoche und die Anwesenheit der Chinesen hin.

Die Pilger lächelten glücklich, während sie mich mit ihrem schwankenden Gang überholten. Ich schloß mich ihnen an und stieg mit ihnen zu dem zerstörten Kloster empor. Wir blieben auf der Schwelle stehen und blickten in den offenen Hof, der von abbröckelnden Mauern umgeben war. Die Pilger schüttelten ungläubig den Kopf und sanken zu Boden.

Ich hob die Hände und vollzog drei Niederwerfungen, wobei

ich zum erstenmal seit mehr als fünfzehn Jahren keinen nervösen Blick über die Schulter zu werfen brauchte. Aber die Verwüstung um mich herum trieb mir Tränen in die Augen, und ich schritt langsam zwischen den Ruinen hindurch, um mir den früheren Grundriß des großen Klosters zu vergegenwärtigen. Ich versuchte, meine erste Wohnung ausfindig zu machen, aber nichts war stehen geblieben.

Eine Gruppe ehemaliger Mönche spazierte ebenfalls durch die Ruinen und versuchte genau wie ich, das einstige Bild des Klosters heraufzubeschwören. Ein alter Mönch schaute mich an.

»Zu welchem Dratsang hast du gehört?« fragte er.

»Loseling«, antwortete ich voller Freude, und der alte Mönch beschrieb vor sich einen Kreis in der Luft, um anzuzeigen, wo Loseling gewesen war. Wir standen in der Chöra von Loseling, dem offenen Säulengang, der uns als Diskussionsstätte gedient hatte.

Dort im Säulengang tauschten wir Geschichten über Freunde und unsere Haftorte aus. Meine Gesprächspartner wollten wissen, ob ich plante, hierher zurückzukehren. Ich erwiderte, ich hätte die Genehmigung der Besserungs-Arbeitsbehörden – vorausgesetzt, das Kloster sei bereit, mich wieder aufzunehmen.

Sie wiesen auf das Gebäude, in dem sich das Demokratische Verwaltungskomitee des Klosters Drepung befand. Es war vom Amt für Religiöse Angelegenheiten eingerichtet worden und für sämtliche noch verbliebenen Tempel zuständig. Die Funktionäre waren angeblich von den Mönchen gewählt worden, doch ich fand bald heraus, daß die Partei alle Kandidaten aufgestellt und keine Alternative zugelassen hatte.

Nur im hinteren Teil des Klosters standen noch ein paar verblichene Gebäude, an deren Wände man mit roten chinesischen Schriftzeichen revolutionäre Parolen gemalt hatte. Ich trat durch ein hohes Tor in einen mit Steinplatten ausgelegten Gang. In einer Ecke waren mehrere Frauen dabei, Wäsche zu waschen.

Eine der Frauen, die einen roten Schal trug, zeigte auf eine rote Tür. Das war das Büro des Verwaltungskomitees. Im Innern begrüßte mich ein ehemaliger Mönch namens Jinpa Llentsog, ein gebrechlich wirkender Mann mit dunklem Teint. Seiner kränklichen Erscheinung zum Trotz war Jinpa ein äußerst energischer und fähiger Mann, der, obwohl er als Marionette der Chinesen galt, das Kloster vor plündernden Rotgardisten verteidigt hatte. Jinpa, der *zhuren* (Vorsitzende) des Verwaltungskomitees, hatte den Auftrag, die Reste von Drepung zu retten. Ich erklärte ihm, daß ich im Kloster wohnen wollte.

»Welches Gefängnis?« fragte er, obgleich ich meine Haft nicht erwähnt hatte. Aber er wußte, daß die Chinesen fast alle früheren Mönche eingesperrt hatten. Ich beschrieb in kurzen Zügen mein Leben in den verschiedenen Gefängnissen und setzte hinzu, daß ich Teppichknüpfer und Tischler sei. Jinpas Miene hellte sich auf, sobald er von meinen Fertigkeiten hörte.

»Du kannst den Frauen das Knüpfen beibringen«, sagte er. Das verblüffte mich. War Drepung etwa kein Kloster mehr? Bald wurde deutlich, daß es nun eher einem Dorf glich. Alle Mönche waren verheiratet. Während der Kulturrevolution hatten sie sich eine Frau nehmen müssen, um ihre revolutionäre Begeisterung unter Beweis zu stellen und um zu zeigen, daß sie nicht *jelupa* (rückständig) waren. Jinpa selbst hatte eine Ehefrau und zwei Kinder.

Das Verwaltungskomitee hatte keine Einwände gegen meine Rückkehr, und im Mai 1983 zog ich nach Drepung. Der Zhuren forderte mich auf, mir eine Unterkunft auszusuchen, und ich entschied mich für eine kleine Wohnung mit zwei Zimmern und einem wunderbaren Ausblick über das Tal von Lhasa. Meine einzigen Habseligkeiten waren mein Bettzeug und zwei alte Chubas, denn ich hatte seit vielen Jahren nur Gefängnisuniformen getragen. Ich besaß kein Kochgeschirr, doch in Nyethang hatte ich zwei große chinesische Thermosflaschen gekauft.

Nachdem man die Besserungs-Arbeitslager in ganz Tibet aufgelöst hatte, strömten plötzlich zahlreiche alte Mönche zurück
ins Kloster. Die Behörden nahmen sie gerne auf, da ihre Kennt-
nisse dringend benötigt wurden. Ich wurde angewiesen, die
beschädigten Wandgemälde in den verbliebenen Tempeln zu
restaurieren.

Das neue Klosterleben war eine Farce. Niemand von uns trug
traditionelle Gewänder. Früher hatte man Drepung »die Schau-
spielschule« genannt, weil die Mönche dauernd ihre Tracht
wechselten, aber nun mußten wir blaue Arbeiteruniformen tragen und durften unsere Gebete nur dreimal im Monat verrichten. Das Kloster wurde im Grunde wie alle anderen Kommunen
geführt; jeder erhielt Arbeitspunkte und entsprechende Rationen. Aber trotz all dieser seltsamen Veränderungen war es herr-
lich, wieder im Kloster zu sein.

Eines Tages, als ich eine Gruppe junger Mönche darin unter-
wies, sich lange Texte einzuprägen, teilte man mir mit, daß mehrere Polizisten und Kader vom Amt für Religiöse Angelegenheiten eingetroffen waren. Ein paar Tage zuvor hatten wir gehört, es
sei zu irgendwelchen Unruhen im Kloster Ganden gekommen.
Deshalb vermutete ich, daß die Behörden einfach nur Vorsichts-
maßnahmen ergreifen wollten, und machte mir keine Gedanken.

Einige Tage lang streiften die Kader und Polizisten in ihren
eleganten, neuen blauweißen Uniformen durch das Kloster. Ich
war besorgt, weil sie einen großen Komplex beschlagnahmt und
sich dort ein offenbar ständiges Büro eingerichtet hatten. Polizeijeeps trafen unablässig im Kloster ein und fuhren wieder ab.

Eines Abends wurde an meine Tür geklopft. Ich saß auf meinem Bett und betete, als ein junger Mönch den Kopf durch den
Türvorhang steckte.

»Schläfst du?« fragte er.

»Komm herein.«

»Kusho Palden la«, flüsterte der Mönch, »die Polizei stellt Fragen nach dir. Du mußt vorsichtig sein.« Dann überließ er mich meinen Gebeten.

Am folgenden Abend war ich wieder in meinem Zimmer, als ich hörte, wie sich weitere Jeeps näherten. Im Kloster gab es Hunderte von streunenden Hunden (die meisten waren aus Lhasa verjagt worden, weil die Stadtverwaltung die Straßen für ausländische Touristen säubern wollte), und an jenem Abend begannen alle aufgeregt zu bellen. Was konnte sie so aus der Fassung gebracht haben? Dann hörte ich Schritte über mir auf dem Dach – menschliche Schritte. Ich lauschte auf jedes Geräusch.

Ein paar Minuten vergingen, und dann klopfte jemand an meine Tür.

»Es ist nicht abgeschlossen«, rief ich. Im Zimmer war es stockdunkel.

»Wo ist der Lichtschalter?« ertönte eine Männerstimme. Ich erklärte, wo der Schalter war, und sobald man das Licht im Vorderzimmer angeknipst hatte, wurde ein Gewehrlauf durch den dicken Wollvorhang geschoben. Ich setzte mich verstört im Bett auf. Dann zog man den Vorhang zur Seite, und zwei junge chinesische Polizisten stürmten in mein Schlafzimmer. Sie richteten ihre Waffen auf mich.

Den beiden Polizisten folgten etwa fünfzehn andere, die draußen gewartet hatten. Das vordere Zimmer war voller Menschen. Ihr Anführer war ein hoher chinesischer Offizier mit breitem, aufgedunsenem Gesicht. Er blieb ein paar Sekunden lang stehen, um sich zu orientieren. Jinpa Llentsog, der Klostervorsteher, war bei ihm. Dann fragte mich der Offizier mit Hilfe eines tibetischen Dolmetschers jäh: »Wer bist du? Wie heißt du?«

»Palden Gyatso«, erwiderte ich ruhig. Ich hielt es für besser, auf meinem Bett sitzen zu bleiben.

Der Mann zog ein Stück Papier aus der Tasche und verlas

einen chinesischen Text. Danach übersetzte der tibetische Dolmetscher: »Wir verhaften Sie auf Anordnung von Richter Thupten Tsundro vom Obersten Gericht in Lhasa.« Was man mir zur
Last legte, wurde nicht erwähnt. Man befahl mir aufzustehen,
und alle im Zimmer mußten zurückweichen, um mir Platz zu machen. Ein Polizist legte mir Handschellen an. Es waren nagel-
neue Handschellen aus leichtem Stahl, die im trüben Licht des
Zimmers funkelten – und wieder spürte ich kalte Metallringe auf
der Haut.

Die Polizei begann, mein Zimmer zu durchsuchen. Ich hatte
ein großes weißes Baumwollaken gekauft und unter die Zimmer-
decke gespannt, damit kein loser Putz auf den Boden fiel. Nun
riß ein Polizist den Stoff herunter, so daß der Mörtel, der sich
angesammelt hatte, das Zimmer wie mit Rauch erfüllte. Andere
fanden einen Stapel religiöser Schriften und warfen sie mitten
auf den Fußboden. Mir blieb das Herz stehen, als ich ein Blatt
aus einem der Bücher rutschen sah. Es war das Pauspapier, das
ich für eines meiner Plakate benutzt hatte, und man konnte die
Überschriften klar erkennen. Die Polizisten frohlockten – nun
hatten sie ihr erstes Beweisstück.

Zwei Männer untersuchten meine Thermosflaschen. In einer
hatte ich zwischen dem Glasbehälter und dem Metallgehäuse
eine tibetische Flagge und mehrere Schriften des Dalai Lama
versteckt. Der eine Polizist goß das Wasser aus und schüttelte die
Flasche. Dann hielt sein Kollege das eine Ende fest und
schraubte das Metallgehäuse vom Behälter ab. Als die Fahne und
die Zettel herausfielen, triumphierten die Polizisten erneut.

Der chinesische Offizier legte mir die Hand auf die Schulter
und fragte in perfektem Tibetisch: »Palden Gyatso, willst du
deine Verbrechen nicht gestehen?« Er zeigte auf das Beweismaterial. »Das sind deine Verbrechen. Haben wir etwa nicht ins
Schwarze getroffen? *Sa gung treng tang, nam gung treng tang.*«
(»Die Partei beherrscht Himmel und Erde.«) Ich hatte ähnliche

Worte gehört, als man mich 1960 zum erstenmal verhaftete, und erinnerte mich an die Schläge, die ich in Norbukhungste hatte einstecken müssen.

Mir fiel auf, daß Jinpa Llentsog zitterte. Er wußte, daß man ihn fragen würde, weshalb er mir eine Aufenthaltsgenehmigung für das Kloster erteilt habe. Migmar, der stellvertretende Sekretär des Verwaltungskomitees, war ebenfalls nervös und beschimpfte mich als »Wolf im Schafspelz«.

»Einen ertrinkenden Hund braucht man nicht auch noch mit Steinen zu bewerfen«, gab ich zurück.

Der chinesische Offizier bedeutete seinen Männern, mich hinauszuführen. Sie stießen mich mit vorgehaltenem Gewehr die Treppe hinunter, dann über den Hof und auf den Rücksitz eines Jeeps. Je ein Aufseher nahm rechts und links von mir Platz. Im Kloster wimmelte es von Polizisten. Wir fuhren auf Lhasa zu und änderten dann wiederholt die Richtung, bevor wir Seitru ansteuerten, ein ehemaliges Gefängnis, das sämtliche hohen Politiker Tibets, auch Lobsang Tashi, den letzten Ministerpräsidenten, beherbergt hatte.

Nun diente Seitru als Untersuchungsgefängnis: Häftlinge wurden hier auf unbestimmte Zeit festgehalten, bis das Gericht ein formelles Urteil fällte. Etliche Aufseher erwarteten uns, und in einem von ihnen erkannte ich Zuzhang Dhargyal, einen hochgewachsenen tibetischen Brigadekommandanten. Vier junge chinesische Bewacher mit elektrischen Schlagstöcken von fast einem Meter Länge standen neben ihm. Dhargyal öffnete den Schlag des Jeeps und zog mich an den Schultern heraus. Es war bereits nach Mitternacht.

Man führte mich durch mehrere Türen, einen kleinen Kühlraum und schließlich auf einen offenen Hof, der von Gefängnisbaracken umsäumt war. Ich wurde zu Brigade Nummer sechs gebracht. Die Bewacher entfernten meine Handschellen, dann warfen sie mich und ein Bündel Bettzeug, das sie in meiner Wohnung eingepackt hatten, in eine Zelle. Die Tür schlug hinter mir zu.

Erst jetzt vermochte ich zu begreifen, was geschehen war. Ich stand in der Zelle und wußte, daß ich sehr lange im Gefängnis sein würde. Ich hatte mich nicht gebessert; ich war vom Pfad des Sozialismus abgewichen.

Die Zelle war kahl, abgesehen von einer Strohmatte. Man hatte den Fußboden grün gestrichen und so gründlich poliert, daß ich mein Spiegelbild darin erkennen konnte. Drei Monate und achtzehn Tage zuvor war ich aus dem Gefängnis entlassen worden, doch nun befand ich mich schon wieder in einer Zelle. Sie war moderner als alle, in denen man mich je untergebracht hatte. Der neuen Stahltür gegenüber war ein kleines Fenster, das man mit dicken Eisenstäben und einem Drahtgeflecht gesichert hatte. Die Tür enthielt ein winziges Guckloch, und unten war eine Luke eingelassen, mit einem Riegel an der Außenseite.

Ich breitete mein Bettzeug auf der Strohmatte aus und versuchte zu schlafen. Bald hörte ich die Motoren von weiteren Jeeps und das Geräusch von Ketten, die über den Boden geschleift wurden.

Eine neue elektrische Klingel außerhalb der Zelle gab das Signal zum Wecken. Niemand öffnete die Tür, doch nach einer Weile schob eine Hand einen Becher mit heißem Tee durch die Luke. Mehrere Stunden vergingen, bevor jemand die Tür aufriegelte. Es war Zuzhang Dhargyal. Er führte mich in ein anderes Zimmer, wo mich ein Fotograf einmal von vorn und zweimal im Profil aufnahm. Ich dachte an die vielen hundert Fotos mit darübergemalten schwarzen Kreuzen, die ich im Laufe der Jahre gesehen hatte: Fotos von Verurteilten, deren Hinrichtung bevorstand.

Am nächsten Tag brachte man mich in einen Vernehmungsraum. Er war ebenfalls kalt und abweisend, mit dem gleichen Farbgeruch und dem gleichen kahlen Zementfußboden.

Zuzhang Dhargyal neigte sich zu mir. »Denk gründlich nach. Leg ein volles Geständnis ab.«

Zwei chinesische Funktionäre und ein Dolmetscher saßen an einem langen Tisch. Der ältere der beiden sah so würdevoll aus, daß ich nicht damit rechnete, von ihm geschlagen zu werden. In der Regel war von chinesischen Funktionären nicht viel Humanität zu erwarten. Sie verkörperten Autorität und Unterdrückung, und da wir auf einen Dolmetscher angewiesen waren, hatten wir nur indirekten Kontakt mit ihnen. Die Gegenwart des Dolmetschers schien jegliche emotionale Beziehung zwischen Häftling und Funktionär auszuschalten, da sich der Gefangene nicht auf den Verhörenden konzentrieren konnte.

Ich saß auf einem Holzstuhl, und einer der chinesischen Funktionäre forderte mich ebenfalls auf, ein Geständnis abzulegen. Ich schwieg, so daß eine lange Pause entstand.

»Warum, glaubst du, bist du verhaftet worden?«

»Das weiß ich nicht.« Durch meine zwanzigjährige Erfahrung war ich gegen alle Tricks gewappnet und entschlossen, keine Information preiszugeben, bevor ich die Anklage erfuhr. Nun wollten die beiden Männer meine Lebensgeschichte seit meinem achten Geburtstag hören.

»Ich war seit 1975 Besserungs-Arbeitshäftling in Nyethang Zhuanwa Chang und davor in Sangyib.« Ich stockte. »Es gibt keinen Grund, Ihnen meine Lebensgeschichte zu erzählen. Ich habe sie seit 1960 häufig wiederholt. Wenn Sie wirklich daran interessiert sind, brauchen Sie nur meine Akte zu lesen.«

Die Funktionäre reagierten nicht, und nun war ich plötzlich doch überzeugt, daß sie mich schlagen würden. Aber sie schickten mich fort und ermahnten mich nur, mir die Sache »gut zu überlegen«. Ich hatte jedoch einen Grund für mein Schweigen, denn es galt herauszufinden, wieviel sie wußten. Kannten sie zum Beispiel meinen Bericht über die Verhältnisse in Tibet, den ich in Nyethang geschrieben und den Samten zum Dalai Lama hinausgeschmuggelt hatte? Wir alle hatten das Dokument unterzeichnet. War das der Grund meiner Verhaftung?

Die Vernehmung setzte sich über mehrere Tage fort. Ich weigerte mich noch immer, ein Geständnis abzulegen, aber die chinesischen Funktionäre verloren nicht die Geduld und ließen mich nicht verprügeln, wie ich befürchtet hatte. Eines Morgens, als ich erwartete, ins Vernehmungszimmer geführt zu werden, teilte Dhargyal mir mit, daß Verwandte von mir zu Besuch erschienen seien.

»Hast du Familienangehörige, die Lobsang und Dölma heißen?« fragte Dhargyal. Ich nickte.

Er brachte mich in einen anderen Raum, in dem Lobsang, der Sohn meines älteren Bruders, und seine Schwester Dölma saßen. Lobsang hatte mich bereits 1981 in Nyethang besucht. Nun trug er seine beste Kleidung, und sein Gesicht glänzte vor Öl. Auf einem Tisch standen eine Thermosflasche und ein Korb mit Keksen; daneben lag ein Stück tibetischer Hartkäse. Dölma goß Tee ein und schob mir eine Tasse zu.

Lobsang erzählte, daß sie in Lhasa wohnten, wo er als Schneider ein gutes Auskommen habe. Sie hätten auch meine Stiefmutter, die allerdings sehr krank sei, zu sich genommen. Die Polizei habe ihnen bereits Fragen gestellt.

»Pon po la meint, daß man dich freilassen wird, wenn du ein aufrichtiges Geständnis ablegst«, sagte Lobsang. Ich blieb stumm. »Bitte, Palden«, fuhr er fort, »gesteh uns zuliebe.« Da brachen Dölma und er in Tränen aus. Ich bat sie, sich keine Sorgen zu machen und sich gut um meine Stiefmutter zu kümmern. Dann führte Dhargyal mich zurück zu meiner Zelle.

Als ich das Vernehmungszimmer beim nächstenmal betrat, konnte ich das Bild des weinenden Lobsang und seiner Schwester nicht aus meinen Gedanken verbannen, und ich ließ die Funktionäre wissen, daß ich reden wollte. Der jüngere Chinese schenkte mir Tee aus einer Thermosflasche ein und bot mir

Kekse an. Ich erzählte meine Lebensgeschichte seit meinem achten Geburtstag und wurde nicht unterbrochen.

Am Ende meiner Geschichte neigte sich der ältere Funktionär vor und fragte. »Weshalb, glaubst du, bist du im Gefängnis?«

»Bin ich wegen des Materials verhaftet worden, das man in meinem Zimmer in Drepung entdeckt hat?« entgegnete ich.

»Du bist dir deines Verbrechens also bewußt«, sagte der ältere Funktionär.

Ich war erleichtert, denn er wußte zwar von dem Plakat, aber anscheinend nichts von dem Bericht, den Samten zum Dalai Lama hinausgeschmuggelt hatte. Ich gab zu, das Plakat angeklebt zu haben, was einen weiteren Strom von Fragen auslöste: Wer habe mir das Papier, den Stift, den Klebstoff und so weiter besorgt? Man wollte die Namen meiner Komplizen hören, doch ich wiederholte immer wieder, daß mir niemand Hilfe geleistet habe.

Meine Antworten stellten die Funktionäre nicht zufrieden. Am nächsten Tag verlangten sie von mir die Namen aller Personen, mit denen ich im Vorjahr Kontakt gehabt hatte. Wie konnte ich nun vermeiden, meine Freunde in die Angelegenheit hineinzuziehen? Ich beschloß, den Funktionären keine Liste zu geben, sondern ihnen den Namen meines »Komplizen« mitzuteilen: Ich hätte die Flagge und die Schriften, die in meiner Thermosflasche versteckt waren, von einem alten Mönch namens Lobsang Gelek erhalten (wie ich wußte, war er am Abend meiner Verhaftung gestorben).

»Wo ist Lobsang Gelek?« fragte der Vernehmer.

»In Nyethang«, antwortete ich. Die beiden notierten sich den Namen und andere Details und schienen zum erstenmal über meine Auskunft erfreut zu sein. Ich war elf Tage hintereinander verhört worden.

Meine Taktik war erfolgreich: Ein paar Tage später erfuhr ich von einem chinesischen Funktionär, Lobsang Gelek sei verhaftet worden und habe ein volles Geständnis abgelegt. Ich hätte lachen mögen, denn mir war klar, daß die Chinesen nicht das Gesicht verlieren wollten.

Aber warum hatte man mich nicht geschlagen? Waren die Offiziere einfach nur ungewöhnlich gutherzig gewesen? Später hörte ich, daß man meine Hinrichtung bekanntgegeben hatte. Meine Verwandten hatten sich bereits aufgemacht, um Butterlampen im Jokhang anzuzünden. Aber dann demonstrierte eine Gruppe Tibeter vor der chinesischen Botschaft in Neu-Delhi und verlangte meine Freilassung. Nur deshalb war ich verschont worden.

Die Vernehmung wurde Anfang 1984 abgeschlossen. Vier hochrangige Offiziere in den dunkelblauen Uniformen der Justizbehörde verlasen mein Geständnis und fragten, ob alles zutreffe. Ich nickte und hinterließ meinen Fingerabdruck auf dem Dokument. Früher hatte man Häftlingen einfach nur einen Zettel gereicht, auf dem ihre Strafe verzeichnet war. Während der Kulturrevolution waren die Tibeter sogar ohne jegliche Vernehmung ins Gefängnis geworfen worden. Aber in dieser »neuen Ära« versuchten die Chinesen, sich an eine Art Justizsystem zu halten.

Daher stieß man mich eines Morgens in einen Jeep und fuhr mich zu einem Gerichtssaal in Lhasa. Zwar hatte ich über zwanzig Jahre abgesessen, doch dies war meine erste Verhandlung. Ich hatte keine Ahnung, was mir bevorstand. Der Richter, ein rundlicher Tibeter namens Dorje, stellte mir rasch sämtliche Amtspersonen vor. Mein Verteidiger war ein alter Mann namens Phurbu. Der Richter fragte, ob ich eine Erklärung abgeben wollte, und ich schaute hilfesuchend zu Phurbu hinüber, doch dieser blieb bewegungslos vor dem Richter sitzen.

»Möchten Sie eine Erklärung abgeben?« wiederholte Dorje.

»Ich kenne weder meinen Verteidiger noch irgendeine der

Personen, die gegen mich aussagen werden«, erwiderte ich. Der Richter ignorierte mich und eröffnete das Verfahren. Ein junger tibetischer Offizier stand auf und verlas die Anklageschrift. Er erwähnte sämtliche in meinem Zimmer entdeckten Gegenstände sowie die Tatsache, daß ich die Verbreitung von Plakaten gestanden hatte. Danach erteilte der Richter mir wiederum das Wort, und ich führte aus, daß die Behauptungen der Chinesen über den Fortschritt in Tibet jeglicher Grundlage entbehrten. Das Volk von Tibet sei nicht aus der Knechtschaft befreit worden, wie die Chinesen so gern verkündeten. Ich schilderte dem Gericht die Lebensbedingungen der Dorfbewohner von Nyethang und die dortige Lebensmittelknappheit.

Der Richter ließ mich ausreden, lächelte mißbilligend und sagte: »Ein Blinder sieht nur Dunkelheit. Ein Reaktionär sieht nichts als Dunkelheit im großen sozialistischen Vaterland.«

Am 29. April 1984 wurde ich zu weiteren acht Jahren Haft verurteilt. Ich war einundfünfzig Jahre alt und hatte den größten Teil meines Erwachsenenlebens in chinesischen Gefängnissen – in meinem eigenen Land – verbracht.

Meine neue Unterkunft war das Gefängnis Orithridu. Man gab mir eine Sommer- und eine Winteruniform, die drei Jahre zu halten hätten. Ich wurde einer Brigade aus vorwiegend alten Männern zugewiesen; wir durften leichtere Arbeiten verrichten, etwa im Gemüsegarten oder in der Gefängnisküche. Auf den Versammlungen ging es nicht mehr so gnadenlos zu wie früher, und wir brauchten nicht mehr vorzutäuschen, daß wir die Partei und ihren Führer liebten. Aber wir mußten weiterhin regelmäßig an Schulungen teilnehmen, in denen wir Artikel aus dem *Tibet Daily* lasen und darüber diskutierten.

Ich erinnere mich an eine seltsame Begegnung im September 1984. Man rief mich ins Verwaltungsgebäude und befahl mir, mich an einen Tisch mit einer kostbaren Decke zu setzen. Darauf standen eine Thermosflasche, zwei teure Becher und eine Schale Kekse. Ein Hochglanzkalender an der Wand zeigte zahlreiche moderne chinesische Bauten. Nach einer Weile nahm ein junger Chinese, der eine Krawatte trug und eine elegante Aktentasche aus Leder bei sich hatte, neben mir Platz. Sein Dolmetscher goß uns Tee ein und reichte uns das Gebäck.

»Wie werden Sie behandelt?« fragte der Mann. Er komme aus Beijing und müsse wissen, ob die Gefängnisleitung human mit mir umgehe oder ob ich eine ärztliche Untersuchung benötige. Sein Interesse schien aufrichtig zu sein. Damals war ich verblüfft, aber inzwischen habe ich erfahren, daß eine Amnesty-International-Gruppe in Italien mich zum »gewaltlosen politischen Gefangenen« ernannt hatte. Dieser Besuch war eine direkte Folge der Briefe, die sie der chinesischen Regierung und den Behörden in Lhasa geschrieben hatte.

Aber es dauerte nicht lange, bis die Aufseher zu ihrer gewohnten Brutalität zurückkehrten. Eines Tages beschwerte ich mich bei Dawa, dem Koch, darüber, daß der Tee kalt sei. Kurz darauf erschien Dawa mit einem Aufseher namens Jampa, den wir alle wegen seiner weißen Haare als »Großvater« bezeichneten, in meiner Baracke. Jampa sagte, er wolle prüfen, ob der Tee wirklich kalt sei. Dann goß er aus einer Thermosflasche kochendes Wasser über meinen nackten rechten Arm.

Die anderen Häftlinge wichen zurück, als Jampa mit seinem elektrischen Schlagstock wedelte. Der Schmerz der Verbrühung war kaum zu ertragen. Der Aufseher stieß mich mehrere Male mit dem Schlagstock an, so daß mir Stromstöße durch Schultern und Brust fuhren. Der Koch stand dabei und genoß diese Machtdemonstration. Jampa warf einen Blick auf die anderen Häftlinge, als wollte er sagen: »Noch jemand?«

Der Schmerz ließ mich aufschreien, woraufhin andere Bewacher in die Baracke stürmten. Ich rief: »*Go-treng tang gyi-mi se gyi du.*« (»Die Partei ermordet einen Häftling.«) Ein chinesischer Offizier schickte die anderen hinaus und machte Jampa und dem Koch Vorwürfe. Ich wurde in den Sanitätsraum gebracht, wo eine junge Krankenschwester meinen verbrühten Arm verband.

Die Kommunistische Partei hatte ihre Taktik geändert. Früher hatte man Geständnis- und Kritikversammlungen abgehalten, um uns umzuerziehen und zum Sozialismus zu bekehren. Mittlerweile hatte die Partei jedoch eingesehen, daß sich politische Häftlinge nicht einfach auf einen Befehl hin wandelten. Wir wurden als »unverbesserlich« abgestempelt und entsprechend behandelt. Die einzige Methode, uns zum Gehorsam zu zwingen, bestand darin, uns zu isolieren und uns soviel Schmerz wie möglich zuzufügen.

Schläge waren in Orithridu an der Tagesordnung. Die Aufseher waren wie für eine Schlacht ausgerüstet. Sie hatten eine Pistole und zwei Messer, die in Futteralen an ihrem Gürtel steckten, sowie zwei unterschiedliche elektrische Schlagstöcke: einen kurzen, dreißig Zentimeter langen Stab mit glänzendem Plastikgriff und einen längeren Stock, den sie wie ein Schwert handhaben konnten. Manchmal trugen sie einen so schweren Panzer, daß sie sich kaum zu bewegen vermochten. Sie zögerten nicht, ihre neuen Waffen gegen uns »unverbesserliche« Häftlinge einzusetzen.

Eine neue Generation

Am 28. September 1987 brachte der *Tibet Daily* einen Bericht über eine Demonstration in Lhasa: Einundzwanzig Mönche aus Drepung hätten Unabhängigkeit und Freiheit für Tibet verlangt. Ich war erstaunt, denn ich hatte nie zuvor einen ähnlichen Bericht in einer offiziellen Zeitung gesehen. Man hatte den Artikel zwar auf Seite vier versteckt, die gewöhnlich internationalen Nachrichten vorbehalten war, aber normalerweise wurden überhaupt nur Beiträge veröffentlicht, welche die Partei verherrlichten. Der Reporter bezeichnete die Demonstration verächtlich als das Werk »weniger Abspalter«. (Das war der neue Begriff für tibetische Nationalisten, da die Chinesen die tibetische Unabhängigkeit mit der »Abspaltung« vom Vaterland gleichsetzten.)

Ich fand die Nachricht großartig, denn die Demonstration stellte den ersten bedeutenden öffentlichen Protest seit 1959 dar. Die Zeitung nannte die Namen und das Alter der einundzwanzig Mönche, und ihre Jugend überraschte mich. Meine erste Verhaftung hatte sich noch vor ihrer Geburt ereignet. Die Mönche waren den Kommunisten zufolge »am Busen der Partei genährt worden«, und trotzdem riefen sie plötzlich Parolen nach der Unabhängigkeit Tibets.

Nichts ermutigt einen politischen Häftling mehr als die Nachricht, daß seine Überzeugungen und Hoffnungen geteilt werden. Ich wußte nun, daß diese jungen Rebellen unseren Kampf fortsetzen würden.

Die Gefängnisleitung berief natürlich sofort eine Versammlung ein, auf der wir die Demonstration verurteilen mußten. Man zwang uns, lange Artikel im *Tibet Daily* zu lesen, in denen man die Protestführer als irregeleitete Jugendliche bezeichnete.

In den folgenden Wochen erfuhren wir, daß die Behörden in Lhasa Dutzende von Menschen verhaftet hatten. Ich erhielt Nachrichten mit den Namen verschwundener Personen; ihre Angehörigen erkundigten sich, ob sie im Gefängnis saßen. Unsere Verbindungen ermöglichten uns, die Fragesteller wissen zu lassen, wer im Gefängnis war, und uns gleichzeitig über die Ereignisse in der Außenwelt zu informieren.

Die Demonstration vom September 1987 löste weitere Proteste aus. Auch die Mönche aus dem Kloster Ganden, dem zweitgrößten in Tibet, das nun wieder mehr als fünftausend Menschen beherbergte, hielten eine Demonstration ab. Das Kloster war während der Kulturrevolution dem Erdboden gleichgemacht worden. Das hatte ich nach meiner Entlassung aus Nyethang mit eigenen Augen gesehen.

Weitere Proteste von Mönchen und Nonnen schlossen sich an, und später organisierten auch die Jugendlichen von Lhasa Demonstrationen. Infolgedessen verstärkte man die Überwachung der politischen Häftlinge in meinem Gefängnis (es gab nur fünf; die meisten Insassen waren Strafgefangene). Wir wurden ständig über die Ereignisse verhört. Sobald sich irgendwo in Tibet Unruhen abspielten, mußten wir auf einer Sonderversammlung unsere Meinung dazu äußern. Ich antwortete stets: »Ich bin Häftling und habe nichts mit den Demonstrationen außerhalb des Gefängnisses zu tun.«

In jenem Winter hörte ich, daß Gyen Lobsang Wangchuk im Alter von fünfundsiebzig Jahren gestorben war, nachdem er den größten Teil seines Erwachsenenlebens in kommunistischen Gefängnissen verbracht hatte. Die Chinesen behaupteten, er sei an Altersschwäche gestorben, aber ich bin sicher, daß er ermordet wurde.

Die Behörden gingen äußerst brutal mit ihm um: Noch im Alter von fünfundsiebzig Jahren war er an Händen und Füßen gefesselt und gezwungen worden, Schwerarbeit zu leisten. Als er eines Tages von der Arbeit zurückkehrte, bezichtigte man ihn der Faulheit und der Drückebergerei. Er wurde an eine Eisenstange gekettet und von einem Aufseher namens Paljor, der auch mich später mißhandeln sollte, bewußtlos geschlagen. Lobsang mußte innere Verletzungen erlitten haben; man brachte ihn in aller Eile ins Krankenhaus, wo jedoch nichts mehr für ihn getan werden konnte. Die Behörden beauftragten eine seiner Verwandten, ihn zu pflegen, aber er starb am nächsten Tag. Mithin können die Behörden nicht alle Verantwortung für den Tod eines der großartigsten Männer leugnen, denen ich je begegnet bin.

Im Laufe der nächsten zwei Jahre schloß sich eine Demonstration der anderen an. Jeder neue Protest löste größere Unruhen aus. Im März 1989 arbeitete ich gerade im Obstgarten des Gefängnisses, dessen Pflege den älteren Häftlingen oblag. Er war zu einer der Haupteinkommensquellen des Gefängnisses geworden. In den riesigen Plastiktreibhäusern herrschte eine drückende Hitze. Da tönte plötzlich vom Haupttor lauter Gesang herüber.

Ich ging hinaus. Eine lange Reihe von Häftlingen marschierte zu meinem Erstaunen zurück ins Gefängnis. Es war erst Mittag – warum hatte man sie so früh zurückgebracht? Sie wirkten recht heiter, und auch ihr Gesang deutete keineswegs auf Besorgnis hin. Nachdem ich mich wieder im Treibhaus an die Arbeit gemacht hatte, tauchten plötzlich zwei Bewacher auf und befahlen uns, in unsere Baracke zurückzukehren. Unterwegs bemerkte ich, daß auf dem Dach und auf den Wachtürmen bewaffnete Aufseher postiert waren.

Ich fragte meine Zellengenossen, was los sei.

»In Lhasa gibt's Probleme«, antwortete einer von ihnen. Ich dachte, daß eine weitere Demonstration stattgefunden haben mußte. Wir alle lagen in unseren Betten und warteten auf genauere Nachrichten.

Am nächsten Morgen liefen ungewöhnlich viele Aufseher im Hof herum. Sie hatten ein großes Maschinengewehr auf einer Mauer angebracht; daneben waren Munitionsgurte aufgehäuft. Mir wurde klar, daß die Ereignisse in Lhasa wirklich bedeutsam sein mußten.

Nach dem Morgenappell hieß es, wir würden heute nicht zur Arbeit eingeteilt. Die Aufseher brachten uns Brettspiele und Karten. Dadurch kam eine nahezu festliche Stimmung auf; wir bildeten Gruppen und ließen uns dort nieder, wo wir auf dem Hof Platz finden konnten. Wie wir wußten, hatte die Gefängnisleitung panische Angst, daß auch wir eine Demonstration abhalten könnten.

Am Nachmittag sah ich eine junge Krankenschwester, die im Sanitätsraum arbeitete und immer freundlich zu mir gewesen war, den Hof überqueren. Ich rief sie zu mir und bat sie, sich meine Schulter anzusehen. Ich zog den Mantel aus, hob ihr die Schulter entgegen und flüsterte: »Was passiert in Lhasa?« Sie tat so, als untersuchte sie meine Schulter, und erwiderte: »Die Menschen rotten sich im Parkhor zusammen, und die Polizei kann die Stadt nicht wieder unter Kontrolle bringen.« Die Demonstration sei seit drei Tagen im Gange.

Ich sah schwarzen Rauch aus Lhasa herübertreiben. Plötzlich gab man bekannt, daß vier Brigaden, darunter auch meine, in ein anderes Gefängnis verlegt werden sollten. Wir mußten unsere Sachen packen und in knapp einer Stunde bereit sein. Ich war an diese Umschwünge gewöhnt, denn es gehörte zum Gefängnisleben, daß sich die Situation jederzeit ohne Vorwarnung ändern konnte.

Aufseher trieben uns aus der Baracke, und wir kletterten mit unseren Bündeln auf dem Rücken in eine Reihe Lastwagen, die gerade mit donnernden Motoren im Hof eingetroffen waren. Doch plötzlich machten die Lastwagen am Haupttor halt. Man befahl uns, wieder auszusteigen und in die Baracke zurückzumarschieren. Es war das reine Chaos. Ich war den ganzen Tag auf den Beinen gewesen und kroch nun erschöpft ins Bett, wickelte mich in eine alte Decke und dachte nach. Was mochte sich draußen abspielen?

Am nächsten Tag wollte die Gefängnisleitung uns von der Bevölkerung fernhalten und ließ uns nicht zur Arbeit hinausmarschieren. So unglaublich es klingen mag, man zog es vor, uns ein Unterhaltungsprogramm zu bieten. Auf einer großen Leinwand wurden beliebte Filme aus Hongkong gezeigt! Zahllose Häftlinge kamen zusammen und schauten sich die Filme an.

Am Abend rollten weitere Lastwagen auf den Hof, und ich spähte aus dem Fenster. Der Scheinwerfer im äußeren Lagerbereich war eingeschaltet, so daß ich die Lastwagen, die rückwärts auf die Unterkünfte der Brigaden eins und zwei zufuhren, deutlich sehen konnte. Unter den Fahrzeugen hindurch waren die Füße neuer Häftlinge zu erkennen, die sich langsam in Richtung der Baracken bewegten. Ich stellte mir vor, daß es die Füße der Demonstranten von Lhasa waren.

Die neuen Häftlinge protestierten aufgebracht. An der Baracke der Frauenbrigade kletterten weibliche Gefangene aus den Lastwagen und riefen ebenfalls trotzige Parolen. Voller Besorgnis drängten wir uns ans Fenster. Dann ertönten Schmerzensschreie: Die Aufseher mußten in die Baracke eingedrungen sein, um auf die Häftlinge einzuschlagen. Überall im Gefängnis waren lautes Weinen und das Splittern von Glas zu hören. Als ich am nächsten Morgen zur Latrine ging, waren über den ganzen Hof Glasscherben verteilt. Die neuen Häftlinge mußten sich zur Wehr gesetzt haben.

An jenem Tag durften wir unsere Baracke nicht verlassen.

Durchs Fenster beobachtete ich Aufseher, die Schreibtische auf den Hof stellten, und Vernehmungsoffiziere, die sich mit Notizheften und Stiften an die Tische setzten. Jungen, die noch nicht trocken hinter den Ohren waren, bildeten vor den Schreibtischen eine Schlange. Mädchen kamen aus der Frauenbaracke; sie hatten bunte Schleifen im Haar und sahen aus wie Puppen. Eines der Mädchen schlenderte über den Hof, die Hände in den Taschen, als wollte sie sich etwas Süßes kaufen. Keiner von den Jungen und Mädchen schien die geringste Angst zu haben.

Die Erkenntnis, daß das tibetische Volk von einem neuen Widerstandsgeist erfüllt war, machte mir Mut. Diese jungen Rebellen waren der lebendige Beweis dafür, daß nicht einmal die Brutalität der Kulturrevolution und drei Jahrzehnte der Indoktrination die tibetische Jugend dazu bewegen konnten, der Partei zu folgen. Im Gegenteil, der Geist des Patriotismus schien so stark wie immer zu sein.

Später fragte ich einige dieser jungen Häftlinge, ob sie in der Schule Chinesisch gelernt hätten. Einer schaute mich ungläubig an und wollte wissen, weshalb jemand die Sprache seines Unterdrückers lernen sollte. Um sich dem Schulunterricht der Chinesen zu entziehen, waren viele lieber Klöstern beigetreten.

Die Kommunisten meinten, die jungen Tibeter wüßten einfach nichts von der schlimmen alten Zeit, als Tibet von Feudalherren beherrscht wurde und die Massen in tiefster Armut lebten. Deshalb organisierte die Partei Schulungskurse, um die jungen Rebellen über die Vergangenheit zu informieren. Aber die Kurse verliefen nicht nach Plan. Wenn die Parteifunktionäre erklärten, daß die jungen Menschen dankbar für das jetzige »Goldene Zeitalter« sein müßten, verwiesen die Tibeter auf den Hunger und die Mißhandlungen, die ihre Eltern während der Kulturrevolution erlitten hatten. Das einzige Gegenargument der Chinesen lautete, die Viererbande sei für sämtliche Ausschreitungen verantwortlich gewesen.

Der Anblick all dieser Jungen und Mädchen erinnerte mich an meine ersten Gefängnisjahre. Die neuen Häftlinge hatten genau die gleichen Probleme wie wir damals: Sie besaßen keine Becher, kein Bettzeug, keine Teller oder Löffel. Die älteren Gefangenen mußten ihnen ihre überzähligen Becher und Decken abtreten.

Die Aktionen der jungen Demonstranten hatten uns alle aufgewühlt, und im Gefängnis entwickelte sich ein neuer Widerstandsgeist. Sogar die Strafgefangenen waren vom Mut der Neuankömmlinge beeindruckt und gaben ihnen Ratschläge, wie sie sich bei den Verhören zu verhalten hätten. Die nicht einmal zwanzigjährigen Neuen waren noch gar nicht auf der Welt gewesen, als die Chinesen in Tibet einmarschierten. Sie waren unter der Roten Fahne aufgewachsen, hatten sich trotzdem vom Kommunismus losgesagt und forderten nun: »*Bo Rangsten.*« (»Freiheit für Tibet.«)

Wir halfen den Neuen so gut wir konnten. Diese politisch engagierten jungen Männer und Frauen hatten einen äußerst günstigen Einfluß auf die vielen jugendlichen Strafgefangenen im Lager.

Ein junger Straftäter namens Pembar war so begeistert von der Tapferkeit der Demonstranten, daß er zum Kampf um die tibetische Unabhängigkeit beitragen wollte. Pembar hatte ein schmales, bleiches Gesicht und dürfte etwa sechzehn Jahre alt gewesen sein. Zuerst argwöhnte ich, daß die Gefängnisleitung mich in eine Falle locken wollte, denn Strafgefangene wurden häufig zur Bespitzelung politischer Häftlinge eingesetzt. Dann verwarf ich meinen Verdacht, und bald wartete Pembar jeden Tag nach der Arbeit vor unserer Baracke auf mich. Er war Analphabet, und ich riet ihm, als erstes lesen und schreiben zu lernen. Ich begann sogar, ihn zu unterrichten, vermied es aber, mit ihm über politische Themen zu sprechen. Es galt, vorsichtig zu sein, falls er Material gegen mich sammelte.

Eines Tages entdeckte ein Aufseher die Worte »Bo Rangsten« an der Latrinenwand. Man fotografierte die anstößige Parole und stufte sie als ernstes konterrevolutionäres Verbrechen ein. Beunruhigt über die Kühnheit der neuen Häftlinge, behandelten die Behörden die Angelegenheit als einen gefährlichen Präzedenzfall. Sie waren fest entschlossen, jeglichen Widerstand auszumerzen. Die Bewacher verglichen die Handschriften der Insassen, um herauszufinden, wer für die Parole verantwortlich war. Außerdem mußte jeder Gefangene alle Personen nennen, welche er am Tag, als die Parole entdeckt wurde, die Latrine hatte betreten sehen. Ein Häftling meldete, Pembar sei mit Kohlenstaub an den Händen aus der Toilette gekommen.

Pembar wurde sofort verhaftet, gefesselt und unter Einzelhaft gestellt. Die »Einzelzelle« war ein so schmaler Raum, daß man die beiden gegenüberliegenden Wände mühelos mit ausgestreckten Armen berühren konnte. Sie war kalt, fensterlos, stockdunkel und enthielt kein Bettzeug. Als der Junge abgeführt wurde, befürchtete ich, daß man ihn zum Tode verurteilen würde.

Ganz Tibet stand nun unter Kriegsrecht, und jeder Verstoß gegen die Gesetze wurde mit schwersten Strafen geahndet. Die Heftigkeit, mit der die Chinesen die Demonstrationen verurteilten, war wie immer ein Zeichen für die internationale Unterstützung der tibetischen Sache und für uns ein Hoffnungsstrahl. Die Welle von Protesten überall im Land, vornehmlich aber in Lhasa, hatte in der Tat internationale Aufmerksamkeit erregt.

Aber für einen Verdächtigen wie Pembar war dies nicht von Vorteil. Als Krimineller, der nie zuvor irgendein Interesse an der Politik gezeigt hatte, konnte er nur, wie die Behörden rasch folgerten, von einem der politischen Gefangenen bezahlt oder beeinflußt worden sein. Es kam ans Licht, daß er meine Baracke mehrere Male besucht und ich ihm einige Bücher geliehen hatte. Damit war auch ich verdächtig geworden. Später hörte ich, daß Pembar tagelang geschlagen und gefoltert worden war, sich jedoch geweigert hatte, mich als seinen Komplizen zu bezeichnen; er habe allein gehandelt. Ich sah ihn nie wieder.

Nach Pembars Verhaftung war die Situation im Gefängnis sehr gespannt, und es überraschte mich wenig, als der Gefängnisdirektor von Orithridu mich aus meiner Baracke zu sich beorderte. Ich hatte nie einen Hehl aus meiner Freude über die Unruhen in Lhasa gemacht und die jungen politischen Häftlinge, die nach den Demonstrationen einsitzen mußten, offen beglückwünscht. Kein Wunder, daß die Gefängnisleitung meinen Einfluß für schädlich hielt.

Man brachte mich zum Hauptbüro an der anderen Hofseite.

»Du mußt weg«, erklärte mir ein Offizier.

»Wohin?«

»Nach oben«, sagte der Offizier. Wenn sich Tibeter nicht festlegen wollen, sagen sie einfach oben oder unten.

»Willst du etwa behaupten, daß du heute morgen nicht informiert worden bist?« fragte der chinesische Vorgesetzte des Offiziers.

»Ja.«

»Du wirst nach Drapchi verlegt.«

Zurück nach Drapchi! Das Gefängnis Nummer eins in ganz Tibet, das bereits zwischen 1964 und 1975 meine Bleibe gewesen war. Wieder einmal packte ich mein Bettzeug zusammen, rollte meine Sachen zu einem Bündel und kletterte in einen wartenden Jeep.

»Was ist passiert?« fragte mich die Fahrerin. Aber bevor ich antworten konnte, stiegen ein Aufseher und ein höherer tibetischer Offizier ein. Letzterer hatte meine dicke Akte unter dem Arm. Der Jeep rollte den Sandweg hinunter, der aus dem Gefängnis führte, und wirbelte eine Staubwolke auf.

Wir fuhren schweigend nach Drapchi, wo man mein spärliches Gepäck gründlich durchsuchte und mich dann in Baracke

Nummer sieben brachte. Es war ein vertrauter Anblick: fast kahle Wände und auf einer Plattform die fein säuberlich zusammengerollten Habseligkeiten der Häftlinge. Als ich eintraf, waren die Gefangenen noch draußen bei der Arbeit – abgesehen von einem Mann, der auf seinem Schlafplatz ruhte.

Er stand auf und stellte sich als Yulu Dawa Tsering vor. Dann goß er mir Tee aus einer Thermosflasche ein, und wir plauderten eine Weile. Yulu war ebenfalls Mönch: aus der Region Lokha, südlich von Lhasa. Er litt an Tuberkulose. Von ihm erfuhr ich, daß wir zu siebt in der Baracke waren.

Plötzlich wurde die Tür aufgerissen, und ein tibetischer Bewacher befahl mir, ihn zu begleiten. Er brachte mich in ein Vernehmungszimmer, wo ein älterer Aufseher wartete. Ich erkannte ihn sofort: Es war Paljor, den ich für den Tod meines Freundes und Mentors Lobsang Wangchuk verantwortlich machte. Früher hatten wir Paljor »leichte Hand« genannt, weil er nie zögerte, die Hand gegen Häftlinge zu erheben. Er war hochgewachsen, hatte Triefaugen und vom Kettenrauchen gelb verfärbte Finger. Paljor saß an einem Tisch, und die beiden chinesischen Aufseher, die mein Gepäck durchsucht hatten, standen an der Tür.

Paljor tat so, als lese er meine Akte, aber sobald ich eintrat, legte er sie auf den Tisch, stand auf und brüllte mich an: »Du Schurke!« Dann überschüttete er mich mit Beschimpfungen. Ich hatte keine Ahnung, was nun geschehen würde. Das Vernehmungszimmer erinnerte mich an die Schreine, die den Zornvollen Gottheiten geweiht sind. Eine Sammlung von Stöcken hing an der Wand. An einem Haken baumelten glänzende stählerne Handschellen. Paljor nahm einen langen Stock herunter und schwenkte ihn, während er um mich herumging.

»Du hast dreimal eingesessen und dich immer noch nicht gebessert«, sagte er. Dann fragte er mich nach meinen früheren Verbrechen, obwohl er die Einzelheiten bereits aus meiner Personalakte kannte. »Wie alt bist du?«

»Sechzig.«

»Du bist neunundfünfzig!« Paljor wollte mich offensichtlich provozieren.

»Ich wurde im Jahr des Affen geboren und bin folglich sechzig Jahre alt.«

Paljor war wieder an das Gestell mit den Stöcken getreten. Er wählte einen kürzeren aus, der vielleicht dreißig Zentimeter lang war, und schob ihn zum Aufladen in eine Steckdose. Funken sprühten, und ein Knistern ertönte.

»Warum bist du hier?« fuhr Paljor fort.

»Weil ich in Lhasa Plakate angebracht und Unabhängigkeit für Tibet gefordert habe.«

»Du willst also immer noch *rangtsen*?«

Ohne auf eine Antwort zu warten, zog er den elektrischen Schlagstock aus der Steckdose und versetzte mir einen Stoß, so daß mein ganzer Körper zusammenzuckte. Dann brüllte er wüste Beschimpfungen, stieß mir den Stock in den Mund, zog ihn heraus und rammte ihn mir von neuem zwischen die Zähne. Darauf trat er wieder an die Wand und holte sich einen längeren Stock. Mein Körper schien zu zerplatzen. Ich entsinne mich vage, daß einer der Aufseher mir die Finger in den Mund steckte, um meine Zunge aus dem Rachen zu ziehen und mich vor dem Ersticken zu retten. Und ich entsinne mich auch, daß einer der chinesischen Aufseher angewidert aus dem Zimmer rannte.

Als wäre es gestern gewesen, erinnere ich mich an die Schocks, die meinen Körper durchfuhren. Sie schienen mich mit einem brutalen Griff gepackt zu haben. Ich verlor das Bewußtsein, und als ich aufwachte, lag ich in einer Lache aus Erbrochenem und Urin. Wie lange ich ohnmächtig dagelegen hatte, wußte ich nicht. Mein Mund war geschwollen, und ich konnte die Kiefer kaum bewegen. Unter großen Schmerzen spie ich etwas aus: Es waren drei Zähne. Es sollte mehrere Wochen dauern, bis ich wieder feste Speisen zu mir nehmen konnte. Mit der Zeit fielen mir auch die übrigen Zähne aus.

Man brachte mich zurück in die Unterkunft.

»Wer hat das getan?« fragte Yulu.

»Paljor«, murmelte ich, während er mir aufs Bett half.

Die letzten Jahre waren relativ leicht für mich gewesen, da ich keine Thamzings durchzumachen brauchte. Insgesamt hatten sich die Gefängnisbedingungen gebessert.

Um so überraschender war Paljors Brutalität, die mich in die alptraumhaften Jahre der Kulturrevolution zurückversetzte. Vermutlich war irgendein höherer Funktionär erbost gewesen, weil ich die aufkommende Opposition gegen die chinesische Herrschaft so freudig begrüßte, und hatte befohlen, mir eine Lektion zu erteilen.

Ich hörte das unmißverständliche Klirren von Ketten, die über den harten Boden geschleift wurden, und die Stimmen der Häftlinge, die nach der Arbeit in die Baracke zurückkehrten. Einer von ihnen, ein kräftig wirkender Mann von Anfang Zwanzig – er hieß Lobsang Tenzin – kam sofort auf mich zu und fragte: »*Kusho la*, haben sie dir viel Schmerz zugefügt?« Ich konnte nicht antworten und schlug die Hände vors Gesicht.

Lobsang hatte am 5. März 1988 an einer Demonstration in Lhasa teilgenommen, bei der ein junger Polizist nach einem Sturz aus dem Fenster gestorben war. Die Chinesen bezichtigten Lobsang, den Polizisten ermordet zu haben. Es gab jedoch keinen Beweis für Lobsangs Schuld: Die Demonstranten waren in der Nähe des Jokhang, des Tempels im Zentrum von Lhasa, auf der Flucht vor der Polizei in ein Gebäude gelaufen. In dem sich anschließenden Handgemenge war der Polizist unglücklicherweise aus dem Fenster gestürzt. Man verhaftete Lobsang und verurteilte ihn zur Todesstrafe, die aber für zwei Jahre ausgesetzt wurde. Als ich im Oktober 1990 in Drapchi eintraf, waren sie fast vergangen. Doch Lobsang ließ kein Zeichen von Furcht erkennen – im Gegenteil, er war glänzender Laune.

Da es in Drapchi eine Sonderbrigade für politische Häftlinge gab, teilte ich meine Unterkunft mit Gleichgesinnten. Alle sieben Häftlinge in der Baracke hatten entweder an Demonstrationen teilgenommen oder Plakate mit der Forderung nach Unabhängigkeit hergestellt. Das war ein gewisser Trost für mich, obwohl ich die Schmerzen kaum ertragen und den Mund nur mit Mühe öffnen konnte. Der Brigadekoch, ein ehemaliger Mönch, gab mir geschmolzene Butter zu trinken. Die Tibeter schreiben der Butter die wunderbarsten Eigenschaften zu. Sie wärmte mich und beruhigte meinen Magen.

Man erlaubte mir nicht, einen Arzt aufzusuchen, und am nächsten Morgen wurde ich zum Küchendienst eingeteilt. Es war eine gemütliche Arbeit. Wir saßen vor einem mächtigen Gemüsehaufen, sortierten die verfaulten Blätter und Wurzeln aus und warfen die eßbaren Teile in einen Kessel. Die Häftlinge wollten wissen, wer mich mißhandelt hatte, und schüttelten den Kopf, als sie Paljors Namen hörten.

Die politischen Gefangenen waren in der fünften Brigade von Drapchi zusammengefaßt, zu der acht Baracken gehörten. Ich befand mich in Baracke Nummer sieben. Der älteste meiner Mithäftlinge war ein fünfundsiebzigjähriger Mönch namens Hor Lharken. Ein anderer, Sönam Topgyal, dürfte etwa achtzehn Jahre alt gewesen sein; er war ein begabter Künstler und malte Porträts der Gefangenen. Dawa, ebenfalls noch sehr jung, hatte in seinem Dorf ein Plakat angebracht, auf dem er die chinesische Herrschaft in Tibet als Kolonialismus kritisierte. Lobsang Kalsang, ein junger Mönch aus Drepung, war am 27. September 1987 einer der Anführer der ersten Demonstration gewesen.

Die Gesellschaft dieser tapferen Männer, die meine Ansichten teilten und mit denen ich mich gut verstand, ermutigte mich sehr. In unserer Brigade herrschten ein Schwung und eine Lebhaftigkeit, die für mich ganz neu waren. Früher hatten wir ständig gefürchtet, von anderen Häftlingen denunziert zu werden, aber die neue Generation politischer Gefangener ließ sich nicht so leicht durch Gewaltandrohung einschüchtern. Sie war nicht bereit, sich mundtot machen zu lassen.

Unsere Baracke bildete den Kern des Widerstands in der Brigade. Ein Häftling hatte ein kleines Radio ins Gefängnis geschmuggelt, und Lobsang Dorje hörte sich jeden Abend das chinesische Programm der BBC an. Ngawang Lobsang, der etwas Englisch verstand, preßte sein Ohr an das Gerät, um den Nachrichten des World Service zu lauschen. So erfuhren wir von den häufigen Auslandsreisen des Dalai Lama.

Allmählich fanden wir Wege, Mitteilungen aus dem Gefängnis hinauszuschmuggeln. Wir schrieben Berichte über die Haftbedingungen und fertigten Listen der Insassen an. Es war wichtig, daß wir die Bevölkerung von Lhasa wissen ließen, wer verhaftet worden war, damit sie ihrerseits die Verwandten der Häftlinge informieren konnte. Später wurden diese Listen an Menschenrechtsorganisationen weitergeleitet. Touristen waren verblüfft, wenn Unbekannte ihnen Zettel zusteckten und sie baten, die Listen an die Vereinten Nationen und an ihre eigene Regierung weiterzuleiten.

Der erste, dem ich in Drapchi begegnete, war der bereits erwähnte Yulu Dawa Tsering, ein sanfter, zurückhaltender Mann, der großartig zuhören konnte. Yulu, einer der berühmten wiedergeborenen Lamas aus dem Kloster Ganden, war von 1960 bis 1979 im Gefängnis gewesen und 1987 von neuem verhaftet worden. Ich hatte durch die chinesischen Fernsehnachrichten von Yulus Fall gehört, doch nun sollte ich von ihm persönlich erfahren, wie es zu seiner erneuten Verhaftung gekommen war.

Er erzählte verstört, er habe einen Freund zum Essen besucht und dort einen Mönch getroffen, den er viele Jahre zuvor kennengelernt habe. Dieser Mönch sei 1979 aus Tibet geflohen, habe sich in Italien niedergelassen und sei nun mit einem italienischen Freund in seine Heimat zurückgekehrt. Im Laufe der Mahlzeit ließ Yulu die Bemerkung fallen, daß die Probleme Tibets nur zu lösen seien, wenn es seine Unabhängigkeit zurückerhielte.

Der Inhalt des Gesprächs wurde irgendwie der Sicherheitsbehörde zugetragen. Man verhaftete Yulu und seinen Gastgeber Thupten Tsering sofort und klagte die beiden an, »konterrevolutionäre Propaganda verbreitet zu haben«. Eine einfache Unterhaltung war in den Rang einer internationalen Verschwörung erhoben worden! Der Zweck der Zusammenkunft hatte laut dem Büro für Öffentliche Sicherheit darin bestanden, »sich die Unterstützung ausländischer Staaten zu verschaffen«.

Kurz nach Yulus Verurteilung hatten die Mönche des Klosters Ganden in Lhasa demonstriert und seine Freilassung verlangt. Dieser Protest führte schließlich zu der größten Demonstration, die jemals in Lhasa stattgefunden hat; sie veranlaßte die Chinesen, über ganz Tibet das Kriegsrecht zu verhängen.

Jeder Gefangene in der fünften Brigade konnte seine eigene Geschichte von Not und Folter erzählen, aber wir verloren nicht den Mut. Die Chinesen verhafteten weiterhin zahlreiche Tibeter, und bald gab es Hunderte von politischen Gefangenen in Drapchi. Die meisten waren junge Mönche und wurden von den Chinesen als »Mitläufer des Dalai Lama« bezeichnet. Es sollte natürlich eine abschätzige Bezeichnung sein, aber wir waren recht stolz darauf, denn für uns repräsentierte der Dalai Lama immer noch die Freiheit.

Ohne uns von den Schlägen abschrecken zu lassen, organisierten wir im Gefängnis weiterhin Proteste. Wir bestärkten die jüngeren Häftlinge darin, den Aufsehern gegenüber keine Furcht zu zeigen. Dreißig Jahre im Gefängnis hatten mich gelehrt, daß man nie um Gnade flehen sollte, denn sie wurde einem ohnehin nie gewährt.

Im Winter 1990 kam es zwischen den Behörden und den politischen Häftlingen erneut zu einem offenen Konflikt. Es war ein sehr kalter Winter, und ich hatte Glück, nicht draußen arbeiten zu müssen, sondern vor allem in den schwülen, engen Treibhäusern, wo Insektizide einen widerlichen Gestank hinterließen.

Am 15. Dezember hielten wir die erste Demonstration *im* Gefängnis von Drapchi ab. Ausgelöst wurde sie durch die Mißhandlungen, die Lhakpa Tsering, der jüngste politische Häftling, erlitten hatte. Lhakpa war zu einer Gefängnisstrafe von drei Jahren verurteilt worden, weil er in seiner Schule in Lhasa die nach Unabhängigkeit strebende Gruppe *Singi Tsogpa* (Schneelöwen-Organisation) gegründet hatte. Er war bei den anderen Häftlingen sehr beliebt, und Lobsang Tenzin begegnete ihm wie einem jüngeren Bruder.

Lhakpa war nach seiner Verhaftung im Untersuchungsgefängnis grausam verprügelt worden, und als er in Drapchi eintraf, hatte Pema Rigzin, ein für seine Brutalität bekannter Aufseher, ihn wiederum zusammengeschlagen. Uns war klar, daß Lhakpa schwere innere Verletzungen davongetragen hatte, denn er konnte nur mühsam gehen. Er klagte immer wieder über Magenschmerzen. Wir gaben ihm eine tibetische Arznei, und Lobsang riet ihm, den Sanitätsraum aufzusuchen.

Aber Lhakpa war wiederholt von den Ärzten fortgeschickt und den Behörden als Simulant gemeldet worden. Eines Nachts hörten wir lautes Stöhnen aus der Nachbarbaracke. Es tönte immer lauter: »Lhakpa! Lhakpa!«, aber in der Unterkunft der Aufseher rührte sich nichts. Häftlinge in anderen Baracken schlossen sich den Hilferufen an, und bald vereinten sich alle zu einer Art Singsang: »*Nga-tso mi shi-gi-du.*« (»Unsere Leute sterben.«)

Ein Häftling brüllte, daß sich die Wachen näherten, und der Singsang endete jäh. Ich erkannte die Stimme des *duizhang* (Brigadekommandant), der Flüche und Drohungen ausstieß.

»Wo ist der kranke Häftling?« fragte er.

»In Baracke Nummer acht«, erwiderten die Gefangenen.

Nun wurde Lhakpa endlich in den Sanitätsraum gebracht. Der Brigadekommandant bemerkte finster, daß wir am Morgen von ihm hören würden. Tatsächlich mußte Brigade fünf am folgenden Tag im Hof zu einer Versammlung antreten. Wir waren von Aufsehern mit Schußwaffen und langen elektrischen Schlagstöcken umringt. Der Duizhang wollte wissen, was die Ereignisse der Nacht zu bedeuten hätten.

Wir schenkten ihm kaum Aufmerksamkeit, denn am anderen Ende des Geländes fuhr ein dreirädriger Krankenwagen mit Lhakpa zum Haupttor hinaus.

Am Abend erfuhr ich, daß man ihn ins Polizeikrankenhaus von Lhasa gebracht hatte. Doch die Ärzte stellten keine schweren Verletzungen fest, und Lhakpa kehrte zurück. In der Nacht verschlechterte sich sein Zustand, so daß der Krankenwagen ihn erneut nach Lhasa befördern mußte: Er starb auf der Fahrt ins Krankenhaus.

Nach dem Frühstück kam ein Strafgefangener, der im Lazarett arbeitete, in unsere Baracke und teilte Lobsang Tenzin mit, was geschehen war. Lobsang blieb wie erstarrt stehen, während ihm Tränen über die Wangen strömten. Wir alle schauten einander an und überlegten, was wir unternehmen konnten.

Die Nachricht von Lhakpas Tod verbreitete sich rasch unter den politischen Häftlingen. Nun geschah hier in Drapchi etwas, das sich in der Geschichte Chinas und Tibets noch nie ereignet hatte. Im Rückblick kann ich immer noch nicht begreifen, woher wir den Mut dazu nahmen.

Lobsang Tenzin zog das weiße Laken von seiner Schlafmatte und riß es in zwei Hälften. Auf die eine schrieb er mit schönen tibetischen Buchstaben: »Wir trauern um Lhakpa Tsering.« Auf die andere Hälfte schrieb er: »Wir verlangen bessere Bedingungen für politische Häftlinge.« Dann hielten wir die beiden Banner hoch und marschierten langsam hinaus auf den Hof.

Wie ein Lauffeuer verbreitete sich die Kunde, daß Baracke Nummer sieben eine Demonstration begonnen habe. Mittlerweile waren wir zu zehnt in der Baracke, und wir hatten uns einmütig zu unserer Aktion entschlossen. Nichts sollte uns aufhalten. Lobsang Tenzin und Pema gingen mit dem ersten Banner voran; ihnen folgten Kalsang Tsering und Gaden Gyathar mit dem zweiten. Zu unserer Freude stellten sich alle anderen Häftlinge unserer Brigade in vier Reihen hinter uns auf. In meinen langen Jahren im Gefängnis hatte ich nie einen derartigen Akt des Widerstands erlebt, und wir waren wie berauscht von unserer eigenen Kühnheit.

Sämtliche hundertfünfzig Mitglieder unserer Brigade – abgesehen von einem einzigen, dessen Strafe wenige Wochen später ablief – schlossen sich der Demonstration an. Wir marschierten wie Soldaten in einer so eleganten Kolonne, als hätten wir das Ganze geprobt. Das Hauptbüro, auf das wir zusteuerten, war keine hundert Meter von unserer Baracke entfernt, aber wir brauchten so viel Mut, den Hof zu überqueren, als wäre die Strecke mehrere Kilometer lang.

In den neunzig Minuten zwischen Frühstück und Arbeitsbeginn ließen uns die Aufseher gewöhnlich in Ruhe. Deshalb waren unsere Vorbereitungen unbemerkt geblieben, und wir konnten ungehindert den Hof überqueren. Als wir das Hauptbüro erreichten, stand ein einziger junger chinesischer Posten davor. Sein Gesicht wurde vor Angst ganz rot. Die Kolonne machte ein paar Schritte vor ihm halt.

»Stimmt es, daß Lhakpa Tsering tot ist?« fragte Lobsang Tenzin auf chinesisch. Der Mann bejahte offenbar, lief dann aber ins Büro und schlug die Tür hinter sich zu. Immer noch waren keine Soldaten zu sehen. Wir warteten in der kalten Morgenluft, es war Mitte Dezember, doch die Aufregung hielt uns warm. Plötzlich wurde ein kleines Tor aufgerissen, Aufseher eilten herbei und bezogen um uns herum Position; einige waren mit Feuerwaffen ausgerüstet, und andere schwenkten lange elektrische Schlagstöcke. Auf einer etwas weiter entfernten Mauer wurde ein leichtes Maschinengewehr in Stellung gebracht.

Ich stand in der Nähe eines Häftlings namens Bagdro, eines jungen Mönches, der im März 1988 angeblich am Tod eines Polizisten beteiligt war und eine dreijährige Strafe ableistete. Bagdro war während seines Verhörs schwer gefoltert worden, und seine Nerven hatten sich noch immer nicht erholt. Plötzlich begann er zu schreien und wie wild zu gestikulieren. Das war gefährlich, denn es konnte als Provokation ausgelegt werden. Einige der älteren Gefangenen packten Bagdro und hielten ihn mitten in der Kolonne fest.

Der *yuanzhang*, der Leiter des Gefängnisses von Drapchi, kam in seinem langen blauen Wollmantel gemessenen Schrittes auf uns zu. Er wurde von dem chinesischen Arzt begleitet, der für den Sanitätsraum verantwortlich war, und vom *kezhang*, dem Direktor der Gefängnisverwaltung, einem der höchsten tibetischen Funktionäre. Sie waren von Aufsehern und weiteren Funktionären umringt.

»*Gan shen ma?*« rief der Yuanzhang. »Was geht hier vor?«

Lobsang Tenzin antwortete ihm auf chinesisch.

»Ein Häftling ist gestern nacht gestorben«, entgegnete der Kezhang. »Wie heißt er?«

Wir antworteten wie aus einem Mund: »Lhakpa, Lhakpa.«

»Wer ist euer Anführer?« fragte der Kezhang.

Wir erwiderten, wir hätten keinen.

Der tibetische Kezhang forderte uns auf, unsere Klagen vorzubringen. Lobsang Tenzin schilderte ausführlich, was Lhakpa zugestoßen war; insbesondere sprach er von den Schlägen, die ihm der berüchtigte Aufseher Pema Rigzin verabreicht hatte. Dann verlangte Lobsang eine Untersuchung von Lhakpas Fall und die Bestrafung sämtlicher Aufseher und Mediziner, die in den Tod unseres Freundes verwickelt waren. Ein anderer Demonstrant forderte eine Obduktion im Beisein eines Vertreters der Häftlinge. Alle Gefangenen in den vorderen Reihen gaben ihrem Groll Ausdruck. Viele erwähnten Pema Rigzins Brutalität.

Als ich das Wort ergriff, bemerkte ich, wie einer der Aufseher dem Kezhang etwas zuflüsterte. Wir älteren Häftlinge galten als Unruhestifter. Ich erklärte, es werde vorgetäuscht, daß Lhakpa eines natürlichen Todes gestorben sei. In Wahrheit hätten ihn Schläge und ärztliche Fahrlässigkeit das Leben gekostet. Der Kezhang ließ Zeichen von Verärgerung erkennen, und auch der Arzt schien peinlich berührt. Ich fuhr fort und beschrieb meine Mißhandlung durch Paljor. Auch sein Name war schon mehrmals gefallen.

Der Kezhang war ein kluger Mann – er wußte, daß sich die Situation nur entschärfen ließ, wenn jeder von uns zu Wort kam. Tatsächlich beruhigten sich die Häftlinge bald, denn unser Zorn wurde dadurch gedämpft, daß wir freimütig hatten sprechen dürfen.

Der Kezhang versprach eine gründliche Untersuchung von Lhakpas Fall und die Bestrafung aller, die fahrlässig gehandelt hätten. Auch sämtliche Beschwerden über Prügel und Folter sollten überprüft werden. Wir waren froh, unser Ziel erreicht zu haben. Die tibetischen Aufseher forderten die älteren Häftlinge auf, in die Baracken zurückzukehren.

Inzwischen stand die Sonne hoch am Himmel, und wir machten uns wieder auf in unsere Unterkünfte. Da in erster Linie unsere Gruppe für die Demonstration verantwortlich gewesen war, erwarteten wir, daß sich die Aufseher an uns rächen würden, und die große Euphorie des Widerstands schmolz dahin.

Lobsang Tenzin löste das Abzeichen mit dem Bild Seiner Heiligkeit des Dalai Lama, das er sich angesteckt hatte, von seiner Uniform. Die zwei Jahre, die man Lobsangs Strafe ausgesetzt hatte, waren nun abgelaufen, und nach dem heutigen Vorfall mußte er mit seiner Hinrichtung rechnen.

»Ich habe nicht mehr lange zu leben«, sagte er und reichte mir das Abzeichen, das er so stolz getragen hatte. Wir alle schlugen die Augen nieder. Nur das Klirren von Lobsangs Ketten durchbrach die Stille.

Ein paar Tage lang verhielten die Behörden sich so, als wäre nichts geschehen. Wir waren aufgebracht, weil wir weder von einer Obduktion noch von einer Bestrafung Pema Rigzins und der anderen Beteiligten erfuhren. Doch das Benehmen der Wachen und des medizinischen Personals hatte sich unzweifelhaft geändert. Sie schienen uns mehr Respekt entgegenzubringen.

Unsere Demonstration war mit dem Besuchstag für Strafgefangene zusammengefallen. So verbreitete sich die Nachricht von unserem Protest rasch. Die Reaktion der Menschen in Lhasa war großartig: Als wir in der folgenden Woche von unseren Verwandten besucht wurden, brachten sie riesige Mengen Lebensmittel mit, welche die Bevölkerung gesammelt hatte, um die kümmerlichen Rationen der politischen Häftlinge aufzustocken. Sobald allerdings die Gefängnisleitung davon erfuhr, verhängte sie strikte Quoten für die politischen Gefangenen.

Vier oder fünf Tage später wurden alle Insassen zu einer Versammlung in den Hof gerufen. Ein Funktionär las unsere Namen vor, und wir wurden in Gruppen von jeweils zehn bis fünfzehn Mann eingeteilt. Ich gehörte mit Lobsang Tenzin und Yulu zur ersten Gruppe. Wir mußten in Baracke Nummer eins überwechseln, was mir jedoch wenig ausmachte, da ich immer noch mit meinen Freunden zusammen war. Yulu wurde zum *zuzhang* (Zellenführer) ernannt. In der Vergangenheit war der Zuzhang immer ein Mann mit einer »sauberen« politischen Vorgeschichte gewesen, doch nun hatten die Behörden größeres Interesse daran, jemanden zu ernennen, der Einfluß auf die anderen Gefangenen ausübte.

Kurz darauf wurden wir aus unserer neuen Unterkunft in ein

Vernehmungszimmer beordert. Die Gefängnisleitung wußte um unsere Entschlossenheit; deshalb ließ sie jeden von uns einzeln verhören. Ein Bewacher holte mich während der Nachmittagsruhe ab. Ich wurde von einem Tibeter namens Jampa Kalsang vernommen, der mir die absehbaren Fragen stellte: Warum hatten wir demonstriert? Wessen Idee war es gewesen?

Ich wiederholte die Geschichte von Lhakpas Tod und schilderte wiederum meine eigenen Erfahrungen. Dabei öffnete ich den Mund und zeigte auf mein Zahnfleisch und meine Zunge, die immer noch geschwollen und verfärbt waren.

»Für einen alten Mann hast du eine große Klappe«, sagte Kalsang. »Solche Typen kenne ich!«

Für ihn war ich ein »Unverbesserlicher«, den man nur mit brutaler Gewalt einschüchtern konnte.

Auch danach beschwerte ich mich bei jeder Gelegenheit über Paljor. Sämtliche Häftlinge, Aufseher und Funktionäre wußten Bescheid, und meine öffentlichen Anklagen dürften diesen blutrünstigen Mann in erhebliche Verlegenheit gebracht haben. Eines Nachmittags führte ich heimlich ein religiöses Ritual aus, wobei ich mich auf den Boden der Baracke niederwarf. Ich hörte, wie die Tür knarrte, drehte mich um und sah Paljor verschwinden. Er hatte mich beobachtet.

Die Behörden brachen sämtliche Versprechen, die sie uns gegeben hatten. Einen Monat nach unserer Demonstration wurde verkündet, daß Lhakpa an einer Blinddarmentzündung gestorben und niemand für seinen Tod verantwortlich sei. Weder Pema Rigzin noch Paljor wurden für ihre brutale Behandlung der Häftlinge bestraft. Soviel ich weiß, arbeiten beide noch heute in Drapchi.

Mittlerweile ist mir klar, weshalb so viele Aufseher keine Bestrafung zu fürchten brauchten: Häufig waren sie mit hohen Funktionären verwandt. Paljors Frau war die Tochter des politischen Kommissars im Gefängnis von Drapchi, des höchsten dortigen Parteifunktionärs. Paljors Schwager war ein hochrangiger Offizier namens Phuntsog, der in der juristischen Abteilung des Gefängnisses arbeitete. Aufseher wie Paljor hatten mächtige Beschützer.

Dann wurde bekanntgegeben, daß all unsere Strafen um fünf oder sechs Jahre verlängert werden würden. Dies löste großen Zorn aus. Nun herrschte wieder eine gespannte Atmosphäre, und viele Häftlinge sprachen offen von einem Aufstand. Die Behörden begriffen, daß es uns ernst war, und nahmen die Strafverlängerung rasch zurück.

Im Frühjahr 1991 erfuhren wir, daß eine ausländische Delegation das Gefängnis von Drapchi inspizieren sollte. Die plötzliche Verbesserung der Gefängnisbedingungen war ein klares Zeichen dafür, daß die Ankunft der Delegation bevorstand. Im April gab es in der Küche plötzlich eine große Vielfalt an Obst und Gemüse. Fette Fleischbrocken tauchten in unserer Nahrung auf! Eine Woche lang mußten die Strafgefangenen das Gefängnis verschönern. Sämtliche Gebäude wurden frisch gestrichen, und die Häftlinge erhielten neue Uniformen.

Wieder liefen die Aktivitäten in unserer Baracke auf Hochtouren. Lobsang Tenzin war der Ansicht, es sei wichtig, Kontakt zu den ausländischen Besuchern herzustellen. Wir beschlossen, in einer Petition die Realität des Gefängnislebens und den Gebrauch von Folterinstrumenten ausführlich zu beschreiben. Außerdem wollten wir die Geschichte von Lhakpas Tod erzählen. Lobsang war bereit, den ersten Entwurf zu verfassen.

Unser Hauptproblem bestand darin, daß wir unser Vorhaben vor einem unserer Mitbewohner namens Hor Lharken geheimhalten mußten – nicht, weil er ein Spitzel war, sondern weil er ein solches Projekt einfach nicht für sich behalten konnte. Da er Analphabet war, verständigten wir uns fortan nur schriftlich miteinander. Wir notierten die Punkte, die Lobsang unserer Meinung nach in die Petition aufnehmen sollte, und bald legte er den ersten Entwurf vor. Wir verzichteten ganz auf Klagen über die Rationen oder die Lebensverhältnisse, konzentrierten uns auf Lhakpas Fall und die Behandlung der politischen Häftlinge.

Wir führten die Namen sämtlicher Gefangenen auf, die gefoltert worden waren, und schilderten die Qualen einer Gruppe von Nonnen in Gutsa, denen Aufseher elektrische Schlagstöcke in die Scheide gestoßen hatten. Die Petition endete mit einem Hilfeersuchen an den amerikanischen Präsidenten. Aber wie konnten wir sie der ausländischen Delegation übergeben?

Wir nahmen an, man werde den Besuchern nur die Gefängnisabteilung der Straftäter und vielleicht den Sanitätsraum zeigen. Lobsang Tenzin wollte sich eine Methode ausdenken, die Petition zu überreichen; schließlich sei er bereits zum Tode verurteilt, so daß die Chinesen ihm nichts Schlimmeres mehr antun könnten. Wir wußten, wie erfinderisch Lobsang war, und akzeptierten seinen Vorschlag.

Eines Tages hörte ich in der Mittagspause, daß ein bedeutender Besucher eingetroffen sei. Später erfuhr ich, daß es sich um James Lilley, den damaligen amerikanischen Botschafter in China, handelte. Unsere Brigade wurde an jenem Tag von einem nicht besonders strengen tibetischen Funktionär beaufsichtigt. Lobsang bat ihn um Erlaubnis, mit zwei chinesischen Häftlingen, die ärztlich behandelt werden müßten, den Sanitätsraum aufzusuchen. Er war einverstanden. Bevor sie sich entfernten, bat ein anderer Gefangener, Tempa Wangdrak, ebenfalls, zum Arzt gehen zu dürfen. Sie alle wurden durch das Tor unseres Geländes in den offenen Hof geführt.

Lobsang, Tempa und die anderen überquerten den Hof in Richtung Lazarett, als die Delegation aus dem Hauptbüro auftauchte. Lobsangs Gruppe wurde rasch in eine Küche gedrängt. Die Besucher und die sie begleitenden chinesischen Journalisten schlenderten weiter und blieben in der Nähe der Küchentür stehen. James Lilley hatte darum gebeten, mit Yulu Dawa Tsering sprechen zu dürfen, dessen Fall in der internationalen Presse ausgiebig geschildert worden war und den Amnesty International zum »gewaltlosen politischen Gefangenen« gemacht hatte. Yulu wurde geholt und führte mit Hilfe eines Dolmetschers ein kurzes Gespräch mit James Lilley.

Dieser Zufall bot Lobsang die Gelegenheit, unsere Petition zu überreichen. Er brauchte nur die Küche zu verlassen. In diesem Moment erklärte Tempa Wangdrak, *er* wolle den Besuchern die Petition aushändigen. Lobsang lehnte ab.

»Vertraust du mir nicht?« fragte Tempa.

Lobsang ließ sich erweichen, denn er wollte nicht, daß sich Tempa benachteiligt fühlte. Also eilte Tempa, ein recht unbeholfener, schroffer Mann, aus der Küche auf den Botschafter zu und gab ihm die Petition. Bevor Lilley sich jedoch von seiner Überraschung erholt hatte und wußte, wie ihm geschah, hatte ihm eine Chinesin das Papier aus der Hand gerissen.

Ich arbeitete im Treibhaus, konnte aber an nichts anderes als die Petition denken. Meiner Meinung nach würde es Lobsang bestimmt gelingen, dem Botschafter das Dokument zu überreichen. Als ich aber in die Baracke zurückkehrte, saß er niedergeschlagen auf dem Bettrand.

»Es hat nicht geklappt«, sagte er. Mir sank der Mut. Aber nachdem Lobsang den Vorfall genau beschrieben hatte, ließ mein Kummer nach. Ein bedeutender ausländischer Besucher hatte den Vorfall beobachtet und würde gewiß auf einer Erklärung bestehen. Ich war sicher, daß unsere Bemühungen nicht umsonst gewesen waren. Die anderen machten sich jedoch Sorgen, weil die Chinesen nun unsere Petition in den Händen hatten. Lobsang Tenzin meinte, man werde seine Handschrift sicherlich identifizieren, und er wollte behaupten, allein gehandelt zu haben.

Tempa Wangdrak war deprimiert. Wir versuchten, ihn zu trösten, aber ohne großen Erfolg. Die allgemeine Stimmung verschlechterte sich noch weiter, als Hor entdeckte, daß wir alles ohne sein Wissen geplant hatten. Der einzige Lichtblick war, daß Yulu Dawa Tsering mit James Lilley gesprochen und, wie er uns mitteilte, dem Botschafter unsere Beschwerden zu Gehör gebracht hatte.

Die chinesische Gefängnisleitung war außer sich, denn mit unserer waghalsigen Aktion hatten wir sie vor den prominenten Besuchern bloßgestellt. Wir waren auf eine schwere Bestrafung gefaßt, doch mehrere Tage lang wurde der Vorfall nicht einmal erwähnt. Vermutlich wartete man auf Anweisungen von höherer Stelle, oder vielleicht weilte James Lilley noch in Lhasa. Lobsang hielt seine Hinrichtung nun für unvermeidlich, doch er sah dem Tod gelassen entgegen. Wir anderen konnten den Gedanken, ihn zu verlieren, nicht mit solchem Gleichmut hinnehmen.

Heute weiß ich, daß James Lilley bei der chinesischen Regierung die Aufhebung des Todesurteils für Lobsang Tenzin bewirkte. Aber damals machten wir sehr bange Tage durch.

Beim Ausbessern des schmalen Kanals an der Seite des Treibhauses fragte ich Tempa Wangdrak, ob er sich einem Verhör gewachsen fühle. Er erwiderte, daß nichts geschehen werde. Seine Zuversicht überraschte mich, denn mir war klar, daß die Gefängnisleitung den Vorfall nicht einfach übergehen würde. Und wirklich wurde Tempa kurz nach unserem Gespräch von einem Aufseher abgeholt.

In der Mittagspause marschierten wir zurück zu unserer Baracke. Ich wusch mir am Wasserhahn im Hof Hände und Gesicht. Eine Gruppe von Häftlingen stand an der Tür unserer Unterkunft, aber niemand sagte ein Wort. Dort, wo Lobsang Tenzins und Tempa Wangdraks Bettzeug gelegen hatte, war nun kahler Zement zu sehen. Weitere Häftlinge traten ein und teilten uns mit, daß die Tür zum *jin bi* (Isolationstrakt) verriegelt worden sei, nachdem man Männer hineingeführt habe.

Wir fühlten uns hilflos. Was konnten wir für die beiden tun? Schließlich bestachen wir einen Aufseher, Lobsang und Tempa zusätzliche Rationen zu geben; außerdem entsandten wir Yulu und Ngawang Phulchung zur Gefängnisleitung, damit sie um die Rückverlegung unserer Kameraden in die Baracke nachsuchten. Aber ihre Bitten stießen auf taube Ohren. Die Stimmung im Gefängnis verdüsterte sich weiter, denn all unsere Bemühungen, Einfluß auf das Geschehen zu nehmen, waren fehlgeschlagen. Die neue Generation politischer Gefangener erwartete Rat von uns Älteren und schien uns die Führung übertragen zu wollen. Einige der jüngeren Häftlinge sprachen offen von einem Hungerstreik. »Sollen wir unsere Freunde einfach im Jin bi schmachten lassen?« fragten sie mich, aber ich wußte keine Antwort.

In der Baracke hielten drei der ältesten Häftlinge – darunter Yulu, der als wiedergeborener Lama großen Respekt genoß – ihre Nachmittagsruhe. Ich ließ sie wissen, daß die Jüngeren auf ihren Rat warteten und mit ihrer Billigung sogar zu einem Hungerstreik bereit seien.

»Die Verantwortung kann ich nicht übernehmen«, sagte Yulu. Er sei überzeugt, daß eine solche Aktion schwerwiegende Folgen haben werde.

Bald waren fast drei Wochen vergangen, seit man Lobsang Tenzin und Tempa Wangdrak in Einzelhaft gesteckt hatte. Tempa hatte zunächst einen Hungerstreik begonnen, war aber nach einiger Zeit so geschwächt, daß er wieder Nahrung zu sich nehmen mußte. Ich war sicher, daß Lobsang eine Lösung einfallen würde. Trotz seiner Jugend war er von großer seelischer Widerstandskraft und hatte, da ihm die Hinrichtung drohte, vor nichts Angst.

Ende April 1991 flüsterte ein Häftling eines Morgens, er habe gesehen, daß die Tür des Jin bi angelehnt sei. Ich vermutete sofort, daß man unsere Freunde aus der Isolation entlassen habe, und eilte nach der Arbeit erwartungsvoll in unsere Baracke. Aber die beiden waren nirgends zu entdecken. Am nächsten Morgen stellte ich fest, daß man noch zwei andere Häftlinge abgeholt hatte; auch ihr Bettzeug war verschwunden.

Ich schloß mich einer Gruppe jüngerer Gefangener vor der Tür unseres Brigadebüros an. Aufgebracht brüllten sie die Wachhabenden an: »Wo sind unsere Freunde?« Die Soldaten traten ihnen in den Weg und versuchten, sie fortzuschicken; doch niemand rührte sich.

»Das geht euch nichts an!« riefen die Aufseher.

»Wo sind unsere Freunde?« wiederholten die Häftlinge.

Mehr und mehr Gefangene stießen zu der Menge und verlangten eine Antwort. Die Wachhabenden verloren schließlich die Fassung und eilten ins Haus, um Hilfe zu holen.

Sämtliche politischen Häftlinge hatten sich nun vor dem Büro versammelt und warteten ruhig auf eine Antwort. Da wurde das Haupttor zu unserem Hof aufgerissen, und eine Gruppe chinesischer Soldaten, die mit Gewehren bewaffnet waren, bezog Stellung. Die beiden Vertreter der Kommunistischen Partei in Drapchi, eine Tibeterin namens Pasang und ein hochgewachsener chinesischer Offizier, lösten sich aus der Gruppe und kamen auf uns zu.

»Was ist los?« fragte Pasang.

»Wo sind unsere Freunde?« riefen wir von neuem.

Wir erhielten keine Antwort. Zwei Polizeioffiziere hatten ihre Pistolen gezogen. Einer schwang die Waffe und befahl, uns auf den staubigen Boden zu setzen. Auch der hochgewachsene chinesische Offizier schrie uns an und zielte drohend mit seiner Pistole auf uns. Ich konnte seine Worte nicht verstehen, aber alle Gefangenen vor mir erhoben sich. Deshalb sprang auch ich auf. Plötzlich schlug der chinesische Offizier einem jungen Mönch namens Ngawang Rigzin die Pistole ohne Warnung an die Schläfe. Dabei flog dem Chinesen die Waffe aus der Hand.

Später erfuhr ich, was sich genau abgespielt hatte: Nachdem der chinesische Offizier gedroht hatte, jeden zu erschießen, der nicht sitzen bleibe, hatten sich ausnahmslos alle erhoben. Wir standen in einer Staubwolke, die vom Boden aufgewirbelt worden war.

Jetzt stürmten die Soldaten auf uns zu. Einige hatten Gewehre mit aufgepflanztem Bajonett, andere lange elektrische Schlagstöcke in der Hand. Sie schienen es auf die jüngeren Häftlinge abgesehen zu haben. Ein Junge namens Bhurbu, der vorn stand, drehte sich um, um wegzulaufen, doch ein Soldat stieß ihm sein Bajonett in den Hinterkopf. Blut sprudelte aus der Wunde, und Bhurbu stürzte zu Boden. Ich war wie gelähmt, doch dann spürte ich, wie ein Gewehrkolben auf meinem Rücken landete, und sackte keuchend zusammen.

Um mich herum flüchteten Häftlinge vor den chinesischen Soldaten. Die älteren tibetischen Aufseher versuchten, sich schützend vor uns zu stellen. Einer von ihnen riet uns, in unsere Baracken zu laufen und dort zu bleiben. »Ihr müßt um Gnade bitten«, meinte er, »oder sie bringen euch alle um.« Vielen von uns gelang es, die Baracken zu erreichen, aber einige junge Häftlinge waren gestürzt und wurden von den Soldaten verprügelt.

Wir riefen: »Mord! Mord!« Aber die Soldaten schlugen weiterhin rücksichtslos zu, stürmten die Baracken und zerrten die jüngeren Häftlinge ins Freie. Ich hatte schreckliche Angst, daß man uns alle niedermetzeln würde. Ein paar Funktionäre trafen mit Jeeps ein, und endlich befahl man den Soldaten, sich zurückzuziehen.

Ich hatte mich in die Baracke geschleppt, obwohl mir nicht nur der Rücken weh tat, sondern auch meine Beine von wiederholten Stößen mit Gewehrkolben schmerzten. Soldaten leerten vor unserer Baracke Säcke mit Handschellen und Ketten aus. Dann schleiften die Aufseher einzelne Häftlinge aus den Unterkünften. Offenbar waren sie angewiesen worden, sich auf die jüngeren Männer zu konzentrieren.

Der erste, den sie hinauszerrten, war Ngawang Phulchung,

der als Organisator der ersten Demonstration von 1987 neunzehn Jahre abzusitzen hatte. Ngawang wirkte erschöpft, sein Haar war zerzaust. Er hatte sich lauter als alle anderen nach dem Verbleib von Lobsang Tenzin und Tempa Wangdrak erkundigt. Die Aufseher legten ihm Ketten an Arme und Beine und führten ihn in einen Vernehmungsraum. Von der Baracke aus konnte ich zwei Ärztinnen sehen, die vor dem Zimmer warteten, durch dessen Tür Ngawang gerade verschwunden war. Sie hatten einen Arztkoffer und eine Stahlschale mit mehreren Injektionsspritzen bei sich. Ich schloß die Augen und sprach das Gebet *Om mani padme hum* (»O du Kleinod im Lotos«).

Nach zwanzig Minuten wurde Ngawang herausgebracht. Er glich einem Schreckgespenst; sein Gesicht war geschwollen und vor lauter Quetschungen kaum zu erkennen. Man warf ihn in den Jin bi. Danach wurden die jüngeren Häftlinge nacheinander gefesselt, ins Vernehmungszimmer geführt, verprügelt und in Einzelhaft gesteckt. Da die Isolationszellen nicht für alle ausreichten, kettete man einige Männer einfach im Freien an.

Die Behörden hatten entschieden, unserer Aufsässigkeit mit Brutalität entgegenzutreten. Das geringste Vergehen wurde grausam geahndet. Aber die Häftlinge ließen sich nicht einschüchtern, sondern erklärten offen, daß sie lieber sterben als sich den Chinesen unterwerfen würden. Beide Seiten waren fest entschlossen.

Für diejenigen, die sich auf brutale Gewalt verlassen, gibt es nichts Beschämenderes als die Weigerung des Opfers, ihre Macht anzuerkennen. Der menschliche Körper kann sich von unermeßlichen Schmerzen erholen. Wunden können heilen, aber sobald die Willenskraft gebrochen ist, gibt es keine Rettung mehr. Deshalb erlaubten wir uns nicht, den Mut zu verlieren. Wir bezogen Kraft aus unseren Überzeugungen – vor allem aus unserem Glauben, daß wir für die Gerechtigkeit und die Freiheit unseres Landes kämpften.

Im Angesicht des Feindes

Beim nächsten Morgenappell boten wir einen kläglichen Anblick. Einige Häftlinge trugen Verbände, andere hatten den Arm in der Schlinge. Etliche mußten sich auf ihre Zellengefährten stützen, und viele der jüngeren waren an Händen und Füßen gefesselt.

Die Sicherheitsvorkehrungen wurden nach dem Protest erheblich verstärkt. Mehr Soldaten denn je bewachten uns rund um die Uhr, sogar bei der Arbeit. Aber unser Widerstand hatte eine Art Euphorie ausgelöst. Sogar die Strafgefangenen unterstützten uns, indem sie Nachrichten und Medikamente in unsere Unterkünfte schmuggelten.

Die Gefängnisleitung drohte, wir würden bei unserer Jahresbeurteilung Punkte verlieren, was eine Erhöhung der meisten Strafen um mehrere Jahre nach sich ziehen konnte. Die Verwaltung rechnete damit, daß wir um Strafnachlaß bitten würden, aber wir waren fest entschlossen, standhaft zu bleiben, und erhoben keinen Protest gegen die Haftverlängerungen. Es galt zu beweisen, daß wir uns nicht mehr vor unseren Kerkermeistern fürchteten und durchaus bereit waren, die Konsequenzen unseres Tuns hinzunehmen. Wir mußten den Behörden klarmachen, daß sie uns nicht mehr einschüchtern konnten.

Und sie verzichteten tatsächlich auf weitere Maßnahmen. Die Chinesen planten eine gewaltige Feier zum vierzigsten Jahrestag des Siebzehn-Punkte-Abkommens, das die Regierung Tibets nach dem chinesischen Einmarsch von 1950 hatte unterzeichnen müssen. Viele wichtige Politiker aus Beijing würden Tibet aus Anlaß der Feier besuchen, und die Gefängnisleitung wollte zu einem so heiklen Zeitpunkt jeden neuen Protest natürlich unbedingt vermeiden.

Ich kehrte an meine nicht allzu mühsame Arbeit zurück, also an die Pflege der Apfelbäume im Treibhaus und die Bestellung des Gemüsegartens. Die Behörden hatten beschlossen, in Drapchi weitere fünfundfünfzig Treibhäuser bauen zu lassen, da diese, ebenso wie die Gemüsegärten, zu einer wichtigen Einkommensquelle für China geworden waren. Man führte ein Quotensystem ein, nach dem jedes Treibhaus alljährlich eine gewisse Menge Obst und Gemüse produzieren mußte.

Ein paar Wochen nach unserer Demonstration erfuhren wir, daß Lobsang Tenzin, Tempa Wangdrak und die beiden anderen in das Gefängnis Kongpo in Südtibet geschickt worden waren. Vor allem Lobsang hatte uns immer wieder Mut zugesprochen, und wir vermißten ihn sehr. Nach einem weiteren Monat erhielten wir eine Nachricht von ihm, in der es hieß, daß er wohlbehalten in Kongpo eingetroffen sei und wir uns keine Sorgen zu machen brauchten.

In jenem Sommer durften wir uns Fernsehübertragungen von Sportereignissen in China anschauen. Ich kannte mich mit internationalen Sportveranstaltungen nicht aus, doch die jüngeren Häftlinge informierten mich, daß China im Fußball Qualifikationswettkämpfe für die Asienspiele zu bestreiten habe, die im Herbst in Beijing stattfinden würden. Die jüngeren waren fußballbegeistert; sie kannten sämtliche Teams und konnten sich detailliert über jeden einzelnen Spieler äußern.

Die Behörden legten Wert darauf, daß wir uns diese Spiele ansahen, die den Fortschritt und den Wohlstand Chinas signalisierten. Aber wir nutzten die Gelegenheit, unseren Widerstandsgeist erneut deutlich zu machen. Meine anfängliche Gleichgültigkeit dem Fußball gegenüber wurde rasch zur Begeisterung, denn wir konnten im Saal bei jeder Niederlage Chinas jubeln und laut klatschen. Wenn einer der Gegner Chinas ein Tor erzielte, begrüßten wir es mit donnerndem Applaus. Sogar die Strafgefangenen jubelten mit uns, wenn China ein Spiel verlor.

Die Gefängnisleitung war beunruhigt über das Hohngelächter, mit dem wir die chinesische Mannschaft überschütteten, und schien eine weitere Rebellion zu fürchten. Eines Abends umringten Soldaten den Saal, und Aufseher mit elektrischen Schlagstöcken waren an den Türen postiert. Am Morgen wurden wir von einem wütenden Aufseher zur Ordnung gerufen.

Später hörten wir, daß die Strafgefangenen, welche die chinesische Nationalmannschaft mit uns ausgebuht hatten, streng verwarnt worden waren. Sie hätten patriotisch zu sein und die Einheit des Vaterlandes zu unterstützen. Wir wollten Spannungen vermeiden und verzichteten nun bei den Fußballspielen auf höhnische Kommentare.

Der Zusammenhalt der politischen Gefangenen war so stark wie eh und je. Eine Geheimorganisation gab es nicht, und wir veranstalteten auch keine Geheimtreffen, auf denen wir unsere Proteste und Widerstandsaktionen planten. Trotzdem waren wir stets in der Lage, geschlossen zu handeln. Unsere unbedeutenden persönlichen Sorgen mußten hinter dem Kampf für die Freiheit unseres Landes zurückstehen. Nur in der Haft habe ich eine so kompromißlose Solidarität erlebt.

Die Kommunistische Partei ersann verschiedene Methoden, um unsere Einigkeit zu zerschlagen. Zum Beispiel führte sie ein neues Bewertungssystem ein: Wenn Häftlinge gewisse Aufgaben erfüllten und sich diszipliniert benahmen, wies man ihnen eine bestimmte Punktzahl zu. Für die jährliche Beurteilung wurden die Punkte dann zusammengezählt, und die Gefangenen mit dem besten Ergebnis erhielten eine Belohnung. Der Spitzenpreis war ein Strafnachlaß.

Das war eine große Verlockung, aber wir durchschauten sie als den Versuch, uns gegeneinander auszuspielen und unsere

Anpassung an das Gefängnisregime zu erzwingen. Also ignorierten wir die Vorschriften zum Erwerb von Punkten; ich warf die Instruktionen über den Plan einfach weg, ohne auch nur einen Blick darauf geworfen zu haben. Folglich erhielt keiner der politischen Häftlinge auch nur einen einzigen Punkt.

Fortan widersetzten wir uns den Behörden bei jeder Gelegenheit. Im Dezember 1991 kam eine Delegation der Schweizer Regierung nach Drapchi. Eine plötzliche Verbesserung unserer Rationen und hastige Bemühungen, das Gefängnis zu verschönern, machten uns auf den Besuch aufmerksam (genau wie vor James Lilleys Ankunft). Man schloß uns in unserer Abteilung ein, während die Delegation die Baracken der Strafgefangenen besichtigte.

Ein politischer Häftling namens Tanak Jigme Sangpo – ein sechsundsechzigjähriger Mönch mit einem edlen, schmalen Gesicht und einem langen weißen Bart – hatte es irgendwie geschafft, sich unter die Strafgefangenen zu mischen. Als die Delegation in den Hof spazierte, rief Tanak auf englisch: »Free Tibet! Free Tibet!« Er hatte sich die Wendung speziell zu diesem Anlaß eingeprägt. Die Funktionäre erklärten der Schweizer Delegation, er sei verrückt.

Tanaks Strafe wurde sofort um acht Jahre erhöht. Er war 1983 verhaftet und wegen »Verbreitung konterrevolutionärer Propaganda« und »Kritik an der Führung seines Landes« zu fünfzehn Jahren Haft verurteilt worden. 1988 wurde seine Strafe um fünf Jahre verlängert, weil er sich für die Unabhängigkeit stark gemacht hatte. Nun fällt Tanaks Entlassung auf den 3. September 2011, wenn er fünfundachtzig Jahre alt ist. Er bedauerte jedoch nichts und wollte seinen Protest so bald wie möglich wiederholen.

Etwa dreißig politische Gefangene in Drapchi waren Frauen, darunter siebenundzwanzig Nonnen. Sie alle hatten in Lhasa zahlreiche Demonstrationen durchgeführt und die Unabhängigkeit Tibets gefordert. Eine Lehrerin namens Dawa Dölma war zu drei Jahren Haft verurteilt worden, weil sie ihren Schülern ein »reaktionäres Lied« beigebracht hatte: die tibetische Nationalhymne.

Im Laufe der Verhöre hatte man viele Nonnen gezwungen, sich auszuziehen und still zu stehen, während Aufseher mit ihren elektrischen Schlagstöcken hantierten. Meine Bewunderung für die Widerstandskraft dieser Nonnen ist grenzenlos, denn sie wurden nicht nur gedemütigt, sondern auch gnadenlos geschlagen.

Diese Nonnen gehörten, ebenso wie die weiblichen Strafgefangenen, zu Brigade drei. Da unsere Brigade eine Reihe von Protesten organisiert hatte, nahmen die Frauen nun vielleicht an, daß sie an der Reihe seien. Ihre Chance kam im Frühjahr 1992. Eine Woche vor dem tibetischen Neujahr gaben die Behörden bekannt, wir dürften unsere Unterkünfte nicht schmücken und keine neue Kleidung tragen.

Im Jahr zuvor hatte man uns gestattet, das Neujahr auf traditionelle Weise zu feiern, und uns drei freie Tage gewährt. In diesem Jahr erhielten wir zwar die drei Urlaubstage, sollten jedoch unsere Bräuche zurückstellen. Wir begriffen nicht, was die Gefängnisleitung damit beabsichtigte.

Am Ende kamen wir überein, das Verbot zu mißachten und das neue Jahr wie üblich zu feiern. Die Nonnen schlossen sich uns an und schmückten ihre Unterkunft mit den Geschenken ihrer Verwandten. Am Neujahrstag legten sie ihre sackartigen Khakiuniformen ab und zogen sich neue Kleidung an.

Auch wir trugen neue Kleidung, und drei Tage lang gab es weder Morgenappelle noch Märsche zur Arbeit. Die Häftlinge saßen auf dem Hof und spielten Karten oder Brettspiele. Wir folgten der Sonne und ließen uns jeweils dort nieder, wo uns das Licht am angenehmsten war. Da ich mich nicht für Brettspiele begeistern konnte und Mönche ohnehin nicht an Glücksspielen teilnehmen dürfen, saß ich oft lesend und betend in der Baracke.

Am zweiten freien Tag kehrte Yulu Rinpoche mit verdutzter Miene von einem Spaziergang über den Hof zurück.

»In Brigade Nummer drei sind Soldaten eingedrungen«, sagte er, während er mir einen Becher Tee einschenkte.

»Wahrscheinlich sind sie wieder betrunken«, erwiderte ich beiläufig. Tage sollten vergehen, bevor wir erfuhren, daß es in Wirklichkeit in der Frauenbaracke zu Unruhen gekommen war.

Die Leiterin der Frauenbrigade – eine strenge Tibeterin in den Fünfzigern, die wachsam wie ein Adler und berüchtigt für ihre Schroffheit war – hatte die Frauenbaracke am Neujahrstag betreten und die Nonnen aufgefordert, den Wandschmuck zu entfernen und wieder ihre tristen Gefängnisuniformen anzuziehen. Als sich die Frauen weigerten, rief die Brigadekommandantin nach den Aufsehern, die sofort herbeirannten und heftig auf die Gefangenen einschlugen. Zwei junge Nonnen und die Lehrerin Dawa Dölma wurden beschuldigt, die Anführerinnen zu sein, und in den Isolationstrakt gebracht.

Am nächsten Tag verlangten die Nonnen lautstark die Rückkehr ihrer Gefährtinnen. Daraufhin liefen die Aufseher wiederum in die Baracke und prügelten die Frauen bis zur Bewußtlosigkeit mit der Lieblingswaffe der Wachmannschaften, dem elektrischen Schlagstock. Weibliche Strafgefangene in der dritten Brigade beobachteten das Geschehen durch die Barackenfenster und schrien: »Mord! Mord!« Ich bin sicher, daß sie den Nonnen das Leben retteten.

Die Gefängnisleitung machte natürlich die älteren Häftlinge für den Protest verantwortlich. Um deren Einfluß auszuschalten, ließ sie neue Baracken bauen und brachte alle jüngeren Gefangenen dort unter. Ich blieb mit neun anderen in der alten Abteilung. Vermutlich hielten die Chinesen uns für die Anstifter.

Fortan waren wir isoliert, und unser Tagesablauf änderte sich:

Die Morgenappelle unterblieben, und wir brauchten nicht einmal mehr zur Arbeit zu gehen. Da wir uns rasch langweilten, bat Yulu in unser aller Namen um Erlaubnis zu arbeiten. Man lehnte ab. Die Behörden wollten uns offenbar in unserem eigenen Saft schmoren lassen. Die Arbeit verschaffte einem Häftling wenigstens ein gewisses Gefühl der Normalität, und sie war das beste Mittel, sich die Zeit zu vertreiben. An jenen langen und heißen Sommertagen schien es eine Ewigkeit zu dauern, bis die Sonne endlich hinter dem mächtigen Himalaya unterging.

Meine Haft näherte sich dem Ende, doch ich erlaubte mir nicht, darüber nachzudenken. Wir alle wußten, wie leicht die Behörden irgendeinen Vorwand fanden, um einen Häftling noch länger einzusperren. Ich verbrachte den Sommer 1992 damit, daß ich Bücher las und die Erbauungsgebete, die ich als Novize gelernt hatte, aus dem Gedächtnis rezitierte. Um der Überwachung durch die Aufseher zu entgehen, blieb ich tagsüber in der Baracke. Ich vollzog immer mehr Niederwerfungen, bis ich statt fünfzig pro Tag zweihundert schaffte. Nach Ansicht der Tibeter sind Niederwerfungen ein Mittel zur Erhaltung der geistigen und körperlichen Disziplin. Ich hoffte, daß ich nach meiner Entlassung in der Lage sein würde, meine ganze Zeit der Religionsausübung zu widmen, und diese Niederwerfungen waren eine gute Vorbereitung für die Wiederaufnahme eines geistlichen Lebens im Kloster.

Am Ende des Sommers wurde ich einige Male verhört. Man wollte wissen, was ich nach meiner Entlassung zu tun beabsichtigte.

»Ich bin Mönch, und mein Platz ist in meinem Kloster«, erwiderte ich stets.

Diesmal würde man mir wahrscheinlich nicht gestatten, nach Drepung zurückzukehren. Die Chinesen sorgten bereits dafür, daß alle Mönche, die irgendwann in politische Unruhen verwickelt waren, aus dem Kloster ausgestoßen wurden. Auf die Frage, ob ich meinen eigenen Protest fortsetzen und weiterhin Plakate herstellen würde, antwortete ich mit einem Zitat aus Maos Rotem Buch: »Wo immer Unterdrückung ist, wird es Widerstand geben.« Der Aufseher war so verärgert, daß er das Zimmer verließ.

Das Erstaunliche an diesen Verhören war, daß man mir immer noch einreden wollte, die chinesische Herrschaft in Tibet habe dem Volk große Vorteile gebracht. Ich sollte der Partei dankbar sein, daß sie mir die Möglichkeit geboten habe, mich zu bessern. Doch ich wiederholte ständig, wie sehr das tibetische Volk unter der chinesischen Herrschaft leide.

Bei einem der Verhöre war Paljor anwesend, und ich wollte den Funktionären deutlich machen, was er mir angetan hatte. Dazu riß ich den Mund auf, um meinen zahnlosen Gaumen zu zeigen.

»Das war ein Einzelfall«, meinte der Aufseher.

Von Freunden hatte ich erfahren, daß die Verhältnisse im Land gefährlich seien und daß Drepung keine ehemaligen politischen Häftlinge mehr aufnehme. Meine Freunde rieten mir, Tibet zu verlassen. Bliebe ich im Land, werde man mich dauernd überwachen, und jeder, der zu mir Kontakt habe, werde den Verdacht der Behörden auf sich ziehen.

Ich begann einen Fluchtplan zu schmieden. Es fällt mir schwer, die sich anschließenden Ereignisse zu beschreiben, denn viele, die mir halfen, leben noch im Schatten der chinesischen Armee und Polizei. Zwar hindert mich nun niemand mehr, meine Erfahrungen zu schildern, aber ich weiß, wie prekär die Lage meiner treuen Freunde ist.

Deshalb möchte ich nur erwähnen, daß ich ungefähr einen Monat vor dem Ende meiner Haftstrafe Verbindung zu Freunden außerhalb des Gefängnisses aufnahm und ihnen mitteilte, daß ich nach Indien fliehen wollte. In der Freiheit hatte ich vor, meinen Kampf für die Unabhängigkeit Tibets fortzusetzen, der Ausübung meiner Religion mehr Zeit zu widmen und, vor allem, persönlich mit Seiner Heiligkeit, dem Dalai Lama, der Inkarnation des Buddhas des Mitgefühls, zu sprechen.

Mein Wunsch, nach Indien zu entkommen, verstärkte sich, als die chinesische Regierung ein »Weißbuch über die Menschenrechte in China« veröffentlichte, das überall im Gefängnis verteilt wurde. Darin hieß es unglaublicherweise, daß es in Tibet keine politischen Häftlinge gebe und daß kein Gefangener jemals gefoltert worden sei. Drapchi bezeichnete man als ein »sozialistisches Gefängnis neuen Typs, wo die Häftlinge als Menschen betrachtet ... und überaus human behandelt werden«.

Dies gab mir den Gedanken ein, Material zu sammeln, damit ich der Welt zeigen konnte, was sich in Tibet wirklich abspielte. Da die Chinesen ausländischen Delegationen nur bestimmte Bereiche ihrer Gefängnisse zeigten, war ein lebender Zeuge, der sich ungehindert äußern konnte, von vorrangiger Bedeutung.

Aber wie sollte ich aus Tibet entkommen? Man würde mir niemals eine Reiseerlaubnis erteilen, und ich wußte, daß ich Tag und Nacht beschattet werden würde. Jeder, mit dem ich sprach, mußte mit einem polizeilichen Verhör rechnen. Es galt, alles unter höchster Geheimhaltung zu organisieren.

Meine Kontaktleute wollten die notwendigen Vorkehrungen treffen. Ich bat sie, eine Reihe elektrischer Schlagstöcke zu kaufen, wie sie von der chinesischen Polizei verwendet wurden; die Stöcke müßten das Polizeiemblem tragen und Zeichen der Benutzung aufweisen. Zu diesem Zweck nannte ich ihnen den Namen eines alten chinesischen Aufsehers, der zu einem angemessenen Preis alles Nötige besorgen könnte. Tatsächlich gelang es ihm, einiger gebrauchter Schlagstöcke habhaft zu werden.

Ein paar Wochen vor meinem Entlassungstermin wurde ich zu einem weiteren Verhör geladen. Paljor und zwei Funktionäre

erwarteten mich in einem kahlen Zimmer, das von Zigaretten-
rauch erfüllt war. Man befahl mir, auf einem Stuhl Platz zu
nehmen.

»Da du uns bald verläßt«, begann Paljor, »hast du uns etwas zu
sagen?«

»Nein.«

»Du bist immer eigensinnig gewesen«, meinte Paljor. »Wie ein
Stier. Du hast dich immer geweigert, dich zu bessern.«

Ich schwieg.

»Kennst du Lhalu?« fragte der tibetische Funktionär neben
Paljor. Lhalu war ein ehemaliger tibetischer Regierungsvertreter,
den man 1959 wegen Anstiftung zum Aufstand gegen die Chinesen verhaftet hatte. Nachdem er entlassen worden war, hatten
ihm die Chinesen ein Ehrenamt in ihrer Verwaltung übertragen.

»Ich habe Lhalu verhört«, fuhr der Funktionär fort. »Wenn
jemand wie er sich bessern kann, dann kannst du es auch!«
Nach einer Pause wiederholte er die abgedroschene Phrase, daß
sich die Kommunistische Partei durch Milde auszeichne und
jene, die sich besserten, stets nachsichtig behandele. »Deine
Hartnäckigkeit ist sinnlos«, schloß der Funktionär. »Dein Stre-
ben nach einem freien Tibet ist nur ein wirrer Traum. Sieh dir
Lhalu an! Er dient dem Vaterland! Er hat einen wichtigen
Posten im chinesischen Parlament inne!« Offenbar wollte er andeuten, daß auch ich mit einer so glänzenden Karriere rechnen
könnte.

Wieder einmal erzählte ich meine Lebensgeschichte vom Tag
meiner Verhaftung bis hin zu Paljors brutalem Angriff. Ich
erwähnte sogar meine Rolex und die Quittung, die noch immer
in meinem Besitz war. Schließlich fragte mich Paljor ohne Um-
schweife nach meinen Plänen, und ich erwiderte, ich wolle ins
Kloster zurückkehren.

Ich mußte die Behörden überzeugen, daß ich beabsichtigte,
den Rest meines Lebens der Religion zu widmen. Wenn ich dar-

auf bestand, nach Drepung zurückzukehren, würde man mir eher glauben, daß ich nicht vorhatte, Tibet zu verlassen.

»Ich bin ein alter Mann und möchte mich auf das religiöse Leben konzentrieren«, beteuerte ich immer wieder. »Und wenn ich nicht nach Drepung zurückkehren darf, werde ich vor dem Jokhang demonstrieren!« Die Funktionäre lauschten meinen Drohungen mit strenger Miene und erklärten dann das Verhör für beendet.

Alle politischen Häftlinge wußten von meiner bevorstehenden Entlassung. Vier oder fünf Tage zuvor wurde im Haupthof eine Versammlung einberufen, bei der ich gemeinsam mit anderen Brigademitgliedern in einer Reihe saß. Ich weiß nicht mehr, was auf der Versammlung bekanntgegeben wurde, doch ich erinnere mich daran, daß sich die anderen politischen Häftlinge am Ende um mich drängten, mir auf die Schulter klopften, meine Hände hielten und mir eine lange, weiße zeremonielle Glücksschleife, einen Katag, überreichten.

»*Gyen, ku-zug la thug-cha nang-ro*« (»Lehrer, paß gut auf dich auf«), erklärten sie. Ich war überglücklich, aber auch traurig, denn ich würde mich von den besten und tapfersten Menschen trennen, die mir je begegnet waren. Die Aufseher beobachteten das Geschehen aus einiger Entfernung, traten dann näher und befahlen uns, in unsere Baracken zurückzumarschieren. Ich war sehr gerührt.

Es war üblich, daß ein Häftling vor seiner Entlassung eine Teegesellschaft für die gesamte Brigade abhielt. Also brachte ich dreißig kleine Tüten Milchpulver und soviel Butter, wie ich auftreiben konnte, in die Küche und bat die Köche, für alle Mitglieder unserer Brigade – auch für die Strafgefangenen – Tee zu kochen. Meine Haft ging wirklich zu Ende.

Am Morgen des 25. August 1992 stand ich früh auf und rollte mein Bettzeug langsam zu einem schmalen Bündel zusammen. Einer meiner Gefährten holte Tee aus der Küche und weckte die anderen. Ich ließ meine Gefängnisuniform liegen und zog statt dessen eine neue Chuba an – das traditionelle Gewand, das von tibetischen Laien getragen wird. Die Chuba, die mir meine Verwandten geschickt hatten, war viel zu groß, und einer der anderen Häftlinge mußte mir helfen, die lange Seidenschärpe um meine Taille zu binden, damit das Gewand nicht verrutschte.

Wir plauderten eine Zeitlang beim Tee. Yulu erhob sich und setzte mir seinen breitkrempigen Filzhut auf. Er trat zurück und musterte mich anerkennend.

»Nun siehst du zehn Jahre jünger aus«, sagte er.

Plötzlich öffnete sich die Tür, und zwei Funktionäre, begleitet von zwei Aufsehern, kamen in die Baracke. Einer der Funktionäre war unser Brigadekommandant und der andere der Kezhang, der unsere Beschwerden über die Verwendung elektrischer Schlagstöcke einst mit den Worten beantwortet hatte: »Die Regierung hat beträchtliche Summen für diese Waffen ausgegeben, damit wir euch damit schlagen können, und genau das tun wir.«

Aber nun legte der Kezhang ein höflicheres Benehmen an den Tag und erklärte recht spöttisch: »Mein Herr, wir sind gekommen, um Ihnen das Geleit zu geben!«

Der Brigadekommandant packte mein Schlafzeug, und der Kezhang ergriff meine Thermosflasche. Meine Zellengefährten eilten auf mich zu und legten mir lange Katags um den Hals. Dann wurde ich ohne weitere Umstände in den Haupthof geführt. Einige der im nahe gelegenen Treibhaus arbeitenden Nonnen winkten mir zu. Ich winkte zurück.

Wir gingen ins Hauptbüro, wo ich meine Entlassungspapiere unterzeichnete.

Der Brigadekommandant sagte: »Wir haben nichts dagegen, daß du nach Drepung zurückkehrst. Aber du brauchst noch die Genehmigung des Amtes für Religiöse Angelegenheiten und der Klosterbehörde.«

»Vielen Dank«, gab ich zurück. Da ich die Erlaubnis der Gefängnisverwaltung hatte, würde es nicht schwierig sein, das Einverständnis des Klosters zu erhalten.

Die Glücksschleifen noch immer um den Hals gelegt, schritt ich in Begleitung der beiden Aufseher langsam vom Büro zum Haupttor. Es war bereits geöffnet, und draußen warteten eine Gruppe von Freunden und mein Neffe Lobsang auf mich.

Ich ging durch das Tor aus dem Gefängnis hinaus. Ein paar Schritte, und es lag hinter mir. Sobald ich draußen war, eilten meine Freunde auf mich zu und legten mir weitere Katags um den Hals. Jemand reichte mir eine Tasse tibetischen Tee; auch den beiden Aufsehern wurde Tee angeboten, doch sie schüttelten den Kopf und kehrten ins Gefängnis zurück. Das schwere Tor fiel hinter mir zu.

Lobsang wurde von Dawa, einem früheren Häftling, und einem hochgewachsenen Mann namens Rinchen begleitet, der mir zusammen mit seiner Frau während meiner Gefangenschaft viel Freundlichkeit erwiesen hatte. Rinchen hatte selbst viele Jahre im Gefängnis verbracht und nach seiner Entlassung Häftlingen und ihren Familien geholfen. Auf dem Boden waren bunte Teppiche ausgebreitet, und darauf standen Körbe mit Gebäck, Trockenfleisch und Käse. Man lud mich ein, Platz zu nehmen, und bewirtete mich.

An jenem Morgen muß ich, nur ein paar Schritte von den Gefängnismauern entfernt, ein Dutzend Tassen Tee getrunken haben. Dann fuhren meine Freunde mich nach Shöl, einem Dörfchen knapp unterhalb des großen Potala-Palastes. Dort wohnte Lobsang mit seiner Frau und meiner Stiefmutter. Er bestritt seinen Lebensunterhalt dadurch, daß er traditionelle tibetische Hüte anfertigte und auf einem Markt im Zentrum von Lhasa verkaufte.

Einige der Nachbarn kamen heraus, um meine Ankunft zu beobachten. Ich ging sofort hinein zu meiner Stiefmutter, die halb gelähmt und bettlägerig war. In dem kalten und dunklen Zimmer schien meine Stiefmutter kaum mehr als ein Schatten zu sein. Dann gewöhnten sich meine Augen an das trübe Licht, und ich sah, wie sie den Kopf hob. Ich näherte mich dem Bett und legte meine Stirn an die ihre.

»Soviel Leid«, flüsterte sie, und Tränen strömten über ihre Wangen.

In den nächsten Tagen erschienen viele Besucher, zumeist ehemalige Häftlinge. Ich erhielt die Nachricht, daß die Vorbereitungen für meine Flucht bald abgeschlossen sein würden. Meine Anweisungen lauteten, nichts zu unternehmen, was Argwohn erwecken könnte, damit der Eindruck entstand, daß ich wirklich nach Drepung zurückkehren wollte.

Ich fuhr mit einem Bus zu dem alten Kloster. Es war noch früh, als ich in Drepung eintraf, und Weihrauchschwaden erfüllten die Luft. Die meisten Ruinen waren wiederaufgebaut worden, und die getünchten Wände glänzten in der Sonne. Viele junge Mönche saßen im Gefängnis, und die Polizei behielt das Kloster unablässig im Auge. Sie hatte an der Straße hinauf nach Drepung einen Kontrollpunkt eingerichtet, wo jeder Mönch, der das Kloster verließ, eine Reiseerlaubnis vorzeigen mußte.

Ich suchte den *zhuren*, den Klostersekretär, und einer der Mönche schickte mich in den Hauptsaal, wo man gerade die Morgenversammlung beendet hatte. Dort fiel mein Blick auf den stellvertretenden Zhuren, einen stämmigen Mann namens Kunchok Tashi, der schon lange vor meiner Verhaftung als Tischler gearbeitet hatte. Da ich eine Chuba und Yulus Hut trug, erkannte er mich nicht.

Aber als ich Kunchok meine Papiere aushändigte, erinnerte er sich an mich und lächelte. Er versicherte mir, daß meine Dokumente in Ordnung seien, und führte mich zum Zhuren, der Yeshi Thangtok hieß.

»Wann möchtest du ins Kloster zurückkommen?« fragte Yeshi nach einem oberflächlichen Blick auf meine Papiere.

»So bald wie möglich.«

Yeshi riet mir, ein paar Tage später wieder vorzusprechen. Ich wußte, daß man sich in der Zwischenzeit bei der Sicherheitsbehörde über mich erkundigen würde. Einige Tage darauf wurde mir ein großes, sauberes Zimmer mit Blick über das Tal zugewiesen, und ich informierte die zuständigen Stellen, daß ich nach dem Shoton-Fest am 29. August ins Kloster einziehen wolle.

Das Shoton-Fest ist dem Sommerende gewidmet: Die Menschen von Lhasa stellen in den Parks Zelte auf und halten üppige Picknicks ab. Hunderte von Familien begeben sich in den Norbulingka, den Sommerpalast des Dalai Lama, um sich die dreitägige Aufführung einer tibetischen Oper anzusehen.

Traditionsgemäß wurde das Fest in Drepung durch die Enthüllung eines großen Thangka begangen, eines Gemäldes von Je Tsongkhapa, dem Gründer des buddhistischen Gelugpa-Ordens, dem das Kloster angehört. Das Rollbild ist über zwanzig Meter lang und wurde von den Mönchen, die eine Reihe bildeten, auf den Schultern getragen. Aber in jenem Jahr lieferte das Shoton-Fest den Anlaß zu einer weiteren Demonstration. Die verbotene tibetische Nationalfahne wurde über dem Teil des Klosters gehißt, in dem der Dalai Lama bei seinen Besuchen residiert hatte. An allen Mauern von Drepung klebten Plakate, auf denen der chinesische Rückzug aus Tibet gefordert wurde.

Als ich nach dem Fest mit meinem Gepäck in Drepung eintraf, wimmelte es im Kloster von Polizei. Sämtliche Mönche wurden verhört.

»Es hat während des Shoton Unruhen gegeben«, erklärte mir Yeshi Thangtok. »Komm in einigen Tagen wieder.«

Mittlerweile machte ich mir immer größere Sorgen wegen meiner Flucht. Würde sie klappen? Ich mußte einfach geduldig sein und darauf vertrauen, daß meine Freunde alles Nötige veranlaßten. Dabei tröstete mich der Gedanke, daß sie bereits vielen politischen Häftlingen geholfen hatten, nach Nepal und Indien zu fliehen. Natürlich mußte ich dies alles vor meinen Verwandten geheimhalten; sie durften auf keinen Fall in die Angelegenheit verwickelt werden, denn sobald meine Abwesenheit auffiel, würde man sie als erste vernehmen.

Dann hörte ich eines Abends ein Klopfen an der Tür. Mein Neffe sagte, jemand wolle mit mir sprechen. Im Mondlicht sah ich einen jungen Mann, der eine Mütze trug und ein Fahrrad festhielt.

»Sind Sie Palden Gyatso?« flüsterte er.

»Ja.«

»Das ist für Sie!« Er reichte mir eine Tasche, die mehrere chinesische Folterinstrumente enthielt.

Am nächsten Morgen brachte der junge Mann die Nachricht, auf die ich gewartet hatte. Ich teilte meinen Verwandten mit, daß ich nun bereit sei, ins Kloster zu ziehen. Meine Stiefmutter sah glücklich aus; ich ergriff zum Abschied ihre Hände und drückte meine Stirn sanft an ihre.

Der junge Mann brachte mich zu einem Unterschlupf in Lhasa, wo mich meine Freunde, welche die Flucht organisiert hatten, empfingen. Sie hatten einen zuverlässigen Fahrer gefunden, der mich zur nepalesischen Grenze befördern sollte. Plötzlich konnte ich meine Aufregung nicht mehr unterdrücken. Ich würde fliehen. Ich würde fliehen!

Als ich am nächsten Morgen geweckt wurde, durfte ich das Licht nicht anknipsen. Ein Junge brachte mir sorgfältig zusammengelegte Kleidung, und ich zog zum erstenmal in meinem Leben einen Baumwollanzug an. Er war viel zu groß für mich, so daß ich den Hosenbund, wo der Gürtel hätte sitzen sollen, umkrempeln mußte. Mein Freund legte mir etwas, das mir wie eine Schlinge vorkam, um den Hals. Das also war eine Krawatte! Nach

Maos Tod waren Krawatten modern geworden, und jeder Kader trug eine, um sein Modebewußtsein zu zeigen.

»Du siehst wie ein echter Geschäftsmann aus«, sagte mein Freund.

Eine halbe Stunde später kletterte ich auf den Gepäckträger eines Fahrrads und ließ mich nach Lhasa bringen.

Ich betrachtete die alten Leute, die ihren morgendlichen Rundgang um den Jokhang machten. Die Sonne erschien gerade über den hohen Bergen. Rauch trieb von den Weihrauchgefäßen herüber, die den Parkhor umsäumten. Wir durchquerten das Zentrum der herrlichen Stadt.

In Bama ri, etwa drei Kilometer vom Stadtzentrum entfernt, machten wir halt. Mein Freund wies mich an, auf einen Lastwagen zu warten. Ich hatte nichts außer meiner Kleidung und der Tasche mit einem elektrischen Schlagstock, einem Gummiknüppel, Messer und Handschellen bei mir. Es war ein seltsames Gepäck.

Nachdem sich mein Freund von mir verabschiedet hatte, blieb ich zitternd an der Straße stehen. Der Anzug schützte mich kaum vor dem Morgenwind. Ein paar Lastwagen fuhren vorbei. Dann, gegen sieben Uhr, bremste ein grünes Fahrzeug mit grauem Segeltuchaufbau neben mir.

»Sind Sie der Häftling?« erkundigte sich der Fahrer. Ich nickte.

Es war der 7. September 1992. Meine Instruktionen lauteten, mit einem Händler in Dram, dem letzten Dorf vor dem Übergang nach Nepal, Kontakt aufzunehmen. Der Fahrer – ein junger Mann, der aussah, als wäre er gerade aufgewacht – erzählte mir, er müsse Waren bei einem nepalesischen Kaufmann abliefern; der Laderaum sei voll von Kisten mit chinesischen Schuhen und Thermosflaschen.

Meine Verwandten glaubten, ich sei nach Drepung gezogen, und im Kloster dachte man, ich sei immer noch in Shöl. In Wirklichkeit aber saß ich in einem Lastwagen, der von Lhasa in Richtung Nepal unterwegs war. Es würde mehrere Tage dauern, bis man meine Abwesenheit bemerkte. Ein paar Stunden später fuhren wir an Penam vorbei, und ich konnte die fernen Umrisse des Klosters Gabadong oben auf dem Hügel erkennen. Mein jüngerer Bruder gehörte weiterhin zu den dortigen Mönchen. Ich hatte ihn seit 1962, als ich in Norbukhungtse einen kurzen Blick auf ihn werfen konnte, nicht mehr gesehen.

Wir brauchten zwei Tage, um Nyalam, den letzten tibetischen Ort vor der Grenze, zu erreichen. Der Fahrer bemerkte, wie verängstigt ich war, denn als wir uns einer Straßensperre näherten, legte er beruhigend die Hand auf meinen Arm. Er hielt an, stieg aus dem Wagen und verschwand in einem Büro. Einige Minuten später tauchte er mit einem chinesischen Funktionär wieder auf, und ich sah zu meiner Erleichterung, daß sie lachten. Der Funktionär befahl einem Soldaten, die Schranke zu heben, und wir fuhren langsam nach Nyalam hinein.

Wir machten eine Pause, um zu frühstücken und uns auszuruhen, und der Fahrer lieferte mehrere Briefe ab, die er aus Lhasa mitgebracht hatte. Am Spätnachmittag ging die Fahrt weiter: eine steile, gewundene Straße hinauf. Die Berghänge waren von Wäldern bedeckt, und die Gegend schien mir grüner zu sein als jeder andere Teil Tibets, den ich kannte. Wir stoppten auf dem Paß, weil es nach Ansicht des Fahrers am besten sei, sich der Grenze nachts zu nähern.

In der Ferne funkelten die Lichter von Dram. Wir warteten bis zum frühen Abend, bevor wir auf das Dorf zusteuerten. Dram war eine neue Siedlung, der letzte Kontrollpunkt vor Nepal und Standort von Zoll- und Einwanderungsbehörden. Der Fahrer riet mir, mich schlafend zu stellen, während er meinen Kontaktmann ausfindig machte. Kurz darauf kehrte er in Begleitung eines untersetzten Mannes mit langem geflochtenem Haar und einem kleinen Türkis im linken Ohr zurück. Es schien mir ein gutes Omen zu sein, daß der Mann im alten Stil gekleidet war. Er führte mich zu seinem Haus und bot mir Tee und Nudeln an.

Der untersetzte Mann mußte einen Führer finden, der mich über die nepalesische Grenze bringen konnte. Die Grenze war weniger als zwei Fahrtstunden von Dram entfernt, und man brauchte nur die Freundschaftsbrücke zwischen Tibet und Nepal zu überqueren. Aber ich hörte, daß es zu riskant sei, ein Auto zu benutzen. Ich müßte die Grenze zu Fuß, und zwar nachts, passieren.

Wir konnten nicht sofort aufbrechen. Ich mußte mich tagsüber in einem Speicherraum verstecken und konnte ihn erst abends verlassen. Mein Freund brauchte zehn Tage, um einen Führer zu finden, der sich der Gefahr gewachsen fühlte. Dann brachte er eines Abends einen alten Nepalesen mit, dem ich folgen sollte. Meine Nervosität wurde durch die Tatsache, daß mein Führer kein Tibetisch und ich kein Nepalesisch sprach, nicht gemindert.

Ich heftete mich an seine Fersen, und bald hatten wir Dram hinter uns gelassen und befanden uns in einem dichten Wald. Wir kletterten stetig einen schmalen Pfad hinauf und hielten gegen Mitternacht an, um zu den fernen Lichtern von Dram hinunterzuschauen. Es begann heftig zu regnen, und mein Führer schützte sich mit einem Stück Plastikfolie. Zum Glück hatte mein Freund mir einen Regenmantel gegeben.

Der Führer marschierte rasch weiter und blickte nur hin und wieder zurück, um sich zu überzeugen, daß ich mit ihm Schritt hielt. Nach einer Weile war ich völlig durchnäßt, meine Schuhe triefen vor Wasser. Wir blieben stumm. Im Morgengrauen überquerten wir eine Seilbrücke, und der Führer sagte nur: »Nepal.«

Später erreichten wir ein kleines Dorf, wo mein untersetzter Freund aus Dram – mit den Folterinstrumenten, die er in meiner Tasche über die Grenze geschmuggelt hatte – bereits auf mich wartete. Wir verbrachten die Nacht im Dorf, und früh am näch-

sten Morgen schwang ich mich auf den Rücksitz eines Motor-
rads, mit dem uns ein junger Sherpa nach Katmandu fuhr.

Wir waren den ganzen Tag unterwegs und trafen am Abend
in der Hauptstadt ein. Der junge Sherpa stellte das Motorrad vor
der Empfangszentrale für tibetische Flüchtlinge ab, die der Dalai
Lama dort vor einigen Jahren eingerichtet hatte. Die Stunden
verstrichen wie im Traum.

Meine Angst hatte nicht nachgelassen, denn ich wußte, daß
die nepalesische Polizei den Chinesen schon häufig tibetische
Flüchtlinge ausgeliefert hatte, und rechnete, falls man mich er-
wischte, mit meiner Deportation. Und ich war nicht der einzige
in dieser Notlage: In der Empfangszentrale drängten sich zahlreiche Menschen, die aus allen Teilen Tibets über den Himalaya
entkommen waren; viele hatten so schwere Erfrierungen erlitten, daß man ihnen würde Gliedmaßen amputieren müssen.

Ich wurde zum Büro der UN-Flüchtlingskommission gebracht
und offiziell als Flüchtling registriert. Man gab mir etwas Geld
und ein Visum für die Reise nach Indien.

Da meine Freunde mich gewarnt hatten, so schnell wie möglich abzureisen, stieg ich unverzüglich in einen Bus nach Delhi.
Mehrere Tage danach traf ich endlich in Dharamsala ein, dem
winzigen Bergdorf, das unter britischer Herrschaft gebaut worden war. Sein Name allein war ein Hoffnungsanker für tibetische
Häftlinge gewesen, denn der Dalai Lama hatte den Ort zu seiner
Exilresidenz gemacht.

Es regnete. Die schwarzen Wolken erinnerten mich an die
Finsternis, die Tibet überwältigt hat, und ich konnte nicht um-
hin, den Nebel und die Feuchtigkeit von Dharamsala mit dem
Glanz zu vergleichen, in welchem der Dalai Lama früher gelebt
hatte, das heißt mit der Pracht von Potala und Norbulingka.

Ich hatte Seine Heiligkeit zum erstenmal 1951 in Gyantse gesehen. Damals, im alten Tibet, war er von großem Prunk und
Zeremoniell umgeben, doch nun wurde ich von einem einzigen

Bediensteten in ein bescheidenes Zimmer geführt. Es war, als besuchte ich einen einfachen Mönch. Aber der Gedanke, nach so langer Zeit wieder in der Gegenwart des Dalai Lama zu sein, raubte mir die Fassung. Ich warf mich zu Boden und überreichte ihm dann einen Katag.

»Gyen Rigzin Tempas Schüler«, sagte der Dalai Lama. Ich war zu nervös, um aufzublicken. »Du hast Schweres durchgemacht.« Ich saß still auf dem Fußboden, und als Seine Heiligkeit mir Fragen über meine Gefangenschaft stellte, wurde mir klar, daß er von anderen Häftlingen bereits einiges über mich erfahren haben mußte. Er kannte viele meiner Mithäftlinge beim Namen, was mir eine Vorstellung von seiner aufrichtigen Sorge um uns gab. Unsere Begegnung dauerte länger als zwei Stunden, und ich konnte ihn unseres unverbrüchlichen Glaubens versichern.

Beim Verlassen des Zimmers weinte ich. Dieses Treffen war der Höhepunkt meines Lebens gewesen. Ich erhielt eine neue Mönchsrobe – die erste seit 1961 –, schritt in meinem neuen Gewand zum Tempel gegenüber der Residenz des Dalai Lama und sprach ein Gebet um die Befreiung von jeglichem Leiden.

Nachdem meine Flucht von der Presse gemeldet worden war, erfuhr ich, daß Amnesty International mich zum »gewaltlosen politischen Gefangenen« ernannt und daß eine italienische Gruppe seit meiner Verhaftung 1983 meinetwegen an die chinesische Regierung geschrieben hatte. 1995 wurde ich nach Italien eingeladen und lernte die Menschen kennen, die neun Jahre lang für mich eingetreten waren. Trotz des Unterschieds von Sprache, Kultur und Geographie war ich zutiefst gerührt von ihrem Mitgefühl und ihrer Großzügigkeit.

Im selben Jahr reiste ich nach Genf, um vor der UN-Menschenrechtskommission zu sprechen. Man führte mich in einen gewaltigen Versammlungssaal und wies mir einen Platz zwischen zwei jungen Tibetern an, die als meine Dolmetscher fungierten.

Menschen spazierten plaudernd im Saal herum, und ich konnte mir nicht vorstellen, daß irgend jemand meine Worte hören konnte. Ich atmete tief durch und verlas meine Aussage.

»Ich heiße Palden Gyatso. Mit zehn Jahren bin ich Mönch geworden.«

Erst am Ende blickte ich auf und sah die chinesischen Delegationsmitglieder vor mir sitzen. Sie hörten mir zu! Mich durchfuhr ein berauschendes Gefühl der Freiheit, und ich wünschte mir, daß meine Mithäftlinge hätten dabeisein können, denn wir alle hatten davon geträumt, unseren Peinigern gegenüberzutreten und ihnen unser Zeugnis zu Gehör zu bringen.

Ich war der erste tibetische Gefangene, der Gelegenheit hatte, vor den Vereinten Nationen zu sprechen. Deshalb wußte ich, daß ich nicht nur in meinem Namen, sondern im Namen aller Tibeter sprach, die noch im Gefängnis waren oder die jemals im Gefängnis gesessen hatten. Die Delegierten hörten nur meine Stimme, doch hinter meiner Stimme verbarg sich das Leid vieler tausend Häftlinge, die nicht überlebt hatten und nicht als Zeugen auftreten konnten.

Die chinesische Delegation reagierte nicht auf mein Statement, aber etwas später wurde mir in London ein Brief gezeigt, den der chinesische Botschafter in Großbritannien einer großen Tageszeitung geschrieben hatte. In Ma Yuzhens Brief stand folgendes:

»Palden Gyatso war ein Straftäter, der immer wieder die Regierung angriff. Er versuchte unter anderem, die Regierung zu stürzen, aus der Haft zu flüchten und zu stehlen. Palden Gyatsos Bericht über seine Folterung durch Gefängnisaufseher ist unwahr. Die Folter ist in chinesischen Gefängnissen verboten.«

Unterdrücker werden stets bestreiten, Unterdrücker zu sein. Ich kann nur Zeugnis ablegen und das zu Papier bringen, was ich auf meiner merkwürdigen Lebensreise gesehen und gehört habe. Das Leiden setzt sich noch heute in den Tälern und Bergen Tibets fort. Jedes Dorf und jedes Kloster im Schneeland hat seine eigene Geschichte von den Grausamkeiten, die unserem Volk zugefügt werden. Und das Leiden wird bis zu dem Tag fortdauern, an dem Tibet frei ist.

Rintschen Dölma Taring

Ich bin eine Tochter Tibets

Lebenszeugnisse aus einer
versunkenen Welt

BASTEI
LÜBBE

1910 in Lhasa als Tochter einer der ältesten Familien
Tibets geboren, hat Rintschen Dölma Taring eine von
religiösen und weltlichen Riten geprägte Alltagskultur
erlebt, die heute nicht mehr existiert. Ihre Autobiogra-
phie setzt ihrem Land ein literarisches Denkmal.
Rintschen Dölma Tarings Schicksal ist aufs engste mit
der jüngsten Geschichte Tibets verwoben. Nach der
Besatzung durch das benachbarte China und dem
mißlungenen Aufstand im Jahr 1959 mußte sie im Gefolge des Dalai Lama auf abenteuerlichen Wegen
durch den Himalaya nach Indien fliehen, wo sie bis
heute ein Heim für tibetische Flüchtlingskinder führt.

Mit zahlreichen Abbildungen

ISBN 3-404-61323-6

BASTEI
LÜBBE